Unterrichtspraxis: Grundschule

Herausgegeben von Hildegard Kasper
und Erich H. Müller

Mit Kindern Stille entdecken

Bausteine zur Veränderung
der Schule

von Gabriele Faust-Siehl, Eva-Maria Bauer,
Werner Baur und Uta Wallascheck

Verlag Moritz Diesterweg
Frankfurt am Main

ISBN 3-425-01482-X

5. Auflage 1995

© 1990 Verlag Moritz Diesterweg GmbH & Co., Frankfurt am Main
Alle Rechte vorbehalten. Das Werk und seine Teile sind urheberrechtlich geschützt. Jede Verwertung in anderen als den gesetzlich zugelassenen Fällen bedarf deshalb der vorherigen schriftlichen Einwilligung des Verlags.

Umschlag: Thomas Bahr, Bingen
Satz: Fotosatz Otto Gutfreund, Darmstadt
Druck und Bindung: Wiesbadener Graphische Betriebe GmbH

Inhaltsübersicht

Vorwort 7

Grundlagen

1 Kinder he   der Stille – Stille und
  Stilleüb   veränderten Kindheit
  von Ga   t-Siehl 9
1.1 Stille als   nierendes Phänomen 9
1.2 Veränderte Kindheit 12
1.2.1 Betroffene Kindergruppe 12
1.2.2 Auf dem Weg in die postindustrielle Gesellschaft: Allgemeine Veränderungen 13
1.2.3 Veränderungen in den Lebensverhältnissen der Kinder 14
1.3 Pädagogische Konzeptionen der Stille 21
1.3.1 E. Kühnberger: Stille als Teil der Klassendisziplin . 22
1.3.2 M. Montessori: Die Bereitschaft des Kindes zur Stille 23
1.3.3 H. Halbfas: Stille als Weg zur eigenen Mitte 26
1.4 Zur Bedeutung der Stille heute 29
1.4.1 Keine disziplinierende Funktion 30
1.4.2 Ausgleichende Funktion: Stille als Eigentätigkeit und Innehalten im Strom der Erfahrungen 32
1.4.3 Bildende Funktion: Stille als Weg innerer Erfahrung 33
      Anmerkungen 35

2 »Bau mir das Haus!« – Fundamente, Säulen und Erfahrungsräume einer ›Didaktik der Stille‹
  von Eva-Maria Bauer 39
2.1 Fundamente 40
2.1.1 Muße 40
2.1.2 Empfindsamkeit 45
2.1.3 Übung 48
2.2 Säulen 52
2.2.1 Die Stille des Lehrers 53
2.2.2 Die Stille des Raumes 54
2.2.3 Die Stille der Bräuche 56
2.2.4 Die Stille des Unterrichts 59
2.3 Erfahrungsräume 61
2.3.1 Lauschen 63

2.3.2	Spüren	65
2.3.3	Sehen	67
2.3.4	Sich bewegen	68
	Anmerkungen	74

Übungsfelder

3	Stilleübungen – Beispiele und Erfahrungen *von Uta Wallaschek*	75
3.1	Stilleübung mit Eltern	76
3.2	Stilleübungen in den ersten Schultagen und Schulwochen	76
3.3	Stilleübungen bei der Einführung schulischer Regeln	78
3.4	Übungen, die der Entspannung dienen und in die Stille führen	80
3.5	Sinnesübungen – Kimspiele	82
3.5.1	Hören	83
3.5.2	Sehen	84
3.5.3	Tasten	85
3.5.4	Riechen	88
3.5.5	Schmecken	90
	M 1 – M 8	91
	Anmerkungen	96
4	Thematische Stilleübungen *von Uta Wallaschek*	98
4.1	Begriff und Begründungen	98
4.2	Hinführung zur Bildbetrachtung	101
4.2.1	Bildbetrachtung mit Grundschülern – Hinweise aus der Kunstdidaktik	101
4.2.2	Bilder mit allen Sinnen erfassen	102
4.2.3	Methodische Hinweise	102
4.3	Thematische Stilleübungen in Unterrichtsstunden	103
4.4	Stilleübungen in ausgedehnten Unterrichtsformen	107
	M 1 – M 4	118
	Anmerkungen	126

5	›Was die Dinge erzählen‹ – Handeln, Vernehmen und Stilles Schreiben *von Eva-Maria Bauer*	127
5.1	Schreib-Erfahrungen	128
5.1.1	Erlebnis-Aufsätze	128
5.1.2	Kinderstuben-Pädagogik	130
5.2	Den Kindern das Wort geben: Freies Schreiben in der Schule	131
5.2.1	Wie freie Texte entstehen	131
5.2.2	Was freie Texte mitteilen	134
5.3	Zur Sprache der Dinge finden: Stilles Schreiben im Religionsunterricht	137
5.3.1	Die Stille als Schlüssel	137
5.3.2	Was die Dinge erzählen	141
	Anmerkungen	146
6	Sprechen und Mitdenken – Anregungen zur Veränderung des Unterrichtsgesprächs *von Gabriele Faust-Siehl*	147
	Vorbemerkung	147
6.1	Unterrichtsgespräche zwischen Langeweile und gemeinsamem Nachdenken	148
6.2	»Nachdenken«, »produktive Unruhe« und »größerer Schülereinfluß« als Zielperspektiven für Unterrichtsgespräche	151
6.3	Die Strukturen des Unterrichtsgesprächs	157
6.3.1	Die Gliederung des Gesprächs in Phasen	158
6.3.2	Aufforderung – Antwort – Feedback als Grundmuster	162
6.4	Förderung des gemeinsamen Nachdenkens im Unterrichtsgespräch – Gesprächsdidaktische Vorschläge	166
	Anmerkungen	175

Rahmenbedingungen

7		Zu Konzentration und Stille erziehen – Eine Herausforderung für die Elternarbeit *von Werner Baur* 178
7.1		»Aus der Schule geplaudert...« 178
7.1.1		Drei Kinder – ein bedrängendes Problem 178
7.1.2		Die Schuldfrage oder auf der Suche nach einem gemeinsamen Weg 179
7.2		Planung und Durchführung von Elternarbeit 183
7.2.1		Vorüberlegungen 183
7.2.2		Verlaufsplanung 184
7.3		Auswertung – Erfahrungen und Rückmeldungen .. 187
7.3.1		Allgemeine Überlegungen 187
7.3.2		Erfahrungen aus zwei Elternabenden 188
7.4		Elternarbeit nüchtern betrachtet – Chancen und Schwierigkeiten 189
7.5		Ermutigung 190
		M 1 190
		Anmerkungen 192

Vorwort

Als Lehrerinnen, Fachbereichsleiterin und Schulleiter halten wir uns täglich in Schulen auf. Allzu häufig erleben wir sie als Schulen des Lärms, der Anspannung und der Ungeduld. Immer wieder vermissen wir Situationen, in denen wir erleben, daß sie auch *Schulen der Stille* sein können.
Die Stille in der Schule ist für uns keine Disziplinierungstechnik. Wir schließen uns Maria Montessori an, die die Erfahrung machte, daß Kinder die Stille »lieben«. Stille ist kein kindfremder Zwang. Die Anstrengungen, die die Stilleübungen fordern, treffen auf die innere Bereitschaft der Kinder. Stille kommt den Kindern entgegen, sie hilft ihnen und stärkt sie. Auch wir erfahren immer wieder, daß gerade schwierige Schüler und Klassen besonders zu Stilleübungen bereit sind. Dies kann kein Zufall sein.
Stille unterbricht die Hektik des Schulalltags. Sie verschafft dadurch Schülern und Lehrern eine Gelegenheit zum Innehalten und zur Besinnung. Weil sie Abstand von äußeren Anforderungen gewährt, macht sie gelassener und sanfter. Sie lehrt den Blick für kleine und für wesentliche Dinge. In der Stille werden Erwachsene und Kinder ihrer inneren Welt gewahr und können sie durchwandern. Stille kann zu innerer Veränderung führen, indem sie hilft, neue Seh- und Wahrnehmungsmöglichkeiten zu entwickeln.
Wir sind uns bewußt, daß wir mit diesem Buch keine Gesamtkonzeption einer ›Schule der Stille‹ vorlegen. Den folgenden Seiten ist kein »Grundriß« zu entnehmen. Dafür sind auch unsere Zweifel verantwortlich, ob eine Übersicht über die Gesamtverfassung überhaupt Chancen hätte. Stille setzt die Erfahrungen derjenigen, die sie zu einem Teil ihrer Schule machen wollen, voraus. Sie muß von den einzelnen aus ihrem Alltag heraus mit den Kindern zusammen entwickelt werden. Wenn man so will, skizzieren wir im Plan der »alten« Schule die *verborgenen Türen*, die auf dem Weg zur Stille zu suchen und zu öffnen sind. Zusammen mit unseren Lesern blicken wir dabei schon »durchs Schlüsselloch«, in welche Räume die Türen wohl leiten werden und welche Erfahrungen auf Kinder und Lehrer warten.
Stilleerfahrungen sind *Kristallisationskerne* zur Veränderung der Schule. Lehrer und Lehrerinnen erleben sich dabei selbst als Menschen mit inneren Gedanken, Erlebnissen und Gefühlen. Diese andersartige Erfahrung der eigenen Person regt dazu an, die Kinder mit anderen Augen zu sehen und auch an ihnen die eigenen individuellen Innenwelten wahrzunehmen. Stilleübungen geben den Kindern die Gelegenheit dazu, ihre »inneren Räume« zu betreten und darüber zu

sprechen oder zu schreiben. Dadurch werden innere Erfahrungen im Unterricht gegenwärtig. In Klassen, die die Stille üben, verändert sich damit der Unterricht und die Idee von Schule, die dem Leben und Lernen der Klasse zugrundeliegt. Belehrung, Bildung und Erziehung werden durch *Wege innerer Veränderung* bereichert und erweitert.
Der Leser wird bemerken, daß die Beiträge dieses Buchs recht verschieden sind. Sie unterscheiden sich u. a. in *Systematik, Praxisbezug* und *Stil:* Einige sind um Verwurzelung in der schulpädagogischen Diskussion bemüht; Stille und Stilleübungen werden hier in einen erziehungswissenschaftlichen Kontext gestellt und von daher reflektiert und begründet. Andere schlagen Brücken zu pädagogischen und philosophischen Diskussionen, gehen aber in erster Linie von der Wahrnehmung und Deutung der unterrichtlichen Erfahrung aus.
Der Band ist in *drei Teile* gegliedert. Die beiden ersten Beiträge widmen sich den *grundlegenden konzeptionellen Überlegungen.* Sie beleuchten die Bedeutung der Stille angesichts der veränderten Kindheit (Gabriele Faust-Siehl) und stellen die Grundzüge einer entsprechenden Schul- und Unterrichtsgestaltung dar (Eva-Maria Bauer).
Im Teil *Übungsfelder* beschreiben zwei Aufsätze Uta Wallascheks zahlreiche Stilleübungen. Der erste Beitrag widmet sich kürzeren, häufig zu wiederholenden Formen, die Teil des Schulalltags werden können. Im zweiten Beitrag stehen Thematische Stilleübungen, d. h. mit dem Stundenthema verbundene und daraus hervorwachsende Übungen, im Mittelpunkt. Eva-Maria Bauer stellt das Stille Schreiben vor, eine einzigartige methodische Form, in der Kinder innere Erfahrungen festhalten und sich darüber mitteilen. Der Beitrag Gabriele Faust-Siehls zeigt Wege auf, wie Unterrichtsgespräche Nachdenklichkeit und Mitdenken der Schüler fördern können.
Die Informiertheit der Eltern, ihre Zustimmung und möglichst auch Unterstützung sind wichtige Voraussetzungen, wenn eine Klasse gemeinsam die Stille übt. Daher stellt im Teil *Rahmenbedingungen* Werner Baur Grundsätze und Maßnahmen einer entsprechenden Elternarbeit vor und berichtet von eigenen Erfahrungen.
Unseren Leserinnen und Lesern wünschen wir Freude an unserem Buch und die Anregung zu ihrer eigenen »Entdeckung« der Stille. Wir danken den Herausgebern für ihre Durchsicht der Manuskripte und ihre hilfreichen Vorschläge, dem Verlag für die freundliche Aufnahme unserer Arbeit und die Bearbeitung.

Tübingen/Rottenburg/Mössingen, im Mai 1990   *Die Autoren*

1 Kinder heute in einer Schule der Stille
Stille und Stilleübungen in der veränderten Kindheit

1.1 Stille als faszinierendes Phänomen

»Eines Tages betrat ich das Schulzimmer, auf dem Arm ein vier Monate altes Mädchen, das ich der Mutter auf dem Hof aus den Armen genommen hatte. Nach dem Brauch des Volkes war die Kleine ganz in Windeln gewickelt, ihr Gesicht war dick und rosig, und sie weinte nicht. Die Stille dieses Geschöpfes machte mir großen Eindruck, und ich suchte mein Gefühl auch den Kindern mitzuteilen. ›Es macht gar keinen Lärm‹, sagte ich, und scherzend fügte ich hinzu: ›Niemand von euch könnte ebenso still sein.‹ Verblüfft beobachtete ich, wie sich der Kinder rings umher eine intensive Spannung bemächtigte. Es war, als hingen sie an meinen Lippen und fühlten aufs tiefste, was ich sagte. ›Sein Atem geht ganz leise‹, fuhr ich fort. ›Niemand von euch könnte so leise atmen.‹ Erstaunt und regungslos hielten die Kinder den Atem an. Eine eindrucksvolle Stille verbreitete sich in diesem Augenblick. Man hörte plötzlich das Ticktack der Uhr, das sonst nie vernehmbar war. Es schien, als hätte der Säugling eine Atmosphäre von Stille in dieses Zimmer gebracht, wie sie im gewöhnlichen Leben sonst nie besteht.

Niemand machte auch nur die leiseste wahrnehmbare Bewegung, und als ich die Kinder später aufforderte, diese Übung der Stille zu wiederholen, gingen sie sogleich darauf ein – ich will nicht sagen, mit Begeisterung, denn Begeisterung hat etwas Impulsives an sich, das sich nach außen hin kundtut.

Was sich hingegen hier kundgab, war eine innere Übereinstimmung, geboren aus einem tiefinneren Wunsch. ... Auf diese Weise entstand unsere Übung der Stille.«[1] So erzählt Maria Montessori von der Entdeckung der Stille.

An anderer Stelle hebt sie auf den Unterschied ab, der zwischen der Stille als gemeinsamer Willensanstrengung und einem befohlenen Leiser-Werden besteht:

In den gewöhnlichen Schulen glaubte man immer, Stille ließe sich durch einen Befehl erzielen.
Dabei dachte man jedoch über den Sinn dieses Wortes nicht nach und wußte nicht, daß man ›Unbeweglichkeit‹, ja fast die Einstellung des Lebens für diesen Augenblick verlangte, in dem die Stille erreicht war. Stille ist die Einstellung jeder Bewegung und nicht, wie man gewöhnlich in den Schulen meinte, die Einstellung von ›Geräuschen, die über das normale, im Raum geduldete Geräusch hinausgehen‹.

›Stille‹ bedeutet in den gewöhnlichen Schulen das ›Aufhören des Lärms‹, das Anhalten einer Reaktion, das Unterdrücken von Unarten und Unordnung. Dabei läßt sich die Stille positiv als ein der normalen Ordnung ›übergeordneter‹ Zustand verstehen, als eine plötzliche Behinderung, die Mühe kostet, eine Anspannung des Willens, durch die man sozusagen durch Isolierung des Geistes von den äußeren Stimmen von den Geräuschen des gewöhnlichen Lebens Abstand gewinnt. In unseren Schulen haben wir absolute Stille erreicht, trotz einer Klasse mit mehr als 40 kleinen Kindern zwischen 3 und 6 Jahren.
Ein Befehl hätte nie zu diesem wunderbaren Erfolg von Willensäußerungen führen können, die darin zusammenliefen, jede Handlung in einem Lebensabschnitt zu verhindern, in dem die Bewegung das unwiderstehliche, kontinuierliche Merkmal des Alltags zu sein scheint. ... Es ist erforderlich, die Kinder Stille zu lehren.[2]

Maria Montessori ist eine von vielen Pädagogen und Pädagoginnen, die sich mit der Stille und ihrer Bedeutung in Bildung und Erziehung beschäftigen. Zwei Momente jedoch machen ihre Auffassung der Stille zu einer der wichtigsten Grundlagen, wenn über die Bedeutung der Stille in der heutigen Grundschule nachgedacht wird.
1. Stille ist hier kein dem Kind fremder Zwang, der ihm von außen auferlegt wird. Die Stille entsteht in den Kindergruppen und Klassen, weil die Kinder dazu fähig sind, weil sie die gemeinsame Stille wünschen, ja sie zur Entfaltung ihrer Kräfte brauchen.
2. Stille wird hier gemeinsam geübt, bis sie immer besser gelingt.
Beide Momente begründen und rechtfertigen die Stille als Teil einer Grundschule, die sich als Schule der Kinder und als kindgerechte Schule versteht:

Stille ist kein kindfremder Zwang.
Stille wird von den Kindern gewünscht und gebraucht.
Stille hilft den Kindern und stärkt sie.
Stille als wiederkehrender Teil des Schulalltags gelingt gemeinsam immer besser.

Maria Montessori wird auch deshalb so ausführlich zitiert, weil ihre Berichte und Darstellungen[3] angesichts einer Schule, die häufig überwiegend von Unruhe und Hektik geprägt erscheint, faszinierend wirken: Stille als Begleitphänomen von Lernen und Unterricht erscheint ungewöhnlich und wirkt anziehend auf Lehrer und Schüler. Mehr Stille verspricht Entlastung von der ständigen untergründigen Unruhe und der Ungeduld und Gespanntheit in den Beziehungen der Kinder untereinander. Verbunden werden damit Erwartungen an die

Qualität des Lernens: Abblenden äußerer Störungen bei der Versenkung in die Arbeit, intensive innere Anspannung und Entspannung und Zufriedenheit danach kennzeichnen intensives Lernen, das in den Schulen der Erfahrung nach so selten ist.
Die Gründe für Hektik, Spannung und Streß sind vielfältig. *Kinder in schwierigen Lebenslagen* tragen die Last der erschwerten Bedingungen, unter denen sie in Elternhaus und anderer Umgebung aufwachsen müssen, auch in der Schule mit sich. Medizinische Forschungsergebnisse lassen vermuten, daß bei manchen Störungen der Aufmerksamkeit und Konzentration auch *gesundheitliche Beeinträchtigungen* vorliegen.[4] Frühkindliche Hirnschädigungen führen dazu, daß die davon betroffenen Kinder die auf sie einströmenden Umwelteindrücke nicht nach Wichtigkeit und aktueller Bedeutung ordnen können. Kinder mit diesen Schädigungen erleben die Umwelteindrücke als ein Dauerbombardement von visuellen und akustischen Reizen, die ihre Aufmerksamkeit wahllos auf sich ziehen. Es fällt ihnen dadurch sehr schwer, sich konzentriert *einer* Tätigkeit zuzuwenden. Gegen unabgewogene Erklärungen von Aufmerksamkeitsstörungen mit frühkindlichen Hirnschäden ist jedoch einzuwenden, daß die Häufigkeit dieser Wahrnehmungsstörung nicht abgesichert ist und die Diagnose schwierig erscheint. Gesundheitliche Beeinträchtigungen und erschwerte familiäre Lebenslagen sind zudem mögliche Ursachen von Hektik und Unruhe, die Schule und Unterricht nicht unmittelbar beeinflussen und verändern können.
Hektik und Unruhe werden durchaus auch von der Schule mitverursacht: Erkenntnisse über den Einfluß *schulorganisatorischer Regelungen* auf die innere Ruhe von Schülern und Lehrerinnen und Lehrern liegen nicht vor. Man kann jedoch vermuten, daß der gesamte »Rahmen« des Unterrichts mit Leistungsfeststellung und -bewertung, gesellschaftlichen Leistungsanforderungen und Leistungsdruck des Elternhauses die Konkurrenz und Spannung zwischen den Schülern und den »inneren Druck«, unter dem sie stehen, erhöht. Direkt oder indirekt sind davon auch die Lehrerinnen und Lehrer betroffen. Ins Gewicht fallen darüber hinaus die *Gestaltung des Unterrichtstags* und die *Methoden des Unterrichts*. Eine harmonische Unterrichtstagsgestaltung berücksichtigt die Leistungsfähigkeit der Schüler und paßt sich ihren Lernrhythmen in Anfangs- und Endzeiten und der Abfolge der Themen und Anforderungen an. Unterrichtsmethoden »mit langem Atem« erscheinen besser geeignet als eine kurzschrittige Unterrichtsgestaltung, die die Schüler nur im Klassenverband anspricht und

von Lernschritt zu Lernschritt gängelt. Unterrichtstagsgestaltung und Unterrichtsmethoden sind bis zu einem gewissen Grad von Lehrerinnen und Lehrern zu beeinflussen und damit ein Ansatzpunkt für Veränderungen.
Unter den an Hektik und Unruhe mitbeteiligten Faktoren ist noch ein weiterer zu nennen, auf den häufig z. T. pauschal verwiesen wird: Die *Lebensverhältnisse von Erwachsenen und Kindern* veränderten sich im Lauf der letzten Generation tiefgreifend. Von diesem »Modernisierungsschub«, den die Gesellschaft noch erlebt, ist auch die Kindheit erfaßt. Kinder heute sind nicht nur – um einen Buchtitel Maria Montessoris aufzunehmen – »anders«, sie sind auch »anders geworden«, und sie verändern sich kontinuierlich vor unseren Augen. Die Schule muß diesem epochalen Wandel, in den wir selbst einbezogen sind, aufmerksam nachspüren, um ihre Kinder zu kennen und sich in Inhalten, Zielen und Methoden auf sie einzustellen.
Die folgenden Ausführungen gehen daher im *zweiten Abschnitt* diesen Veränderungen der Lebensbedingungen der Kinder nach. Der *dritte Abschnitt* stellt Stille-Konzeptionen vor. Der *vierte Abschnitt* schließlich versucht zu umreißen, welche Bedeutung der Stille und den Stilleübungen in der Schule angesichts der veränderten Lebensumstände der Kinder zukommen kann.

1.2 Veränderte Kindheit

1.2.1 *Betroffene Kindergruppe*

Kindheit heute verläuft in anderen Bahnen als früher. Bevor einige Lebensbereiche genauer betrachtet werden, ist zu präzisieren, von welchen Kindern hier gesprochen wird.
In soziologischen Untersuchungen werden zwei Begriffe verwandt, mit denen Menschen benachbarter Geburtsjahrgänge zu Gruppen zusammengefaßt werden. Der Begriff der »Generation« hebt auf die zeitgeschichtlichen Ereignisse ab, die von den ungefähr Gleichaltrigen in ähnlichem Alter erfahren werden. Die Geschehnisse bilden quasi eine gemeinsame Erfahrungsgrundlage. In diesem Sinn sprechen z. B. Preuss-Lausitz u. a. in ihren Studien zu den Kindern der Bundesrepublik von den Generationen der »Kriegskinder« (um 1940 geboren), der um 1950 Geborenen (»Träger der kulturellen Erneuerung«) und der »Konsumkinder« (um 1960 geboren). Sie lassen offen, ob die um

1970 Geborenen eine neue Generation der »Krisenkinder« bilden bzw. bilden werden.[5] Nicht jeder historische Wandel konstituiert dabei eine Generation: Es muß sich um einschneidende historische Veränderungen handeln, ähnlich z. B. dem Kriegsende und der unmittelbaren Nachkriegszeit in ihrer Bedeutung für die erste hier genannte Generation.

Als zweiten soziologischen Begriff ist auf den der »Kohorte« zu verweisen. Kohorten sind Zusammenfassungen von Geburtsjahrgängen. In diesem Sinn werden Gruppen in demographischen Erhebungen abgegrenzt, wobei durchaus in 5- und 10-Jahres-Zeiträumen Geborene zu entsprechenden Kohorten zusammengefaßt werden.[6]

Die Kinder, die heute in den Grundschulen lernen und leben, sind um oder nach 1980 geboren. Zeitgeschichtlich einschneidende Umwälzungen sind angesichts der Kürze dieser Zeitspanne nicht abschließend festzuschreiben. Daher wird nicht von einer Generation, sondern von der betroffenen »*Kohorte der um oder nach 1980 Geborenen*« gesprochen werden.

1.2.2 Auf dem Weg in die postindustrielle Gesellschaft: Allgemeine Veränderungen

In den letzten Jahrzehnten ereigneten sich umwälzende Veränderungen in fast allen Lebensbereichen: in der Art der räumlichen Besiedelung, der Wohnverhältnisse und der Verkehrsmittel; in den Familienstrukturen; im kulturellen und religiösen Leben; in der inneren und äußeren Politik; im Umgang mit der Natur und den verschiedenen Bedrohungen, unter denen die Menschen leben; in der materiellen Ausstattung der Haushalte und den Lebens- und Konsumstilen; in Medien und Kommunikationsmöglichkeiten; in Produktion, Handel und Freizeit; in Erziehungseinrichtungen, -zielen und -stilen; in der Veränderung des Alltags; in den Normen und Werten des Zusammenlebens. In diese Veränderungen sind nicht allein die Kinder einbezogen, sondern die Gesellschaft insgesamt wandelt sich mit. Die Fülle und das Ausmaß der Veränderungen überwältigen.

Soziologen sprechen von einer »*schubähnlichen Modernisierung*«, die seit den 60er Jahren die Lebensverhältnisse in der Bundesrepublik »postindustriell« veränderte.[7] Im Zuge eines »Fahrstuhl-Effekts nach oben« hoben sich die Standards von *Einkommen, Bildung, Mobilität*, zur Verfügung stehender *Zeit* und weiterem mehr in weiten Kreisen der Bevölkerung, wobei die bestehenden Ungleichheiten zwischen den großen Gruppen der Gesellschaft erhalten blieben. In den größeren materiellen Reichtum sind jedoch nicht alle Familien einbezogen. 1983-1989 lag die Zahl der Arbeitslosen ständig über 2 Millionen. Unter der bevorstehenden oder bereits eingetretenen, ständigen oder vorübergehenden Unter- oder Nichtbeschäftigung der Eltern leiden insbesondere auch die Kinder. Seit einigen Jahren bereits führen ökologische Katastrophen die *Risiken,* unter denen der gesellschaftliche Reichtum erwirtschaftet wird, und die weltweite Gefährdung der Lebensgrundlagen jedermann vor Augen.[8] Die nicht rückgängig zu machenden zerstörerischen Eingriffe in die Natur, die Bedrohung durch Massenvernichtungswaffen und das Elend der Dritten Welt stellen die postindustrielle Art der Lebensführung in Frage und verunsichern die Menschen im Innersten.

In diesem Modernisierungsschub verändern sich die Beziehungen der Menschen zueinander und ihr Verhältnis zu sich selbst. Der Würzburger Soziologe Ulrich Beck spricht von einer dreifachen »*Individualisierung*«[9]:

1. Die Menschen der postindustriellen Gesellschaft sind *aus überkommenen Sozialformen und -bindungen* freigesetzt.

Soziale Klassenlagen, Geschlechtsrollenidentitäten und die Organisation der Arbeit verlieren ihre prägende Kraft. Mit der Veränderung der Rolle der Frau verändern sich die Familienstrukturen der Tendenz nach in Richtung auf »Verhandlungsfamilien auf Zeit«.[10]

2. Die Freisetzung ist mit einem *inneren Stabilitätsverlust* verbunden, da mit diesen Veränderungen Handlungswissen, Glauben und Werte und Normen an Gültigkeit verlieren.

3. Die aus vorgegebenen Rollen freigesetzten Individuen werden *erneut sozial eingebunden.*

Als Träger dieser standardisierenden Reintegration werden die »Medien« genannt, die die Individualisierung vorantreiben: Markt, Geld, Recht, Mobilität, Bildung.[11]

1.2.3   Veränderungen in den Lebensverhältnissen der Kinder

Als Kinder unserer Gesellschaft sind die Kinder der 80er Jahre in diese Modernisierung einbezogen. Z. T. nehmen sie, etwa was ihre Freizeitgestaltung angeht, aktiv die neuen Möglichkeiten in Anspruch und gestalten die veränderten Lebensbedingungen selbst

mit. Die Veränderungen sind nicht etwa nur negativ im Sinne verlorener Möglichkeiten zu betrachten. Sie enthalten auch neue Chancen.[12]
Ein Gesamtpanorama der veränderten Lebensbedingungen der Kinder zu zeichnen, ist weder möglich noch notwendig: Untersucht man die Veränderungen im einzelnen, wird immer wieder die Verflochtenheit der Phänomene deutlich. So kann z. B. die veränderte Nachmittagsgestaltung der Kinder nicht von der Veränderung der Familienstrukturen getrennt werden. Im folgenden werden vor allem die Veränderungen betrachtet, von denen ein Einfluß auf das Wahrnehmen und Erleben der Kinder und ihre Art, Erfahrungen zu verarbeiten, anzunehmen ist. Wahrnehmen, Erleben und die Verarbeitung von Erfahrungen sind Prozesse der inneren Welt. Die innere Welt ist mit der Frage nach den Bedingungen der Stille bei den Kindern heute angesprochen. Gibt es Hinweise dafür, wird nun gefragt, daß sich die Inhalte des Erlebens und der Erfahrung verändert haben? Zentraler noch als die Inhalte sind die Strukturen der Wahrnehmung, so vor allem Raum und Zeit. Gerade hierzu belegen fundite Analysen Veränderungen. Daher gehe ich im folgenden zunächst den *veränderten Strukturbedingungen des Wahrnehmens und Erlebens*, danach *den Anzeichen für eine Veränderung der Inhalte* nach.

Raumerleben und räumliche Lebensbedingungen

Was das Raumerleben und die räumlichen Lebensbedingungen von Kindern angeht, gibt es Anzeichen dafür, daß der homogene Raum, der als Nahraum mit Leben erfüllt und von den Kindern selbständig erobert und darin mehr und mehr ausgeweitet wird, verschwindet oder schon verschwunden ist.[13] Bereits seit den 60er Jahren verändern sich die Siedlungs- und Wohnungsstrukturen. Räume spezialisieren sich flächendeckend: Wohnen und Arbeiten wird räumlich getrennt, in größerem Umfang entstehen funktionsentmischte Stadtsiedlungen, die herumstreifenden Kindern wenig Anregungen bieten. Die zunehmenden Gefährdungen durch den Verkehr und die flächendeckende Spezialisierung der Räume drängen die Kinder in die ausschließlich von den Familien genutzten Räume zurück. In den Wohnungen selbst steht mehr Wohnraum zur Verfügung, was zweifellos auch für die Kinder ein Fortschritt ist. Mit dem größeren Raumangebot ist jedoch die zunehmende Spezialisierung der Nutzung verbunden, die die Kinder stärker auf ihre besonderen Kinderräume eingrenzt. Zu beobachten ist, daß den Räumen Handlungsvorgaben quasi einprogram-

miert werden: Spielplätze z. B. lassen nur bestimmte Spielabläufe zu. Wer denkt, daß Kinder souverän Räume nach ihren Absichten benutzen, irrt. Untersuchungen an Spielplätzen zeigen, daß die kindlichen Benutzer Vorgaben einhalten. Veränderte räumliche Lebensbedingungen, Abnahme der Kinderzahl insgesamt und damit der in einem bestimmten Wohnbereich lebenden Kinder verbinden sich mit einer Veränderung der bevorzugten Freundschaftsbeziehungen, die die miteinander spielenden Kindergroßgruppen verschwinden läßt. Dadurch wird der Rückzug in den entweder allein oder in Zweierbeziehungen genutzten häuslichen Raum begünstigt.[14]
Parallel zu diesen Entwicklungen wird der häusliche Raum vieler Kinder erneut sekundär und technisch vermittelt ausgeweitet. Zum Lebensraum, den die Kinder kennen und der für sie wichtig ist, gehören z. T. weit voneinander entfernt liegende Einzelbereiche, z. B. die Wohnräume befreundeter Familien, Geschäfte, Freizeit- und Urlaubsorte, als »mobiler Teilraum« selbst das Familienauto. Von einem »*verinselten Lebensraum*«[15] wird gesprochen, da der Zusammenhang zwischen den Einzelräumen erst durch technische Mittel (Telefon, Auto) gestiftet wird. Der Gesamtraum bleibt unerobert, er bildet keine sinnlich erfahrbare Einheit, die sich die Kinder unmittelbar und in eigener Verfügung erschließen können. Technische Medien (Telefon, verschiedene Formen des Fernsehens, Filme) lassen ohnehin räumliche Distanzen beliebig verschmelzen, verschwinden, überbrücken.
Die Veränderung der räumlichen Lebensbedingungen darf nicht ausschließlich abwehrend und unter dem Gesichtspunkt eines Verlusts betrachtet werden. Die Überwindung der Vorgaben der räumlichen Nähe rückt Entferntes in Reichweite. Dadurch entstehen Wahlmöglichkeiten, die Freizeit und Freundschaftsbeziehungen bereichern können. Eine gezielte Nutzung der Wahlmöglichkeiten setzt jedoch voraus, daß Kinder Wahlen kennen und treffen können und daß sie in der Lage sind, unter Einbezug der technischen Möglichkeiten vorauszuplanen. Wenn bevorzugt Räume mit eingeprägtem Handlungsprogramm aufgesucht werden, ist mit der größeren Freiheit der Programmwahl eine engere Bindung an standardisierte Handlungsabläufe verbunden. Inzwischen sind in einer Art Gegenbewegung jedoch auch Tendenzen zu beobachten, Räume erneut zu entdifferenzieren und zu entspezialisieren, indem sie breiter und mehrfach genutzt werden. Nahräume werden neu belebt, indem Funktionstrennungen und die Grenzen gegenüber dem familiaren Privatraum abgebaut werden.

Hierzu wäre auf Spielstraßen, Eltern-Kinder-Gruppen, Stadtteil- und Straßenfeste, Bürgerinitiativen in Stadtteilen u.w.m. zu verweisen. Spontan entscheidende Kinder – so könnte man möglicherweise *zusammenfassen* – haben angesichts der veränderten räumlichen Lebensbedingungen geringere Chancen auf weitläufige und bereichernde räumliche Erfahrungen. Gefordert ist das die technischen Bedingungen souverän beherrschende, vorausschauend entscheidende Kind. Da dieses Kind dazu jedoch die einführende Hilfe der Erwachsenen zum Verständnis der komplexen räumlichen Verhältnisse braucht, ist es enger an die Welt der Erwachsenen gebunden.

Zeitliche Lebensbedingungen

In bezug auf die zeitlichen Lebensbedingungen sprechen Indizien dafür, daß Kinder mehr als bisher und in jüngerem Alter in die Zeitorganisation der Erwachsenen einbezogen werden.[16] Postindustrielle Lebensverhältnisse gebieten den Erwachsenen Zeitökonomie, d. h. den sorgsamen Umgang mit der Zeit als einem knappen, zu nutzenden Gut, das im Interesse verschiedener nacheinander oder gleichzeitig erledigter Tätigkeiten in kleine Zeiteinheiten aufteilbar ist und dessen optimaler Einsatz vorausschauende Planung erfordert. Die homogene, allen gemeinsame Zeit schreitet unbeeinflußt von natürlichen Rhythmen und ohne Rücksicht auf die persönlichen Lebensvollzüge unaufhaltsam fort. Sie steht als gesellschaftliche Struktur dem einzelnen gegenüber und erfordert seine Anpassung.[17]
Natürliche Rhythmen sind auch für Kinder in geringerem Maße erlebbar. Die veränderten Konsumgewohnheiten z. B. ließen das jahreszeitlich gebundene Angebot an Lebensmitteln verschwinden, komfortablere Wohnverhältnisse reduzieren klimatische Härten.[18]
Vor allem jedoch fördern veränderte Familienstrukturen und ein Wandel in der Freizeitgestaltung die *Übernahme erwachsener Zeitorganisation*. Mehr Kinder als früher verbringen einen Teil oder den Großteil ihres Tages in Betreuungsinstitutionen. Kinderkrippen, Schülerhorte und ähnliche Einrichtungen geben schon kleinen Kindern Anfangs- und Endzeiten, feste Tageseinteilungen und z. T. auch die Dauer einzelner Tätigkeiten vor. Immer mehr Mütter sind berufstätig und damit an extern vorgegebene, feste Zeitpläne gebunden. Zusammen mit den anderen Familienmitgliedern sind die Kinder in ihrer Zeitdisposition an diese Raster und Einteilungen der Zeit gebunden.
In der Freizeitgestaltung der Kinder sind Tendenzen belegbar, nach

denen an die Stelle von spontan aufgesuchten Nachbarschaftsgruppen eine verstärkte Institutionalisierung der Freizeit und die Freizeitgestaltung durch »Terminnetze«[19] treten. So werden (vor allem Klein-) Spielgruppen bezeichnet, die durch Verabredungen zustandekommen: »Das kann dann so aussehen: Einige Kinder aus derselben Schulklasse verabreden sich vormittags in der Schule für den Nachmittag, jedoch nicht alle gemeinsam, sondern in Kleingruppen, oft nur zu zweit. Der Termin wird mittags von zu Hause aus telefonisch bestätigt. Über die Tage hin wechseln die Gruppenzusammensetzungen, so daß im Laufe der Zeit jedes Kind mit jedem anderen immer wieder einmal verabredet ist, mit einzelnen zeitweise häufiger, mit anderen seltener.«[20] Eine Vielfalt von Kursen sportlicher, musikalischer und handwerklicher Art verspricht Eltern und Kindern, um den Preis einer verstärkten Institutionalisierung der Freizeitgestaltung das schulische Angebot an Ausbildung und Anregung zu erweitern. Beide Arten der Freizeitgestaltung sind der Spontaneität entgegengerichtet, erfordern Vorausplanung und erneut das Kind, das kenntnisreich und sicher mit den neuen technischen Möglichkeiten (Telefon, Zeitung, Ankündigungen von Vereinen und Institutionen) umgeht.

Bei alledem darf die Schule nicht aus dem Blick bleiben. Zumindest in den 70er Jahren wurde auch die Schule Versuchen unterzogen, die Unterrichtszeit durch eine enge Ausrichtung auf Lernziele intensiver zu nutzen. Schulunterricht ist, wenn die Zerstückelung nicht durch eine Orientierung an den Lebensbedürfnissen und Interessen der Kinder aufgehoben wird, nach wie vor ein Vorbild für die Fragmentarisierung der Zeit.

Auch im Hinblick auf die zeitlichen Lebensbedingungen – so ist *zusammenfassend* festzuhalten – darf die positive Seite der Veränderungen nicht übersehen werden. »Moderner« Umgang mit Zeit erweitert für die Kinder innerhalb und außerhalb der Familie, in Freizeit und Freundschaftsbeziehungen den Bereich der eigenen Wahl und eigenen Gestaltung. Kinder, die in dieser Weise »souverän« über die Zeit verfügen wollen, müssen jedoch technisch die Zeitorganisation der Erwachsenen beherrschen, zu Entscheidungen über ihre Präferenzen in der Lage sein und zeitlich disponieren können. Da nicht alle Kinder in ihren Lebensverhältnissen die für diesen Umgang mit Zeit notwendige Fähigkeit zur Disposition erlernen können, entstehen neue und noch weitgehend unerkannte Ungleichheiten.[21] Die größeren Gestaltungsmöglichkeiten werden erreicht, indem Zeitraster und vorgegebene Ablauftempi verstärkt in das Leben der Kinder vordringen. Dadurch verringert sich der Spielraum für Ungebundenheit und zeitenthobene Spontaneität. Die Freisetzung von zeitlichen Vorgaben und Einschränkungen macht die individuellen Zeitplanungen außerdem offen für eine erneute Standardisierung durch äußere Vorgaben, z. B. durch Programmschemata der Massenmedien oder Orientierung an Moden der Freizeitgestaltung.

Unter welchen veränderten Strukturbedingungen des Wahrnehmens und Erlebens wachsen die um oder nach 1980 geborenen Kinder auf? Die Einzelergebnisse zeigen, daß die natürliche, nicht gesellschaftlich gestaltete Umwelt – wenn es sie im 20. Jahrhundert überhaupt noch gegeben hat – weitgehend aus dem Leben der Menschen verschwunden ist. Auch für die Kinder ist ihre Welt eine *technisch gestaltete, durch »moderne« Lebensbedingungen gekennzeichnete Welt.* Deutlich tritt hervor, daß nur die Kinder die neuen Möglichkeiten nutzen können, die in der Lage sind, mit den technischen Mitteln umzugehen. Vorstellungen von Kindheit, die hauptsächlich die Naturwüchsigkeit, Spontaneität und Direktheit der Kinder und des kindlichen Handelns herausstellen, entsprechen nicht mehr der Wirklichkeit.

Andere Inhalte der Wahrnehmung und des Erlebens

Bisher wurde vor allem die Veränderung der Strukturbedingungen der Wahrnehmung untersucht. Zeichnet sich ein ähnlicher Wandel auch für die *Inhalte der Wahrnehmung* ab?[22]

Der zunehmende materielle Reichtum veränderte seit den 60er Jahren die unmittelbare Umwelt der Kinder. Die Kinder wurden als umsatzstarker Markt entdeckt, für deren Lebensbedürfnisse, Spielwelten und Wünsche Produkte in Millionenzahl entwickelt und umfangreiche Dienstleistungen angeboten werden. Man schätzt z. B., daß der Markt der Spielwaren eine Viertelmillion verschiedener Spielsachen bereithält und den Kindern anbietet.[23] Orientierung in diesen Konsumwelten versprechen »Kinderlebensstile«, die über die Medien verbreitet werden. Häufig fungiert das Fernsehen als tonangebendes Leitmedium eines Verbunds von Markt und Medien. Rund um die »Biene-Maja«-Serie z. B. entstehen andere »Biene-Maja«-Produkte, Platten (über 2,2 Millionen), Cassetten, Poster, Comics, T-Shirts, Anstecker, Bettwäsche, Kindermenüs u.w.m.[24] Den massenkulturellen Lebensformen der Erwachsenen vergleichbar entwickeln sich propagierte *Konsumwelten* für Kinder.[25] In diesem Markt nehmen die Fertigprodukte zu, z. B. unter den Spielzeugen die Produkte mit einprogrammierten Abläufen. Ähnlich wie im Hinblick auf die Räume mit

vorgegebenen Handlungsmöglichkeiten können Kinder so zwar unter einem größeren Programmangebot wählen, aber sie sind im Ablauf enger an die dem Produkt innewohnenden Möglichkeiten gebunden. Von einer Eigentätigkeit kann unter diesen Bedingungen keine Rede sein. Die Massenkultur präsentiert sich dabei als ein Angebot, das vom Käufer-Kind akzeptiert oder abgelehnt werden kann. Verschwiegen wird, daß sie der Orientierung und Sinngebung wegen nötig ist.
Massenkonsum und Massenkultur sind andererseits aber auch ein Zeichen für überwundenen materiellen Mangel. Selbst wenn Sinngebungen präformiert sind, vergrößert sich durch sie das Angebot, unter dem gewählt werden kann. Massenkulturen machen zudem im Sinne einer Demokratisierung des Angebots Sonderentwicklungen allgemein zugänglich. In letzter Zeit sind außerdem verstärkt Ansätze zu einer selbstgestalteten Alltagskultur und zur Bevorzugung der Eigenarbeit gegenüber dem Kauf des Produkts zu erkennen.[26]
Die Formung der Inhalte der Wahrnehmung wird neben dem Markt vor allem von den Medien geleistet. Kinder sehen mehr fern, als viele Lehrer und Erzieher vermuten (8- bis 13jährige täglich durchschnittlich 80 Minuten), sie sehen zu anderen Zeiten fern, als es die Kindersendungen unterstellen, und sie sehen nicht nur Kindersendungen. Die tägliche Sehdauer der Kinder weitet sich mit den »Neuen Medien« (Verkabelung, Satellitenfernsehen, Bildschirmtext, mehr Speicherungs-, Reproduktions- und Leihmöglichkeiten) weiter aus.[27] Fernsehen verbreitet »Phantome« von Welt, die den Anschein der Unmittelbarkeit erheben, jedoch als unbeeinflußbare und unbeantwortbare Bilder der Welt in die Wohnungen und Kinderzimmer einströmen. Als »Matrizen« von Welt werden sie in millionenfacher Auflage verbreitet (»Die Welt als Phantom und Matrize«, Günther Anders).[28] Da Fernsehsendungen Waren sind, die für sich Bedarf wecken müssen, werden die Botschaften mit einem Schein des Vergnügens versehen. Sie versprechen den Zuschauern »fun« (Günther Anders). Zur Vermittlungsform wird von Medienforschern u. a. herausgestellt, daß sie das Dargestellte zum Ereignis macht. Fernsehen baut mit an einer nicht-diskursiven Bildwelt, die statt der analytischen ästhetische Reaktionen fordert.[29] Die Sendungen setzen den Zuschauer einem Dauerstrom von Bildereignissen aus, ohne ihm Zeit zur Verarbeitung zu geben.[30] Möglicherweise jedoch sind auch mit dem Fernsehen und dem sich mehrenden Medienkonsum positive Möglichkeiten verbunden.
Die Überlegungen, welche Wirkungen davon auf die Innenwelten der

Kinder ausgehen, stehen erst am Anfang. Vermutet wird, daß die überbordenden »*Erfahrungen aus zweiter Hand*« das Erleben der Kinder besetzen und ihre Wahrnehmungen und ihre Phantasie mit übernommenen, standardisierten Bildwelten überfluten. An die Stelle der selbst eroberten unmittelbaren Erfahrungen tritt Übernommenes. Während die »Fernsinne« (Sehen, Hören) in Anspruch genommen werden, verkümmern die »Nahsinne« (Tasten, Riechen, Schmecken). Eigentätigkeit und direkte Erfahrung der Welt nehmen ab. Noch ist weitgehend unklar, in welcher Weise die Schule auf diese Veränderungen eingehen, ob und wie sie ihnen begegnen kann.[31]

Im Zuge der Veränderungen der Kindheit begegnet den Kindern – so ist im Hinblick auf die Inhalte *zusammenfassend* festzuhalten – eine andere Wirklichkeit. Zu vermuten ist, daß dadurch Denken, Fühlen und Handeln verändert werden. Vorgeformte, übernommene Erfahrungen und die Auswirkungen der Teilhabe an massenkulturellen Lebensformen konkurrieren mit den unmittelbaren Erfahrungen der Welt und – wird man vermuten müssen – können sie überlagern. Daher erscheint die These berechtigt, daß Lehrer und Erzieher bei den um oder nach 1980 Geborenen mit einer *anders akzentuierten inneren Welt* rechnen müssen.

1.3 Pädagogische Konzeptionen der Stille

Nachdem im vorangegangenen Abschnitt Aspekte der veränderten Lebenswelt der Kinder betrachtet werden, ist nun nach den Konzeptionen der Stille zu fragen. Mit der Stille und ihrer Bedeutung in Schule und Erziehung befassen sich zahlreiche Pädagoginnen und Pädagogen. Oblinger, der die Konzeptionen einer Stille- und Schweigeerziehung historisch aufarbeitet, stellt in Kurzbeschreibungen mehr als vierzig Einzelkonzepte dar und nennt u. a. folgende Personen, Völker, Gruppen und Schriften, in deren pädagogischen Überlegungen die Stille der Heranwachsenden und/oder das Schweigen des Erziehers eine Rolle spielt: viele Naturvölker, Alt-Ägypten, das Alte und Neue Testament, Benedikt von Nursia, die Jesuiten und viele andere Ordensgemeinschaften, Rousseau, Pestalozzi, Hegel, Montessori, Petersen, Makarenko, die Pfadfinder, Lubieska de Lenval und Tausch/Tausch.[32] Während in der ersten Hälfte des 20. Jahrhunderts die Beachtung des Themas abnimmt[33], gewinnen Stille und

Stilleübungen heute neue Aktualität. Man könnte darin eine Reaktion auf »postindustrielle« Lebensbedingungen vermuten.
Im folgenden werden *drei Konzeptionen der Stille* dargestellt: Elisabeth Kühnbergers Erfahrungen des Interesses wegen, das die Veröffentlichung in der pädagogischen Öffentlichkeit fand; Maria Montessoris Konzeption vor allem deswegen, weil sie die innere Bereitschaft des Kindes zur Stille in den Mittelpunkt rückt; Hubertus Halbfas' Überlegungen als Beispiel einer (religions-)pädagogischen Konzeption, für die die Stille der Weg zu sich selbst und zu Gott ist. Im Anschluß an diese Darstellung ist nach der Bedeutung der Stille für die Kinder der 80er Jahre zu fragen.

1.3.1 E. Kühnberger: Stille als Teil der Klassendisziplin

*Elisabeth Kühnberger*s Erfahrungsbericht bringt Stille und Stilleübungen 1984 in die aktuelle grundschulpädagogische Diskussion.[34] Die erste Stille in ihrer »Problemklasse« 1 d entsteht zufällig. Die Kinder freuen sich über ihre Fähigkeit und empfinden die Stille von Anfang an als wohltuend. Daneben erleben sie sie als eine Leistung, zu der sie als Klasse fähig sind – vor allem, als es ihnen gelingt, eine Minute still zu sein. Elisabeth Kühnberger beobachtet nach den Phasen der Stille eine Beruhigung und Entspannung der Klassenatmosphäre. Die Kinder arbeiten im sich anschließenden Unterricht konzentrierter mit. Sie setzt Stilleübungen in der Kombination mit vorausgehenden gebundenen Bewegungsspielen zum Abbau der motorischen Unruhe ein. Die regelmäßigen, von den Schülern erwarteten und gewünschten Phasen der Stille an den Schultagen sind der zentrale Bestandteil ihrer vielgerichteten lern- und sozialpsychologischen Überlegungen und Bemühungen, die Kinder ihrer Klasse zu Selbstdisziplin, Konzentration, Rücksichtnahme, Regelbetrachtung und zum Lernen anzuleiten.

Nach einer Woche hatten sich die Kinder mit ihrer neuen Situation (aus verschiedenen Klassen während des Schuljahrs zu einer neuen Klasse zusammengestellt worden zu sein, G. F.-S.) abgefunden. Sie kannten sich untereinander, und ich kannte sie mit ihren Namen. Meine Arbeit bestand jedoch immer noch mehr im Bewältigen des auffälligen und aggressiven Verhaltens mehrerer Kinder als in der Vermittlung von Wissen. Vor allem die Unruhe und der Lärm, den die Kinder verursachten, schienen mir manchmal unerträglich. Es gab nur wenige Kinder, die in der Lage waren, sich in normaler Lautstärke

zu äußern. Auch wenn sie sich etwas mitteilten, schrien sich die Kinder grundsätzlich an.
Als wieder einmal der Lärmpegel unerträglich geworden war und ich mir kaum Gehör verschaffen konnte, sagte ich: ›Ihr könnt aber auch nicht ein einziges Mal still sein!‹ Dann legte ich den Zeigefinger auf den Mund und wartete. Tatsächlich setzten sich einige Kinder still hin und warteten auch. Allmählich trat Ruhe ein. Sogar Thomas saß nur grinsend auf seinem Platz. Plötzlich war es absolut still in unserer lauten Klasse. Diese Stille dauerte vielleicht eine viertel Minute. Dann wurde es wieder laut, weil jeder jedem mitteilen mußte, wie still es gerade gewesen war.
Zu meinem großen Erstaunen meldete sich am nächsten Tag, als es wieder einmal sehr laut war, Rebecca und sagte: ›Wir wollen alle wieder still sein.‹ Und Anibal, ein Portugiese, bekräftigte: ›Ja, mach wieder Stille.‹ Ich legte, da dies am Vortag so gut gewirkt hatte, wieder den Finger auf den Mund und sah die Kinder, die still dasaßen, an. Nach einer geringen Zeitspanne waren alle Kinder still. Ich sah, wie sie sich freuten. Auch diese Stille dauerte nur sehr kurz, aber die Atmosphäre in der Klasse war spürbar gelöster.[35]

Die Stille wird in der Folge zur Voraussetzung und zur Begleiterscheinung von Konzentrationsaufgaben, von »Stillarbeit« und von Entspannungs- und mediativen Übungen. In der Stille konzentrieren sich die Kinder auf andere Bewußtseinsinhalte, vor allem auf Geräusche, in den Meditationen auf erlebte Bildwelten. E. Kühnberger weist bereits auf eine wichtige Vorbedingung der Bemühungen um Stille in der Klasse hin: Die Lehrerin muß selbst ruhig sein, damit die Kinder still werden können. Akzentuiert wird hier, so läßt sich zusammenfassend kennzeichnen, neben der Fähigkeit des einzelnen Kindes zu Konzentration und größerer Ruhe die Fähigkeit der Klasse zu einer gemeinsam aufgebauten *Klassendisziplin*. Das einzelne Kind findet am leichtesten zur Stille, nachdem vor allem seine motorischen und emotionalen Bedürfnisse erfüllt sind.

1.3.2   M. Montessori: Die Bereitschaft des Kindes zur Stille

Die besondere Bedeutung der Stille-Konzeption *Maria Montessoris* ist bereits angesprochen worden. Hubertus Halbfas geht auf die einzigartige Stellung dieses Denkens ein: ». . . eigentlich (hat) nur Maria Montessori ein ausgeprägtes Verhältnis zur Stille in unseren Schulen entwickelt. In einer gewissen Weise . . . *entdeckte* (Hervorhebung von H. Halbfas, G. F.-S.) sie die tiefe innere Bereitschaft des Kindes zur Stille.«[36] Stille ist hier kein dem Kind von außen auferleg-

ter Zwang. Den Ausführungen liegt die Erfahrung zugrunde, daß, wie E. M. Standing es formuliert, »... Kinder im Innersten die Stille lieben...«[37]
In den Berichten und Darstellungen Maria Montessoris schwingen verschiedene Momente mit: In den »Übungen« der Stille (so benannt in Analogie zu den anderen Montessori-Übungen) wird von den drei- bis sechsjährigen Kindern etwas gefordert, wozu sie eigentlich ihrem Alter nach nur schwer in der Lage sein sollten. Statt lebhafter Bewegung verlangt die Stille die vollkommene Beherrschung der Bewegungen und Regungen bis hin zum leisen Atmen und zur Unterdrückung eines Niesanfalls. M. Montessori erfährt verwundert, daß sogar sehr kleine Kinder zu dieser *disziplinierten Selbstbeherrschung* fähig sind und sie gerne üben. Aus den Übungen gehen die Kinder entspannt und ausgeruht hervor. Die Anstrengungen, die damit verbunden sind, hinterlassen bei ihnen *Glück und intensive Freude*, die äußere Belohnungen überflüssig machen. Ähnlich wie bei den Übungen aus anderen Bereichen wird die Fähigkeit zur Stille und Selbstkontrolle durch *Wiederholung* vervollkommnet. In der Stille erleben die Kinder ihr *inneres Wesen* und darin bisher *verborgene Fähigkeiten*. Durch die Stille werden diese Fähigkeiten gefördert und entwickelt.
Die Stille wird von Maria Montessori u. a. mit dem Hören des eigenen Namens und motorischer Schulung verbunden. Bekannt sind Variationen der Übung, in der sie die Kinder bei ihrem Namen in der Stille zu sich ruft:

War diese Stufe (Stille, die den Eindruck hervorruft, als sei niemand mehr da, und in der dadurch die Geräusche der Umgebung deutlich hörbar werden, G. F.-S.) erreicht, dann verdunkelte ich die Fenster und sagte zu den Kindern: ›Hört nun eine leise Stimme, die euch beim Namen ruft.‹
Dann rief ich aus einem Nebenzimmer hinter den Kindern durch die weit geöffnete Tür mit flüsternder, doch die Silben langziehender Stimme, so wie man nach jemandem in den Bergen rufen würde, und diese kaum merkbare Stimme schien das Herz der Kinder zu erreichen und ihren Geist anzusprechen. Jeder Aufgerufene erhob sich leise, versuchte dabei, den Sitz nicht zu bewegen und lief auf den Zehenspitzen so unhörbar, daß man ihn fast nicht vernahm, und trotzdem hallte sein Schritt in der absoluten Stille, die sich nicht unterbrechen ließ, solange die übrigen weiterhin unbeweglich verharrten. ...
Dieses Spiel faszinierte die Kleinen: Ihre gespannten Gesichter, ihre geduldige Unbeweglichkeit enthüllten uns ihr Suchen nach einer großen Freude. Zu Anfang, als mir die Seele des kleinen Kindes noch unbekannt war, hatte ich daran gedacht, ihnen Süßigkeiten und kleine Geschenke zu zeigen und zu versprechen, sie dem Aufgerufenen zu geben, in der Annahme, die Geschenke

müßten den notwendigen Anreiz bilden, um kleine Kinder zu solchen Anstrengungen zu veranlassen. Doch bald sollte ich erkennen, daß dies unnötig war. Nachdem die Kinder die Anstrengungen, Aufregungen und Freuden der Stille hinter sich gebracht hatten, erreichten sie wie Schiffe den Hafen, sie waren glücklich, daß sie etwas Neues gefühlt und einen Sieg davongetragen hatten. Das war ihre Belohnung. Sie vergaßen die versprochenen Süßigkeiten und nahmen sich nicht die Mühe, den Gegenstand zu ergreifen, von dem ich angenommen hatte, er würde sie anziehen. ... Da erkannte ich, daß die Seele des Kindes ihre eigenen Belohnungen und geistigen Genüsse hat.[38]

Die in den Stilleübungen zu beobachtende intensive Konzentration und Willensanspannung der Kinder ähnelt der Versenkung in Aufgaben und Tätigkeiten, die Maria Montessori als »Polarisation der Aufmerksamkeit« bezeichnet. Eine selbstgewählte Tätigkeit wird hier wieder und wieder ausgeführt, bis sie gleichsam von innen heraus zu einem Abschluß gekommen ist. Äußere Störungen können die Kinder nicht ablenken. Nach der Arbeit wirkt das Kind erfrischt und entspannt. Erstmals beobachtet sie dieses Phänomen an einem etwa dreijährigen Mädchen, das in immer wieder erneuten Wiederholungen eine Serie von Holzzylindern in die genau dazu passenden Vertiefungen steckt. Das Kind läßt sich weder durch das Singen und Umherlaufen der anderen Kinder noch dadurch von seiner Tätigkeit abbringen, daß es mitsamt seinem Stühlchen auf einen Tisch gestellt wird:

Seit ich zu zählen begonnen hatte, hatte die Kleine ihre Übung zweiundvierzigmal wiederholt. Jetzt hielt sie inne, so als erwachte sie aus einem Traum, und lächelte mit dem Ausdruck eines glücklichen Menschen. Ihre leuchtenden Augen sahen vergnügt in die Runde. Offenbar hatte sie alle jene Manöver, die sie hätten ablenken sollen, überhaupt nicht bemerkt. Jetzt aber, ohne jeden äußeren Grund, war ihre Arbeit beendet. Was war beendet, und warum?[39]

Die Stilleübungen Maria Montessoris sind im Rahmen ihrer *pädagogischen Gesamtkonzeption* zu sehen. Die Ausrichtung auf die selbsttätige Arbeit als grundlegendes Organisationsprinzip der Montessori-Kinderhäuser und -Schulen ermöglicht und fordert ständig die Vertiefung in die Arbeit. Die Abkehr vom Klassenunterricht und die Befreiung vom Zwang, im Verband mit allen anderen voranzuschreiten, schaffen in den Schulen die äußeren Voraussetzungen für eine Arbeitsatmosphäre und Arbeitshaltung, die über den Augenblick hinaus tragen. Dahinter steht die Auffassung, daß Kinder, finden sie in den Perioden, in denen sie für bestimmte Probleme und Aufgaben ansprechbar sind, die entsprechende Lernumgebung vor, von sich aus tätig werden und ihre Fähigkeit entwickeln. Der Lehrer der Montessori-Freiarbeit ist ein »passiver Lehrer«; er wirkt über die geordnete Lernumgebung und das dem Kind zur Verfügung gestellte Material; seine vornehmliche Aufgabe liegt darin, dem Kind zu helfen, es ›allein zu tun‹.[40]

Aus dieser Betonung der individualisierten Arbeit heraus wird von Montessori-Pädagogen harte *Kritik* an einer Unterrichtsgestaltung geübt, bei der der *Klassenunterricht* im Mittelpunkt steht. Klassenunterricht gängele und bestimme die Kinder kontinuierlich von außen. Interessengeleitetes Arbeiten und die Vertiefung in die Arbeit würden auf diese Weise nicht erlernt und allgegenwärtige Unruhe und mitunter nur mühsam kontrollierter Lärm durch didaktische und methodische Grundentscheidungen mitangelegt:

> Kollektives Tun fordert die von außen herzustellende Disziplin und bewirkt das Stummsein oder den Lärm der Kinder. Die Folge ist, daß der Unterricht oft ein vom Lehrer gelenktes Frage- und Antwortspiel wird, bei dem man ›alle Finger‹ sehen will und das Kind zu einem Sprechen veranlaßt wird, das nicht der Ausdruck seines eigenen Wissens, Erkennens oder Fragens ist.[41]

1.3.3   H. Halbfas: Stille als Weg zur eigenen Mitte und zu Gott

In seinen Überlegungen und Vorschlägen zur Stille[42] schließt *Hubertus Halbfas* an Maria Montessori an und nimmt u. a. bewußt die Bezeichnung »Stilleübung« auf. Bezüge bestehen zur französischen Montessori-Schülerin Helene Lubienska de Lenval, in deren religionspädagogischer Konzeption die Stille zu Gott hinführt.[43] Halbfas ist Theologe, Religionspädagoge und Schulpädagoge. Seine Überlegungen wären mißverstanden, würden sie ausschließlich auf den Religionsunterricht beschränkt. Sie sind – auch ihrem Selbstverständnis nach – als Beitrag zu einer »Kultur« des Lebens und Lernens in einer kinderfreundlichen Schule zu verstehen. Gerade die allgemeinpädagogischen und schulpädagogischen Dimensionen werden m. M. n. noch zu wenig erkannt und diskutiert.

Stille ist bei Halbfas der *Weg zur Mitte,* und zwar sowohl zur *eigenen inneren Mitte* als auch *zu Gott*. Halbfas steht damit in der Tradition des »monastischen Schweigens«: Stille, Versenkung, Rückzug von der Welt, Hinwendung zur eigenen Mitte und meditative Übungen finden sich in fast allen Hochreligionen, u. a. im Hinduismus und Zen-

Buddhismus ebenso wie im Judentum und Christentum. Zeiten der Stille werden in vielen Ordensregeln vorgeschrieben. Dieses »monastische Schweigen« soll zu innerer Einkehr führen und damit letztlich den Weg zu Gott öffnen.[44]

›Alle sind außer sich‹, sagte eine Kindergärtnerin. ›Wie soll man Gott begegnen, der in uns ist, wenn es nicht gelingt, uns in uns selbst zurückzuziehen, um uns zu sammeln.‹ Oder anders gesagt: ›Draußen ist der Lärm, ist die Eile, die Gier, die Eitelkeit. Aber das Zuhause ist nicht draußen, es ist drinnen. Es ist nicht die Welt, wir sind es. Es liegt nur an uns, das Haus mit Stille zu erfüllen. – Die Stille schenkt Erholung und Ruhe, sie heilt und tröstet. Sie stellt die Kräfte wieder her, behütet das Leben, fördert das Denken. Die Stille macht besser. Sie allein bringt Geist und Materie in Einklang.‹[45]

Das Verständnis von Stille als Weg zur Mitte bringen am deutlichsten die Texte und Bilder der Schülerbücher einer von Halbfas entwickelten Schulbuchreihe zum Ausdruck, insbesondere die Schülerbücher der Klassen drei und vier. Auf einer Seite des Buchs der dritten Klasse sind in Fotografien und mikroskopischen Schnitten Naturmaterialien zu sehen, die eine betonte Mitte aufweisen. Daneben steht als Text:

Alle diese schönen Formen haben eine Mitte.
Jedes Leben muß eine Mitte haben.
Wer die Stille findet, kommt in die Mitte.[46]

Das Schülerbuch 4 zeigt verschiedene Arten von Labyrinthen, die hier als Symbol des Lebensweges vorgestellt werden:

Es gibt nur einen schmalen Einschlupf in das Labyrinth.
Nur hier kannst du eintreten.
Es ist nicht einfach; der Lärm muß draußen bleiben.
Unterwegs weißt du meistens nicht, wo du bist, ob nah oder fern dem Ziel.
Scheint es nah, ist es gleich darauf ungewiß –
wie immer auf dem Lebensweg.

Aber gib nicht auf!
Geh Schritt für Schritt, die Mitte umkreisend.
Wenn du sie findest, findest du dich selbst,
deine eigene Mitte
und zugleich Gott,
der alles umfaßt und in dem
die Welt, ein jeder Mensch und du selbst
ihren Grund haben.[47]

Der Weg zu sich wird auch mit einem »Sprung in den Brunnen« verglichen: Abkehr von den äußerlichen Attraktionen, Hinwendung zur unbekannten, erschreckenden eigenen Tiefe, Erfahrung der »inneren Zeit« und der »inneren Räume«. Die Stille liegt dabei in der Tiefe, und sie führt in die Tiefe.[48] Vom Brunnengrund bringt derjenige, der den Sprung gewagt hat, die Stille mit. Die *Wirkungen der Stille* liegen in der *inneren Veränderung,* neuer »Wachheit« und Aufmerksamkeit und in einem erneuerten Verhältnis zu den Dingen der Umgebung.

Die bei Halbfas beschriebenen Stilleübungen vermeiden die äußerliche Attraktivität: Es handelt sich weder um »Spiel« noch um »Unterhaltung« noch um »Ratesport«.[49] Die benötigten Gegenstände sind bewußt einfach, häufig Naturobjekte. In Übungen des Riechens, Tastens, Hörens und Sehens versenken sich die Kinder in die Erfahrung, die ihnen die Geräusche, Gegenstände und Bilder geben. Ziel ist jedoch dabei die andersartige, vertiefte Erfahrung mit sich selbst. »Mit den ... Übungen wird nicht irgendeine Leistung angestrebt, sondern menschliche Reife. Ihr Ziel ist keine isolierbare Fertigkeit, sondern innerliche Veränderung. Deshalb wollen diese Übungen den Menschen vor sich selbst bringen, indem sie ihn in ein neues Verhältnis zu den Dingen um ihn her versetzen.«[50]

Im Schülerbuch des 1. Schuljahres steht z. B. neben einer Schwarzweißfotografie des Flötenspielers von Ernst Barlach folgender Text als Anleitung zu einer Übung des Hörens:

> Schaut den Flötenspieler an!
> Er ist ganz ruhig.
> Er lauscht in sich hinein.
> Nichts stört ihn.
> Seine Musik kommt von innen.
> Wer sie hören will, muß stille werden.
>
> Auch Bilder haben eine Musik.
> Vielleicht ist sie leise
> und kommt von weit her.
> Vielleicht ist sie fremd
> und nicht gleich zu verstehen.
> Ihr müßt geduldig lauschen
> und immer wieder hinsehen.
>
> Schaut den Flötenspieler an,
> dann schließt die Augen
> und werdet stille,
> bevor ihr ein neues Bild betrachtet.[51]

Häufig wird nach den Übungen in »angemessener« leiser Form über die Erfahrungen gesprochen. Den Kindern dürfen diese Übungen nicht aufoktroyiert werden. Sie müssen dazu bereit sein.[52] Stilleübungen verlangen von den Lehrern ernsthafte Vorbereitung und in den Situationen innere Ruhe.[53] Halbfas lehnt für die entwickelten Übungen den Begriff der Meditation ab: Sie sind »... schulische Möglichkeit(en) der inneren Sammlung«.[54] Die Überlegungen zur Stille stehen bei Halbfas nicht isoliert, sie sind nur ein Teil seiner Gesamtkonzeption, die das schulische Leben und Lernen als Ganzes sieht.

Die dargestellten Konzeptionen der Stille – so ist *zusammenzufassen* – unterscheiden sich in ihrer Reichweite außerordentlich: Während bei Elisabeth Kühnberger die Stille die von der Situation gebotene Art der Klassenführung unterstützt, sind die Übungen der Stille und Vertiefung bei Maria Montessori und Hubertus Halbfas bedeutsamer Teil der Schul- und Bildungskonzeption. Stilleübungen sind hier weder additiv, noch lassen sie sich auf instrumentelle Funktionen reduzieren. Sie veranlassen zu einer grundlegend anderen Unterrichtsorganisation. Wer die Stille zusammen mit seinen Schülern üben will, sollte sich darüber im klaren sein, daß sie sich in deren Sinn und mit dieser Bedeutung *nicht als bloße Zutat* gewinnen läßt, sondern fast immer *Um- und Neuorientierung* erfordert.

1.4 Zur Bedeutung der Stille heute

Nach dieser Darstellung dreier pädagogischer Beiträge zur Stille ist nun darüber nachzudenken, mit welchen Intentionen heute in der Grundschule die Stille geübt werden kann. Die erläuterten pädagogischen Sinngebungen und die Züge der veränderten Lebenssituation der Kinder gehen in diese Überlegungen ein. Ich vertrete die These, daß die Stille in der Schule heute für Lehrer und Schüler *drei Funktionen* erfüllen kann[55]: Stille setzt gegenüber den Lebensbedingungen ein Gegengewicht der Ruhe und der Eigentätigkeit – das ist ihre *ausgleichende Funktion;* Stille öffnet Wege zu sich selbst und innerer Veränderung – dies ist ihre persönlichkeitsfördernde oder *bildende Funktion;* Stille darf nicht als Disziplintechnik mißbraucht werden – sie hat *keine disziplinierende Funktion*. Um auf die Gefahr, die in einer mißverstandenen Erziehung zu Stille liegt, aufmerksam zu machen, beginne ich mit dem letzten Punkt.

1.4.1 *Keine disziplinierende Funktion*

Übungen der Stille – möglicherweise auch der Art, wie sie in diesem Buch dargestellt werden – könnten *als Techniken der Disziplinierung funktionalisiert* werden. Sie könnten darauf reduziert werden, die Kinder dazu zu bringen, das Reden und den Lärm einzustellen. Da viele der in späteren Teilen vorgestellten Übungen neuartige Erfahrungen versprechen und von vielen Kindern als angenehm empfunden werden, kann nicht geleugnet werden, daß die Möglichkeit dazu besteht.

Aus verschiedenen Darstellungen Oblingers kann der Leser lernen, daß eine Erziehung zum Schweigen, die sich als Teil einer Pädagogik des Gehorsams versteht, in den vergangenen Jahrhunderten keineswegs selten ist. Das Schweigen der Zöglinge zeigt hier an, daß sie sich dem Willen der Erzieher unterwerfen. Im Namen der Stille werden die Eigenrechte der Kinder und ihre Ansprüche auf Entfaltung eingeschränkt. Vor allem in der Mädchenerziehung werden immer wieder schweigende Zurückhaltung, Zuhören und Unterordnung als Ziele vorgeschlagen.

Ordnung und Disziplin gelten z. B. bei Bernhard Overberg (1754–1806) als wesentliche Teile der ›Schulzucht‹ und erste Ziele des Schulunterrichts:

Ganz im Dienste der Schulordnung standen auch die Schweigeforderungen des westfälischen Lehrerbildners Overberg. Für ihn sollte die Schule grundsätzlich ein Hort ›der Ordnung und der Stille‹ sein. So verwundert es nicht, daß er unter den ›Pflichten, die ein Schullehrer in der Schule zu beobachten‹ hat, die Schulzucht besonders betont, und hier wieder besonders die ›Ordnung und die Stille‹ in einem eigenen Kapitel hervorhebt. Zu dieser Disziplin gehört, ›daß kein Lärmen, Plaudern und Zanken einreiße; daß, wenn ein Kind gefragt wird, die anderen nicht ungefragt antworten; daß keines dem anderen die Antwort heimlich zuflüstere‹. Darüber hinaus sollen die Kinder auch sonst jede störende Bewegung unterlassen, auf dem Schulweg sich nicht wild und ungestüm verhalten, weder vor noch nach dem Unterricht in der Schule spielen, damit ›der Gedanke an die Schule allezeit mit dem Gedanken an Ordnung und Stille verbunden bleibe‹.[56]

Gegen eine Reduktion der Stille auf eine additiv einzusetzende Technik der Ordnung, des Zuhörens und der Disziplin sprechen vor allem zwei Argumente:

1. Stille stellt auch an die Lehrerinnen und Lehrer besondere Ansprüche: Sie müssen sich vorbereiten, den rechten Moment für Stilleübun-

gen erkennen und selbst sensibel für die ›Anstrengungen und Freuden der Stille‹ werden. Wem nur daran gelegen ist, daß seine Schüler den Mund halten und nicht allzu unruhig auf ihren Plätzen sitzen, wird sich diesen Mühen nicht unterziehen. Er findet leicht simplere Mittel (z. B. Belohnungen für »leise« Gruppentische und Schulklassen, Einführung einer optischen Lärmanzeige, Ermahnungen, Strafen u.w.m.).
2. Eine Erziehung zur Stille, die das Kind einschränken und zur gehorsamen Anpassung bringen will, wäre in grotesker Weise an den Familien und ihrem inzwischen gepflegten Erziehungsstil, an den gesellschaftlichen Vorstellungen und Anforderungen an Schule, am Anspruch der Schule an sich selbst und nicht zuletzt an den Kindern vorbeigerichtet.

Frage: Gehorsam – was ist das?
Antwort: Weiß ich nicht. Das wissen Kinder aus der Stadt heutzutage nicht mehr. *Jonas, 9 J.*[57]

Schichtübergreifend veränderte sich der Erziehungsstil der Familien in Richtung auf partnerschaftliche und freiheitliche Verhältnisse zwischen Eltern und Kindern und ein Erziehungsideal, das die kindliche Selbständigkeit und Autonomie hervorhebt.[58] Mit diesem bereits in der Familie verinnerlichten Anspruch, als Personen mit eigener Bedeutung und eigenen Rechten anerkannt zu werden, kommen die Kinder in die Schule. Man wird sogar überlegen müssen, ob nicht Schule und Unterricht den Wünschen der Kinder nach verantwortlicher Teilhabe und Mitgestaltung in größerem Maß entgegenkommen sollten:

Die erhöhten Selbstbestimmungsansprüche der Kinder sollten wir sie in das schulische Leben und Lernen einbringen lassen. Das erhöht die menschlich-demokratische Qualität unseres Unterrichts und in der Folge auch dessen Ergiebigkeit.[59]

Eine noch so sehr und noch so geschickt auf Schweigen und Gehorsam pochende Schule wird die muntere und selbstbewußte Schar der Kinder, die heute die Grundschule besuchen, nicht dazu bringen können, auf ihre Eigenrechte und ihre Ansprüche auf Entfaltung und Mitgestaltung zu verzichten. Stille muß sich diesen Kindern gegenüber durch ihre Wirkungen und Früchte rechtfertigen. Andernfalls lassen sich die Kinder – glücklicherweise! – nicht auf die Anstrengungen des »Weges nach innen« ein.

1.4.2 Ausgleichende Funktion: Stille als Eigentätigkeit und Innehalten im Strom der Erfahrungen

Als Kennzeichen »moderner« Lebensumstände werden im ersten Abschnitt die Freisetzung aus überkommenen Rollen und die größeren Freiheiten der Wahl genannt: Kinder und Erwachsene können mehr als früher über ihre Lebensgestaltung entscheiden. Der größere Anteil der Freizeit, die gestiegenen Einkommen, die bessere Bildung und die größere Mobilität stellen vielen Familien die zur Realisierung notwendigen Mittel zur Verfügung. Die erweiterten Selbstgestaltungsmöglichkeiten werden andererseits durch die stets knappe Zeit begrenzt. Der Zwang zum genauen und ökonomischen Planen wird bereits von vielen Kindern erfahren. Medien- und Kaufangebote wetteifern einfallsreich und nicht immer kontrollierbar um die Aufmerksamkeit und Zuwendung von kindlichen und erwachsenen Konsumenten. Viele Umstände unserer Lebensführung (z. B. die Art des Wohnens, die Motorisierung, Telefon, Druck- und Bildmedien) machen das Leben nicht nur leichter und komfortabler, sondern belasten auch, erfordern ständige Rücksicht und Selbstkontrolle und führen zu neuen Formen von Druck, Beanspruchung und Hektik.

In diesem Getriebe der Wahlmöglichkeiten und des Wahlzwangs kommt der Stille in zweifacher Hinsicht eine ausgleichende Funktion zu:
1. Stilleübungen und die Situationen der Stille ermöglichen Kindern *und* Erwachsenen kurze Situationen der Sammlung und inneren Besinnung. Die Stille hält gleichsam die Hektik der Ereignisse für einen Moment an. Gegenüber der Vielfalt der Möglichkeiten und Beanspruchungen setzt sie für einen Augenblick einen Gegenpol. Kinder und Erwachsene können dadurch *innehalten im Strom der Eindrücke und Erfahrungen*. Es ist dieser Charakter einer – wenn auch häufig nur kurzen – Pause, den die Beteiligten an Stilleübungen als unmittelbar wohltuend empfinden.
2. Kinder und Erwachsene leben inmitten vorgeformter und vorgegebener Sinndeutungen, die sie häufig von eigener Sinndeutung und Sinnformung entlasten und diese mitunter verhindern. Stille ist demgegenüber eine *direkte, unmittelbare und hochgradig individuelle Erfahrung*. Stilleübungen unterbrechen die Vorgabe der Muster »aus zweiter Hand«. Medial geprägte Bilder, Empfindungen und Worte können in sie eingehen, aber sie werden dabei zu Versatzstücken eines

individuellen Erlebnisses. Die Erfahrung der Stille besitzt dadurch eine gewisse Widerständigkeit gegenüber stereotypisierender Überformung.

Von pädagogischer Seite werden mehrfach Eigenaktivität und Selbsttätigkeit als Merkmale einer Grundschule genannt, die die Veränderung der Kindheit zum Anlaß einer Neuorientierung nimmt.[60] Stille ist ein eigenes, aktives inneres Erleben. Sie regt dazu an, den vorgefundenen Mustern der Wahrnehmung und des Erlebens die Unabgeschlossenheit, Beweglichkeit und Lebendigkeit der eigenen inneren Erfahrung entgegenzustellen.[61] Stilleübungen könnten daher in einer veränderten Grundschule einen wichtigen Platz einnehmen.

1.4.3 Bildende Funktion: Stille als Weg innerer Erfahrung

Stille ermöglicht Kindern und Erwachsenen, sich als Personen mit einer »inneren Welt« zu erfahren. In den Situationen der Stille sind die Außeneinflüsse entweder gedämpft oder auf bestimmte Wahrnehmungen des Hörens, des Sehens, des Fühlens o. a. begrenzt. Zugleich ist die Aufmerksamkeit nach innen gerichtet. Beides schafft die Voraussetzungen, sich als Person mit einer inneren Welt der Empfindungen, Vorstellungen und Gedanken zu erleben. Das »Durchschreiten der inneren Räume« kann von Unruhe oder Ruhe begleitet werden. Für viele Menschen – sicher auch für viele Kinder – ist die deutliche, fast greifbare Begegnung mit einem inneren Ich eine neue Erfahrung. Stilleübungen sind in diesem Sinn *Tore zur inneren Welt*.
Die Wirkungen der Stille können nun nicht nur darin gesehen werden, daß die Personen ihre inneren Wirklichkeiten erspüren und kennenlernen. Die Erfahrung der Stille kann dazu führen, daß die Person sich selbst und ihre Erlebnisse und Erfahrungen in neuer Perspektive wahrnimmt. Stille trägt dann dazu bei, neue Seh- und Wahrnehmungsmöglichkeiten zu eröffnen. Wenn dies gelingt, dann befähigt die Stille zu inneren Weiterentwicklungen. Stilleübungen werden zu *Pfaden der inneren Veränderung*.
Stilleübungen in Schule und Unterricht sind dadurch gekennzeichnet, daß die Erfahrungen der Stille nicht unverbalisiert stehenbleiben. Im allgemeinen wird nach den Übungen darüber gesprochen, woran besonders Kinder häufig sehr interessiert sind. Beim »Stillen Schrei-

ben« (Eva-Maria Bauer, in diesem Band) notiert der einzelne seine Erfahrungen in Sätzen und mitunter auch in Bildern. Mündliche Mitteilung und in der Stille entstandener geschriebener Text halten so die inneren Vorgänge fest. Die sprachliche Form macht sie anderen zugänglich. Über Erlebnisse und Erfahrungen kann jetzt gesprochen werden. Dadurch können sie neu beleuchtet, mit denen anderer verglichen, bearbeitet, revidiert und überwunden werden. Unter pädagogischen Gesichtspunkten sind der *Austausch und die Bearbeitung der inneren Erfahrungen in der Kommunikation mit anderen* besonders bedeutsam.

Stilleübungen eröffnen Zugänge zur inneren Welt. Sie können zu inneren Veränderungen beitragen. Mit der Formulierung ist die Möglichkeit der Auseinandersetzung und Bearbeitung eröffnet. Durch diese drei Möglichkeiten *stärkt die Stille die Person.* Sie gibt der Person Kraft und regt sie dazu an, sich mit den Erfahrungen und Eindrücken, die auf sie einströmen, auseinanderzusetzen. Dies erscheint besonders wichtig angesichts der beschriebenen veränderten Bedingungen, unter denen Kinder heute aufwachsen. Man kann daher von einer bildenden Funktion der Stille sprechen.

Abschließend ist noch auf Unterschiede zwischen Kindern und Erwachsenen hinzuweisen. Erwachsene können sich ihrer inneren Welt reflektierend zuwenden. Sie können sie mittels ihrer Fähigkeit zu begrifflicher Abstraktion erfassen. Kinder im Grundschulalter sind ihrer Entwicklung entsprechend dazu noch nicht in der Lage. Man muß sich daher davor hüten, ihnen die Selbstreflexion und das Selbsterleben der Erwachsenen zu unterstellen. In welcher Weise Kinder ihre inneren Welten erleben, ist in vieler Hinsicht noch unbekannt. Möglicherweise sind es »narrative Formen«, verschiedene Formen von Geschichten, in denen Kindern ihre inneren Erlebnisse zugänglich werden und in denen sie davon anderen berichten.[62]

Anmerkungen

Ich danke Frau Prof. Dr. Maria Fölling-Albers, Oldenburg, für ihre freundliche Durchsicht einer früheren Fassung des Beitrags.

1 *Maria Montessori:* Kinder sind anders. Frankfurt, Berlin, Wien 1980, S. 172.
2 *Maria Montessori:* Die Entdeckung des Kindes. Freiburg 1969, S. 154.
3 Vgl. *Montessori:* Kinder sind anders, a.a.O., S. 165 ff. und S. 172 ff., und *Montessori:* Die Entdeckung des Kindes, a.a.O., S. 154 ff. Vgl. dazu u. a. *Helene Helming:* Montessori-Pädagogik. Ein moderner Bildungsweg in konkreter Darstellung. Freiburg, Basel, Wien [11]1984.
4 Vgl. *Gerhard Rapp:* Aufmerksamkeit und Konzentration: Erklärungsmodelle – Störungen – Handlungsmöglichkeiten. Bad Heilbrunn 1982, insb. S. 63 ff., und *Reinhart Lempp:* Eine Pathologie der psychischen Entwicklung. Bern, Stuttgart, Wien [2]1972, S. 65 ff.
5 Vgl. *Arbeitsgruppe »Wandel der Sozialisationsbedingungen seit dem Zweiten Weltkrieg«:* Was wir unter Sozialisationsgeschichte verstehen. In: *Preuss-Lausitz, Ulf u. a.:* Kriegskinder, Konsumkinder, Krisenkinder. Zur Sozialisationsgeschichte seit dem Zweiten Weltkrieg. Weinheim und Basel 1983, S. 11 ff., und *Yvonne Schütze/Dieter Geulen:* Die »Nachkriegskinder« und die »Konsumkinder«: Kindheitsverläufe zweier Generationen. In: *Preuss-Lausitz u. a.,* a.a.O., S. 29 ff.
6 Vgl. *Arbeitsgruppe »Wandel«.* In: *Preuss-Lausitz u. a.,* a.a.O., S. 13.
7 Ich stütze mich dabei vor allem auf *Ulrich Beck:* Risikogesellschaft. Auf dem Weg in eine andere Moderne. Frankfurt 1986.
8 Zu diesem Absatz vgl. *Beck,* a.a.O., S. 25 ff. und S. 121 ff.
9 Vgl. zu diesem Abschnitt *Beck,* a.a.O., S. 115 ff. und S. 205 ff.
10 Im folgenden gehe ich nicht auf die veränderten Familienstrukturen, von denen die Kinder in besonderem Maße betroffen sind, ein. Daten über die Zunahme von Einelternfamilien, Einzelkindern und Kindern, die in neugeschlossenen Ehen oder Partnerschaften aufwachsen, sind nachzulesen bei *Gunhild Gutschmidt:* Kinder in Einelternfamilien und Einzelkinder. In: *Maria Fölling-Albers (Hrsg.):* Veränderte Kindheit – Veränderte Grundschule. Frankfurt 1989, S. 75 ff.
11 Vgl. *Beck,* a.a.O., S. 210.
12 Ähnliche Bemühungen um eine Balance zwischen Gefahren und Chancen sind z. B. zu beobachten bei *Rolff, Hans-Günther:* Massenkonsum, Massenmedien und Massenkultur. Über den Wandel kindlicher Aneignungsweisen. In: *Preuss-Lausitz u. a.,* a.a.O., S. 153 ff., *Maria Fölling-Albers:* Veränderte Kindheit verändert die Grundschule. In: Oldenburger Vordrucke, Heft 58/88, und in dem Band *Fölling-Albers (Hrsg.):* Veränderte Kindheit – Veränderte Grundschule, a.a.O.
13 In der Darstellung der Veränderungen folge ich eng *Helga Zeiher:* Die

vielen Räume der Kinder. Zum Wandel räumlicher Lebensbedingungen seit 1945. In: *Preuss-Lausitz u. a.,* a.a.O., S. 176ff.
14 Dies ist unter pädagogischen Gesichtspunkten eine bedenkliche Tendenz. Denn in den Großgruppen konnte Regeleinhaltung ohne Erwachsenenanleitung erlernt werden. Vgl. dazu auch *Lothar Krappmann/Hans Oswald:* Freunde, Gleichaltrigengruppen, Geflechte. Die soziale Welt der Kinder im Grundschulalter. In: *Fölling-Albers (Hrsg.),* a.a.O., S. 94ff.
15 Vgl. *Zeiher:* Räume, a.a.O., S. 187.
16 Hier folge ich eng *Ursula Rabe-Kleberg/Helga Zeiher:* Kindheit und Zeit. Über das Eindringen moderner Zeitorganisation in die Lebensbedingungen von Kindern. In: Zeitschrift für Sozialisationsforschung und Erziehungssoziologie 4 (1984) 1, S. 29ff., und *Helga Zeiher:* Verselbständigte Zeit – selbständigere Kinder. In: Neue Sammlung 28 (1988) 1, S. 75ff. Vgl. auch *Helga Zeiher:* Über den Umgang mit der Zeit bei Kindern. In: *Fölling-Albers (Hrsg.),* a.a.O., S. 103ff.
17 Vgl. *Rabe-Kleberg/Zeiher,* a.a.O., S. 30f.
18 Vgl. *Zeiher* 1988, a.a.O., S. 77.
19 Vgl. a.a.O., S. 84.
20 Vgl. a.a.o., S. 84.
21 Vgl. a.a.O., insbesondere S. 90.
22 In diesem Abschnitt folge ich eng *Rolff,* a.a.O., S. 153ff.
23 Vgl. a.a.O., S. 155.
24 A.a.O., S. 158f.
25 Vgl. auch *Arnulf Hopf:* »Räum endlich Dein Zimmer auf und wirf diese Monster weg!« Über Kinderzimmer, SF-Spielwaren und den Umgang mit beidem. In: *Fölling-Albers (Hrsg.),* a.a.O., S. 114ff.
26 Vgl. *Rolff,* a.a.O., S. 162.
27 Vgl. dazu Bildschirm, Faszination oder Information, Friedrich-Jahresheft III, 1985, und *Ben Bachmair:* Technologisierung der Lebenswelt von Kindern – Kommunikationstheoretische und pädagogische Skizzen. In: Die Grundschulzeitschrift 9/1987, S. 10ff.; zur Ausdehnung der Sehdauer mit den neuen Medien vgl. *Bettina Hurrelmann:* Kinderwelten in einer sich verändernden Medienwelt, Vortrag im Rahmen des Kongresses »Kinderwelten, Kindheit zwischen Elternhaus und Schule in der Industriegesellschaft«. Köln, 6.–8. Juli 1988; zur Angabe der Mediennutzungsdauer *Maria Fölling-Albers:* Veränderte Kindheit verändert die Grundschule, a.a.O., S. 7.
28 Vgl. *Günther Anders:* Die Antiquiertheit des Menschen, Band I. Über die Seele im Zeitalter der zweiten industriellen Revolution. München ^{7}1987, insb. Kapitel »Die Welt als Phantom und Matrize, Philosophische Betrachtungen über Rundfunk und Fernsehen«, S. 97ff.
29 Vgl. *Neil Postman:* Das Verschwinden der Kindheit. Frankfurt 1987, S. 87ff. Das Buch ist jedoch in großen Teilen sehr kritisch zu beurteilen. Postman zeichnet ein Krisenszenario. Fraglich erscheint insbesondere die

Grundthese, daß die moderne Medienumwelt die Kindheit gänzlich verschwinden läßt. Ich halte die Einschätzung für realistischer, daß sich lediglich die Art der Kindheit ändert. M. E. unterschätzt Postman Kindheit als entwicklungspsychologische und biologische Tatsache.
30 Vgl. *Hertha Sturm:* Die fehlende Halbsekunde. Vom Einfluß des Fernsehens. In: Bildschirm, Friedrich Jahresheft III, a.a.O., S. 52ff.
31 Vgl. z. B. *Ariane Garlichs:* Kinder in der Medienwelt – eine Herausforderung für die Grundschule. In: Die Grundschulzeitschrift 9/1987, S. 4ff. Vgl. auch *Ariane Garlichs:* Kinder im Mediennetz. Überlegungen für die Arbeit in der Grundschule. In: *Fölling-Albers (Hrsg.),* a.a.O., S. 134ff.
32 Vgl. *Hermann Oblinger:* Schweigen und Stille in der Erziehung. Schriften der Pädagogischen Hochschulen Bayerns, herausgegeben von *Marian Heitger* und *Hans Schiefele.* München 1968, S. 38ff.
33 A.a.O., S. 10f.
34 Vgl. *Elisabeth Kühnberger:* Die Erfahrung der Stille als Hilfe zur Bewältigung erzieherischer Aufgaben. Übungen der Meditation und Konzentration im Anfangsunterricht. In: *Karlheinz Burk (Hrsg.):* Kinder finden zu sich selbst, Disziplin, Stille und Erfahrung im Unterricht. Beiträge zur Reform der Grundschule, Bd. 60. Frankfurt 1984, S. 55ff.
35 *Kühnberger,* a.a.O., S. 73.
36 *Hubertus Halbfas:* Religionsunterricht in der Grundschule, Lehrerhandbuch 1. Zürich, Düsseldorf 1983, S. 47.
37 *E. M. Standing,* zitiert nach *Oblinger,* a.a.O., S. 84.
38 *Montessori,* Die Entdeckung des Kindes, a.a.O., S. 156f.
39 *Montessori,* Kinder sind anders, a.a.O., S. 165.
40 Vgl. *Montessori,* Kinder sind anders, a.a.O., S. 274.
41 *Helming,* a.a.O., S. 70.
42 Zusätzlich zum bereits erwähnten Titel vgl. *Hubertus Halbfas:* Religionsunterricht in der Grundschule, Lehrerhandbuch 2. Düsseldorf, Zürich 1984, S. 81ff.; *Halbfas:* Religionsunterricht in der Grundschule, Lehrerhandbuch 3. Düsseldorf, Zürich 1985, S. 68ff. und S. 117ff.; *Halbfas:* Religionsunterricht in der Grundschule, Lehrerhandbuch 4. Düsseldorf 1986, S. 44ff.; *Halbfas:* Der Sprung in den Brunnen. Eine Gebetsschule. Düsseldorf [6]1985.
43 Vgl. *Oblinger,* a.a.O., S. 107.
44 Vgl. *Oblinger,* a.a.O., S. 47ff. und S. 54.
45 *Halbfas,* Lehrerhandbuch 1, S. 47, zuletzt wird Jean Dingeon zitiert.
46 Religionsbuch für das 3. Schuljahr, hrsg. von *Hubertus Halbfas.* Düsseldorf: Patmos 1985, S. 14.
47 Religionsbuch für das 4. Schuljahr, hrsg. von *Hubertus Halbfas.* Düsseldorf: Patmos 1986, S. 6.
48 *Halbfas,* Sprung in den Brunnen, S. 20. Vgl. a.a.O., S. 13 und S. 20, sowie *Halbfas,* Lehrerhandbuch 3, a.a.O., S. 77.
49 Dies wäre in der Tat gegen mehrere der von *E. Kühnberger* beschriebenen

Höraufgaben einzuwenden. Vgl. *Halbfas,* Lehrerhandbuch 1, S. 49f. »Zu warnen ist noch vor technischen Spielarten dieser (Hör-)Übung, etwa daß der Lehrer einzelne Gegenstände fallen läßt, welche die Schüler an ihrem Geräusch erraten, oder daß über Tonband Geräusche bestimmt werden sollen. Solche Experimente sind keine Stilleübungen, sondern gehören zum Rate-Sport.« (S. 50)
50 *Hubertus Halbfas:* Das dritte Auge. Religionsdidaktische Anstöße. Düsseldorf ³1987, S. 182.
51 Religionsbuch für das 1. Schuljahr, hrsg. von *Hubertus Halbfas.* Düsseldorf: Patmos 1983, S. 14.
52 Vgl. *Helming,* a.a.O., S. 72, und *Halbfas,* Lehrerhandbuch 2, a.a.O., S. 82.
53 Vgl. zur notwendigen inneren Ruhe des Lehrers *Halbfas,* Lehrerhandbuch 2, a.a.O., S. 83f., und Lehrerhandbuch 3, a.a.O., S. 77.
54 *Halbfas,* Lehrerhandbuch 2, a.a.O., S. 81.
55 Den Hinweis auf die Unterscheidung dieser drei Funktionen verdanke ich Prof. Dr. Erich H. Müller, Weingarten. Vgl. *Gabriele Faust-Siehl*: Stille. In *Eckard Kohls (Hrsg.),* Stichwörter Grundschule. Heinsberg 1992, und *G. Faust-Siehl*: Stille und Stilleübungen – Pädagogische Grundlagen einer Methode des Religionsunterrichts. In *Gottfried Adam/Rainer Lachmann (Hrsg.),* Methodisches Kompendium für den Religionsunterricht. Göttingen 1993.
56 *Oblinger,* a.a.O., S. 71. Die Fundstellen, die Oblinger jeweils in Klammern angibt, werden in der Zitation weggelassen.
57 *Fölling-Albers (Hrsg.),* a.a.O., S. 66.
58 Vgl. *Karl Neumann:* Von der Disziplin zur Autonomie. Über den Wandel von Zielen und Verhaltensmustern in der Kindererziehung. In: *Fölling-Albers (Hrsg.),* a.a.O., S. 67ff.
59 *Hermann Schwarz:* Zur Offenheit des Grundschulunterrichts. In: *Fölling-Albers (Hrsg.),* a.a.O., S. 150. Zur »Ergiebigkeit« vgl. die Argumentation des Autors an dieser Stelle.
60 Vgl. *Ariane Garlichs:* Kinder im Mediennetz. In: *Fölling-Albers,* a.a.O., und *Rolff,* a.a.O.
61 Vgl. *Ariane Garlichs,* Kinder im Mediennetz, a.a.O., S. 141. Dies wird aber nicht im Zusammenhang mit der Stille ausgeführt.
62 Vgl. *James W. Fowler:* Glaubensentwicklung, Perspektiven für Seelsorge und kirchliche Bildungsarbeit; eingeleitet und herausgegeben von *Friedrich Schweitzer.* München 1989, S. 88: »Da sie noch nicht über das Selbst als Persönlichkeit nachdenken können ..., teilen Menschen auf der mythisch-wörtlichen Stufe (dieser Stufe sind im allgemeinen die Grundschulkinder zuzuordnen, G. F.-S.) durch das Erzählen von Geschichten über ihre Erfahrungen und ihre Zugehörigkeiten anderen mit, wer sie sind.«

2 »Bau mir das Haus!« – Fundamente, Säulen und Erfahrungsräume einer ›Didaktik der Stille‹

Unsere größten Erlebnisse
sind nicht unsere lautesten,
sondern unsere stillsten Stunden.
Jean Paul

Die Stille ist wieder zum Thema für die Schule geworden. Immer mehr Lehrer scheinen ihre Gewaltigkeit zu spüren. Immer größer wird die Sehnsucht, ihr einen festen Platz in unseren Schulhäusern einzuräumen. Das mag mit allgemeinen gesellschaftlichen Entwicklungen zusammenhängen. Mitten im High-Tech-Fieber brechen sich ungeahnte spirituelle Lebensbedürfnisse ihre Bahn. Das Wort ›Meditation‹ hat Konjunktur und scheint für all jene Inseln zu stehen, die einen Rückzug aus dem Sog geschäftig-rationaler Alltagswelt erlauben.
Auch in unseren Bildungstheorien und Lernkonzepten ist ein Innehalten zu beobachten. Die Curricula des vergangenen Jahrzehnts hatten sich zwar den intellektuellen und sozialen Bildungsanforderungen unserer Zeit zu stellen versucht; die Kultivierung des inneren Lebens war aber zunehmend aus dem Blick geraten. Erkenntnisse rangierten vor Gefühlen, die Brauchbarkeit stellte sich vor das Unverzweckte. Das Wissen war wichtig und nicht das Ahnen von Geheimnissen.
Kein Fach, nicht einmal der Religionsunterricht, vermochte sich dem curricularen Wettlauf zu entziehen (›curriculum‹ bedeutet ursprünglich ›Rennen‹!). Wer wollte schon Nische bleiben für erschöpfte Schüler und damit die Akzeptanz in der Leistungsschule aufs Spiel setzen? Im Tumult grober und feiner, kognitiver und affektiver Lernziele waren dann auch die ›Leiseübungen‹ der Maria Montessori nicht mehr zu hören. Diametral zum stundenlangen Wortgeklingel geplanten Lehrer- und erwarteten Schülerverhaltens stand da die Forderung Peter Petersens nach einer ›Schule des Schweigens‹.
Nun graben wir die Stille wieder aus, jenes verschüttete Moment schulischer Bildung, und lernen dabei, daß sie mit der eigentlichen Aufgabe von Schule aufs engste verknüpft ist. Vielleicht können wir den Kindern wieder ein wirkliches Schul-Haus bauen, eine Heimat, in der, wie Siegfried Lenz sagt, »man sich aufgehoben weiß, in der Sprache, im Gefühl, ja sogar im Schweigen«.

Die Stille ist für mich etwas ganz Besonderes.
Die Reisen zum Haus der Stille finde ich schön.
Wenn ich still werde, dann vergesse ich meine ganzen Sorgen.
Aber es fällt mir immer noch schwer, die Stilleübung.
Alexander, 8 Jahre

Es scheint schwierig, oft sogar unvorstellbar, mit den Kindern und nicht gegen sie ein ›Haus der Stille‹ zu errichten. Auch bei Alexander schien es zunächst unmöglich zu sein. Zu Beginn des Schuljahres war er voller Spannungen, die familiäre Veränderungen in ihm auslösten. Sie entluden sich in unruhigen Bewegungen und aggressiven Verhaltensweisen. Trotzdem lernte Alexander, gerne ins Haus der Stille zu reisen, dort seine Sorgen zu vergessen, bei sich zu sein, eine tiefe Ruhe des Gemüts zu entdecken. Er erfuhr sich auf einem Weg, der Höhen und Tiefen kannte, immer wieder noch schwerfiel, aber auch zunehmend vertrauter wurde.

Ein Haus entsteht nicht in wenigen Wochen. Es kann ein Jahr dauern oder auch (Schul-)Jahre, bis es für jeden bergende Wohnung ist. Zeit und Geduld sind erforderlich, Phasen des Stillstands und der Verzögerung zu erwarten. Kluge Planung ist ebenso wichtig wie handwerkliches Gespür und sorgfältige Ausführung.

Zunächst ist das Fundament zu legen. Damit es tragfähig wird und die späteren Bausteine aufnehmen kann, muß manches erst vermessen, ausgelotet, besonders markiert werden.

2.1 Fundamente

Stilleübungen gelingen nicht im luftleeren Raum. Sie brauchen ein bestimmtes ›Milieu‹, in dem sie gedeihen. Ihm wollen wir uns im Folgenden annähern.

2.1.1 Muße

»Muße heißt griechisch ›scholä‹, lateinisch ›schola‹, deutsch ›Schule‹. Der Name also, mit dem wir die Stätten der Bildung und gar die der Ausbildung benennen, bedeutet Muße. Schule heißt nicht ›Schule‹, sondern ›Muße‹.« So schreibt Josef Pieper bereits vor Jahrzehnten in seinem Buch »Muße und Kult«.[1] ›Schola‹, das war im antiken Rom die Ruhebank, ein Ort der Erholung oder auch Geselligkeit. Schule – eine Ruhebank! Die meisten von uns werden eher schmunzeln ob dieser sprachlichen Verknüpfung, denn eigentlich bekämpfen wir bei den Kindern täglich das, was nun legitim erscheint.

Daß wir bei Schule in erster Linie Leistung und Mühe assoziieren, gründet in unserem westlichen Verständnis von Bildung. Für Kant war Philosophieren stets »herkulische Arbeit«, das Gute konnte nur mit Mühe und Anstrengung zusammengedacht werden. So wurde die Arbeit heiliggesprochen, die Muße aber dem Müßiggang zugeordnet, der ja bekanntlich aller Laster Anfang ist.

Die philosophische Tradition des Mittelalters dagegen kannte neben der Ratio als Weg diskursiven Denkens auch den Intellektus. Gemeint war mit ihm ein müheloses Vermögen der Seele, ein intuitives Erkennen, das dem Menschen ohne eigene Aktivität zufallen kann. Beide Wesen der Vernunft mußten nach Meinung der Alten im Erkenntnisvorgang zusammenfließen. Diese Vorstellung bewahrte sie davor, ihr gedankliches Tun einem Aktivitäts- und Erfolgszwang auszusetzen. Sie verhinderte einen inneren Bankrott, »eine Versteinerung des Herzens, das nichts widerfahren lassen will« (Pieper).

Dem christlichen Lebensverständnis kommen solche Deutungen entgegen. Ihm ist die Gnade wesentlich, jenes unverdiente Geschenk, das dem zuteil wird, der sich bereithält. Der göttliche Geist wird über den Menschen ausgegossen; das Wasser des Lebens kann sich der Mensch letztendlich nicht selber schöpfen.

Und wie steht die Schule zu allem?

In ihrer Geschichte litt sie weniger unter Geschäftigkeit als vielmehr unter Leerlauf, unter sinnentleertem oder unlebendigem Tun. So kam es, daß die Reformpädagogik mit ihrem Arbeitsschulkonzept eine große Chance für die Schule war. Endlich wurden Kinder nicht mehr nur beschäftigt, sondern durften Hände und Füße gebrauchen, konnten Werkbank und Druckerpresse bedienen. Arbeit in ihrer schweißkostenden und befriedigenden Fülle war nun für Schulkinder erfahrbar.

Eine so aufgewertete Form der Arbeit steht nun der Muße keineswegs entgegen. Das eine gibt dem anderen Sinngehalt und Wurzelgrund. Anstrengung verlangt nach Erholung, zur Mühe muß die Freude kommen, die vielen Aufgaben bedürfen eines gelassenen Blicks für das Wesentliche. Ebenso kennt das ruhige Bei-sich-sein nur der, der auch aus sich heraustreten darf. Das Aushalten stiller Zeiten gelingt nur dem, der die Erfüllung nichtentfremdender Arbeit erfährt.

Doch wie lehren wir es den Kindern wieder, jenes vernehmende Tun, ohne das die Schule zur Lernfabrik verkommt? Wie holen wir die Muße zurück in unsere Schulstuben und richten darin jene Ruhebänke ein, an deren Unverzichtbarkeit uns das Wort ›Schule‹ selbst erinnert?

»Muße ist eine Gestalt jenes Schweigens, das eine Voraussetzung ist für das Vernehmen von Wirklichkeit: nur der Schweigende hört und wer nicht schweigt, hört nicht.« Was Josef Pieper hier meint, erzählt uns auch die Bibel in einer Geschichte:

Elija am Horeb[2]

(Auf seiner Flucht ging Elija in die Wüste hinein, einen Tagesweg,
setzte sich unter einen einsamen Ginsterbusch und wünschte zu sterben.)

Er sprach: Nun ist's genug, Du, nimm meine Seele, ich bin ja nicht besser
als meine Väter. Er legte sich hin und entschlief unter dem einsamen
Ginsterbusch. Da rührte ein Bote ihn an, der sprach zu ihm: Erheb dich, iß.
Er blickte sich um, da, zu seinen Häupten ein Glühsteinback
und ein Krug Wasser. Er aß und trank, dann legte sich wieder hin.
Aber SEIN Bote kehrte wieder, zum zweitenmal, und rührte ihn an, er sprach:
Erheb dich, iß, genug noch hast du des Wegs. Er erhob sich, aß und trank,
dann ging er in der Kraft dieser Atzung vierzig Tage und vierzig Nächte bis
zum Berge Gottes Choreb. Dort kam er in die Höhle, dort wollte er nächtigen.
Da, SEINE Rede an ihn, er sprach zu ihm: Was willst du hier, Elijahu? [...]
Heraus, steh hin auf den Berg vor MEIN Antlitz! Da, vorüberfahrend ER, ein
Sturmbraus, groß und heftig, Berge spellend, Felsen malmend,
her vor SEINEM Antlitz:
ER im Sturm nicht – und nach dem Sturm ein Beben:
ER im Beben nicht – und nach dem Beben ein Feuer:
ER im Feuer nicht –, aber nach dem Feuer
eine Stimme verschwebenden Schweigens.

Es geschah, als Elijahu hörte: er verhüllte sein Antlitz mit seinem Mantel,
er trat hinaus, stand am Einlaß der Höhle.
1. Könige 19, 4–9, 11–13

Wenn Gott das leiseste ist, was es gibt und zugleich Sinngrund unseres Tuns, so muß es still sein, um dem wirklichen Leben begegnen zu können. Nicht nur im Reden und Erklären, sondern auch im vernehmenden Schweigen sollte ein jeder Unterricht sein Fundament sehen, will er die Kinder über bloßes Nutz- und Brauchwissen hinausführen.

Keineswegs nur der Religionsunterricht kennt Texte und Bilder, deren Sinngehalt verbal nie ganz ausgelotet werden kann. Auch der

Deutschunterricht weiß um den unerreichbaren Brunnengrund unserer Sprache. »Das Letzte, das Letzte geben die Worte nicht her«, sagt Wolfgang Borchert.
In Mathematik lehren wir die Kinder Zahlen, deren Mythos uns noch heute geheimnisvoll umgibt und der zu unserem eigenen Leben in oft ungeahnter Beziehung steht. Dem Symbolgehalt der Zahl begegnen wir jedoch nicht in der Aufgabendürre des Mathematikbuchs, sondern nur in der lebendigen Nähe der Erfahrung, die in Staunen versetzt und sprachlos macht: <u>Ein</u> Stein läßt uns eine Unteilbarkeit spüren, die endgültig ist; <u>ein</u> Blatt wird zerstört, wenn wir sein Ganzbleibenwollen nicht respektieren... <u>Zwei</u>, das Paar, unser Leben verdanken wir dieser Zahl, zu zweit können wir selber wieder durchs Leben gehen... Die <u>Fünf</u>, wir finden sie eindrucksvoll an uns selbst, Finger, Zehen, Sinne; aber auch Seestern und Apfelblüte unterstehen ihrem Gesetz...
Daß Musik und Kunst in besonderer Weise jene Sprachlosigkeit kennen und sie jenseits aller Theorie intuitiv wahrnehmen lassen, bedarf keiner Ausführung. So könnte die Stille als inneres Gerüst die vielen Stunden des Schultages sinnvoll miteinander verbinden und zum tragenden Grund aller Unterrichtsarbeit werden.
Unter den großen Pädagogen war es Maria Montessori, die fasziniert davon berichtete, wie sie die innere Bereitschaft der Kinder zur Stille entdeckte. Nach einer Stilleübung mit ihren Schülern schrieb sie:

Was sich ... hier kundgab, war eine innere Übereinstimmung, geboren aus einem tiefinneren Wunsch. Die Kinder saßen still bis zur Regungslosigkeit, beherrschten sogar ihre Atemzüge und hatten dabei heiter-angespannte Züge, so als seien sie in Meditation versunken. Inmitten der eindrucksvollen Stille wurden allmählich selbst die schwächsten Geräusche vernehmbar: das ferne Tropfen von Wasser, das Zirpen eines Vogels draußen im Garten.[3]

Was sich hier ereignet, ist keine äußere Disziplinierung. Zum Ausdruck kommt eine tiefe Sehnsucht der Kinder nach einer Stille, die Erholung schenkt und Ruhe, die heilt, tröstet, behütet und der Seele zur Heimat wird.
Der folgende Kindertext bestätigt dies:

> Die Stille ist schön und leise,
> sie ist sogar ganz leise. Es ist
> schön, in der Stille zu sitzen
> und nicht immer im Krach, nämlich
> das tut den Ohren gar nicht gut.

> Aber einmal richtig in der Stille
> zu sein, das ist schön für mich,
> weil es still ist und niemand was tut.
>
> *Ivonne, 9 Jahre*

Maria Montessori vermutet, daß durch die Stilleübung »vielleicht das Kind seines Innenlebens zum ersten Mal gewahr wird«. Es ist dann auch fähig, »jede andere Vorstellung aus dem eigenen Geist« entfernen zu können, wird empfänglich für die leisesten Eindrücke und kann sich dem Augenblick überlassen, wie es Schlafende tun.

> Wenn ich ganz still bin, dann
> ist es, als ob die Schule nicht da
> wäre. Manchmal, wenn ich die Augen
> zu habe, dann denke ich, ich wäre
> in meinem Bett und schlafe.
>
> *Melanie, 8 Jahre*

Die vorgestellten Kindertexte sind Zeugnisse einer inneren Entwicklung und Reife, wie sie nur monatelanges Sensibilisieren und Einüben möglich machen. Sie sollen nicht darüber hinwegtäuschen, daß ein Hinabsteigen in die eigene Tiefe zunächst einmal gegen die Lebensverhältnisse unserer Kinder steht. Ihr Leben zu Hause bestimmen oft Fernsehen, Walkman, nicht selten auch der Computer. Mit einem Kopf voller unverarbeiteter Bilder und Töne kommen sie in die Schule. Dort erleben wir viele von ihnen als aufgezogene Uhren, deren Räderwerk, wie einem inneren Gesetz gehorchend, unaufhaltsam läuft. Nur gewaltsam scheint es für kurze Zeit zum Stillstand gebracht werden zu können. Doch auch dann spüren wir, daß keine wirkliche Stille einkehrt. Das Pendel wird nur angehalten, um nachher um so stärker auszuschlagen. »Wundern Sie sich nicht, wenn die Kinder heute besonders unruhig sind«, sagt ein Kollege zu mir, als ich sein Klassenzimmer betrete, »wir hatten heute zwei Stunden Stillarbeit!«

Wie also den Kindern eine Ruhebank bereiten? Vielleicht auch dadurch, daß wir unser eigenes Verhältnis zur Muße prüfen. Wie abhängig sind wir selbst von Konsumangeboten und Unterhaltungsgewohnheiten? Gibt es zu Hause für uns Quellen der Muße, die unsere Ruhe in der Klasse speisen? Wie wichtig ist uns die eigene Ruhebank in der Schule, im wörtlichen wie übertragenen Sinn? Haben wir bei der Aufteilung des Klassenraums auch an eine stille Ecke für uns gedacht? Oft genügt schon ein quergestelltes Regal, um eine Nische für den

Lehrertisch zu bekommen, abgeschirmt vom übrigen Leben in der Klasse. Die Möglichkeit, sich zu sammeln, und das Recht, ab und zu auszuruhen, sollten wir nicht nur den Kindern zubilligen.
Muße heißt: Verweilen wollen im Hier und Jetzt. Gehen wir denn gerne zur Schule, oder sind wir froh, wenn wir alles hinter uns haben? Trägt der Klassenraum unseren Stempel, hat er unseren ›Geruch‹ angenommen? Meine Lehrerecke enthält neben den Arbeitsmaterialien auch mir liebgewordene Dinge: an der Wand ein Ausstellungsplakat, darunter ein alter Sessel, im Regal daneben meine Teetasse. Das zeigt den Kindern: So etwas hat auch seinen Platz in unserer Schule.
Praktisch durch das Hintertürchen holen wir damit die Muße jeden Tag ein Stück mehr in die Klasse. Aus Phantasie, Mut zum Nicht-Tun und der Liebe zu uns und den Kindern bauen wir uns Ruhebänke. Sie schenken uns nicht nur Erholung, sondern konzentrieren uns auch in überraschender Weise auf die Arbeit.

2.1.2 Empfindsamkeit

> Ich möchte wissen, wo es
> Schulen gibt, in denen
> man empfinden lernt. *Denis Diderot*

Montagmorgen, kurz nach acht. Die ersten Kinder warten bereits vor der Klassenzimmertür. Ich bin ebenfalls wie sie etwas früher da. Ich brauche den stillen Beginn des Schultags. So kann ich Sachen und Gedanken noch ordnen und leichter in die Arbeit hineinfinden. Sandra kommt mir auf dem Flur entgegen. Sie hat mir bereits einen Blumenstrauß gepflückt. Welch freundlicher Auftakt der neuen Woche! Ich schließe die Tür auf. Die morgendliche Unberührtheit des Zimmers läßt die Kinder leise eintreten. Der erste Blick gilt unserem Aquarium. Markus stellt voller Schreck fest, daß einer unserer Fische fehlt. Peter findet ihn unter Bernadettes Tisch. Vorsichtig nimmt er ihn hoch. Er ist tot. Unser Fips ist tot. Nun kommt auch Bernadette. Mit ihrem Papa zusammen hat sie unser Klassenaquarium eingerichtet. Als sie hört, was geschehen ist, bricht sie in Weinen aus. »Der Fips wollte zu mir«, sagt sie immer wieder verzweifelt, »der hat mich gesucht, und ich war nicht da!« Der Fisch scheint tatsächlich aus dem Wasser gesprungen zu sein und ist wohl direkt unter Bernadettes Tisch angekommen.
Zwischenzeitlich hat die traurige Nachricht alle Kinder erfaßt. Ich habe Mühe, sie alle im Morgenkreis zu sammeln. Markus hat Fips in eine Schachtel gelegt und mit einer Serviette zugedeckt. Die Schachtel steht nun in unserer Mitte. Ich gebe jedem Kind Zeit, seine Trauer auszusprechen. Einige Kinder versu-

chen immer wieder, Bernadette zu trösten. Dazwischen ist es still. Das Beieinandersitzen tut den Kindern gut. Allmählich beruhigen sie sich. An Mathematik ist jetzt nicht zu denken. Ich muß diese Zäsur annehmen. Schließlich schlägt Thomas vor, Fips draußen auf der Wiese vor dem Klassenzimmer zu beerdigen. Vom Hausmeister wird eine Schaufel geholt. Sandras Blumenstrauß wird zum Grabschmuck. Die Spannung der Kinder beginnt sich zu lösen. Wir singen unser Fischelied für die noch verbliebenen Brüder von Fips. Bestimmt erleben sie jetzt um so mehr Fürsorge. Nach und nach nimmt jedes Kind seine Arbeit auf...

Es gibt eine Aufmerksamkeit des Lebens, die sich nicht aufspalten läßt. Gemeint ist der sorgfältige Umgang mit allem, was uns entgegentritt. Diese Achtsamkeit gebührt Menschen ebenso wie Tieren und schließt auch unser Verhältnis zu Pflanzen und Dingen mit ein. In besonderem Maße gilt ein solches Gebot auch für die Schule. Wie soll sich Schulleben entfalten, wenn Lebendigem weder Beachtung noch Pflegezeit zugestanden wird? Wie sollen Kinder sozialen Umgang lernen, wenn gleichgültig ist, wie mit Ranzen und Jacken, aber auch mit Mahlzeiten oder Konflikten umgegangen wird?

»Die Geranie auf der Fensterbank ist soeben gestorben, aber Sie reden einfach weiter, Fräulein Schmitt!«[4] In diesem Satz verdichtet sich die ganze Härte eines unsensiblen Lehrerverhaltens. Er könnte beliebig weitergeschrieben werden: Elke hat Bauchweh, an der Tür sitzt ein Schmetterling, Marco und Stefan sprechen nicht mehr miteinander ... und Sie reden einfach weiter, Fräulein Schmitt!
Ohne Zweifel ist es schwierig, das Schulleben mit Kindern in seiner ganzen Vielfalt zuzulassen. Raum und Zeit setzen Grenzen, Konzentration muß auch Eindrücke ausblenden. Die vielen Kinder in der Klasse vermitteln zudem das Gefühl, bei aller Mühe doch nicht jeden in seiner Not oder seinem Glück wahrnehmen zu können. Auch wenn wir nicht alles sehen, was die Kinder berührt, so sollte in unserem Unterricht doch etwas von dem mitschwingen, was Nancy Hoenisch uns sagt: »Lehren heißt Liebe ausdrücken.«[5] : meine Liebe zu allem mitteilen, aber auch den Kindern ihre Ausdrucksmöglichkeiten zeigen. Denn nicht allen von ihnen ist ein liebender Umgang mit den Dingen ihrer Welt mehr selbstverständlich. Unachtsamkeit der Eltern, ein materielles Überangebot und fehlende Zeit für Gespräche in der Familie bringen eine eigene Verhältnislosigkeit hervor. Die Rohheit einflußreicher Klassenkameraden erschweren auch sensiblen Kindern zusätzlich die liebevolle Beachtung fremden Lebens.
Für solche Kinder muß es tatsächlich Schulen geben, die sie das

Empfinden lehren. Dabei müssen wir selber mehr von unseren Gefühlen sprechen, von unserer Freude, aber auch unserem Ärger, unserem Versagen, unserem Nichtweiterkönnen. Nicht selten bringen uns die Kinder erstaunlich viel Mitgefühl und Solidarität entgegen. Aber auch die Empfindungen der Kinder gilt es aufzunehmen. Wir müssen Augen und Ohren haben für ihre Stimmungen und Gefühle, für Unmut oder Erschöpfung. Wichtig ist auch, die Erfahrung dem unterrichtlichen Gespräch vorausgehen zu lassen. Sehen, Fühlen, Riechen, Schmecken ist Lernen aus erster Hand. Und es ist Lernen ohne Worte. Sensibilität bringt immer auch Stille hervor. Das Leise und Zarte läßt aufhorchen und behutsam sein.

Empfindungen sind immer sinnesbezogen. Der Körper vermittelt sie der Seele, wo sie ihre unauslöschliche Spur graben. Eine Schule der Empfindung muß den Körper ansprechen und üben. Dafür darf uns keine Zeit zu kostbar sein. Ohne innere Hetze sind da viele Dinge den Schultag über zu erledigen.

Welche Aufgaben hat eine ›Schule der Empfindung‹? Da geht es einmal um die Bedürfnisse derer, die in ihr leben. Kinder wie Lehrer wollen sich wohlfühlen in dieser Schule und ganz da sein dürfen. Die menschliche Fürsorge wird dabei zur natürlichen Aufgabe. Wir simulieren sozialen Umgang nicht in Rollenspielen, sondern realisieren ihn konkret: Das gemeinsame Frühstück kann aus unserem Hunger täglich ein kleines Fest des Teilens, des Erzählens, des gesitteten Miteinanders machen. Das Bänkchen in der Leseecke mit seinen Kissen gewährt ein wenig Ruhe und läßt auch Bauchschmerzen rasch vorübergehen. Dienste wie Milchholen oder Aufräumen geben die Veranwortung im Wechsel weiter und machen Spaß, wenn sie mit dem Freund erledigt werden.

Streitigkeiten der Kinder belasten das gesamte Beziehungsgefüge der Klasse, wenn sie nicht zur Sprache kommen. Indem die Streithähne erzählen dürfen, lernen die Kinder, wie Spannungen entstehen und gelöst werden können. Eine Streitschnur mit aufgelöstem Knoten kann zum sichtbaren Zeichen der Versöhnung werden.

Auch die Dinge haben ihren Wert und beanspruchen uns. Pflanzen und Tiere müssen versorgt werden. Gießen oder Füttern wird in der Regel gern erledigt, Reinigungsarbeiten schließt die Versorgung selbstverständlich auch mit ein. So lernen die Kinder, das eine mit dem andern zu tun und die ganze Verantwortung zu tragen. Sachen wollen geordnet und pfleglich behandelt werden. Ordnungssysteme haben nicht nur praktischen Nutzen, sondern auch pädagogische Konsequenzen. Sie müssen daher sowohl funktional wie ästhetisch durchdacht sein. Die Zeit, die uns das Einhalten von Ordnungs- und Pflegeregeln anfangs kostet, wird uns zunächst unverhältnismäßig hoch vorkommen. Ihr Lohn zahlt sich erst mit den Monaten und Schuljahren aus. Wochenlang über Schulranzen zu stolpern, Scheren zu suchen oder das Aufräumen anzumahnen, zehrt an den Nerven, bindet eine Menge Energie und beansprucht schließlich viel, viel Zeit.

2.1.3 Übung

> Ich habe die Stilleübung gemacht.
> Jeder hat seine Augen zugemacht.
> Es ist schön gewesen. Mein Herz war
> leise. Ich war ganz ruhig. Es war
> für die Ohren gut.
>
> *Christian, 8 Jahre*

Stilleübungen nennen die Kinder meiner Klasse seit langem jene Zeiten des Schultags, die nicht der äußeren Arbeit, sondern der inneren Erfahrung gehören. Bewußt sagen wir dazu nicht ›Leisespiel‹, auch nicht ›Meditation‹, sondern wählten den schlichten Begriff der Übung. Dem Autor des obigen Textes scheint er zu genügen, steht er bei ihm doch für wohltuende, ja ›schöne‹ Momente des Schultags. Wie ist das möglich bei einem Vorgang, den weder äußere Attraktivität noch häufige Varianten kennzeichnen?
Stilleübungen sind für Kinder spirituelle Lernwege, die nur durch wiederholtes Gehen sicheren Schritt geben. Den Mühen dieses Weges sollten wir uns mit den Kindern stellen, keine spielerische Leichtigkeit vortäuschen und mehr die tägliche Aufgabe betonen denn das außergewöhnliche Ereignis.
In den Wortküchen der Pädagogik ist die Übung noch nie Hauptgericht gewesen. Als vermeintlich fade Beilage schmeckt sie bereits in der Vorstellung nach Langeweile und geistlosem Drill. Meist aus Vernunft und kaum aus Genuß schlucken daher die meisten Kinder und Lehrer diese notwendige Unterrichtskost. Otto Friedrich Bollnow hat in seinem Buch ›Vom Geist des Übens‹ den ungewöhnlichen Versuch unternommen, unsere Geschmacksnerven für die Würze, ja sogar für die Süße der Übung zu sensibilisieren. Seine Gedanken-

gänge bilden auch die Matrix für das Verständnis unserer Stilleübungen.[6]
Das Wort ›üben‹, so Bollnow, verfügt in unserer Sprache über eine vielfältige Wirkungsgeschichte. Eine differenzierte Auseinandersetzung mit seiner Herkunft hat auch für den pädagogischen Sprachgebrauch Konsequenzen. Wir wenden den Begriff in doppeltem Sinne an. Wir üben lesen oder Klavier spielen, meinen also das zielgerichtete Einüben eines Vorgangs. »Üb immer Treu und Redlichkeit« heißt es aber auch. Gemeint ist damit ein immer wiederkehrendes Verhalten, ein übliches Tun, das zur Gewohnheit wird, das Ausüben eines Vorgangs.
In der germanischen Silbe ›ob‹ hat das Üben seine Wurzel. Sie ist gleichbedeutend mit ›Landbau‹ und ›religiöser Feier‹. So offenbart die Übung ihren kultischen Ursprung. Der sprachliche Boden weist auch didaktisch den Weg: Ein stets wiederkehrendes, mit handwerklicher Präzision ausgeführtes Tun verbindet sich mit dem heiligen Ernst eines rituellen Vollzugs. So ist Üben im Grunde eine feierliche Tätigkeit. Ähnlich dem Ritus vermittelt die Übung durch vorgegebene Handlungsmuster und häufige Wiederholung sichere Orientierung und glückliche Aufgehobenheit.
Üben hat mit Können zu tun, das im Gegensatz zu belehrbarem Wissen die Erfahrung der Praxis einfordert. Das Etwas-Können-Wollen liegt zutiefst im Menschen begründet. Bei Kindern erleben wir das sehr eindrücklich. Unzählige Male übt ein Kleinkind mit Eifer den gleichen Vorgang: die Holzknöpfe in die passenden Löcher stecken oder den Klötzchenturm steil in die Höhe bauen. Und hat es diese Könnenstufe erreicht, strebt es mit unvermindertem Einsatz die nächste an.
Auch Schulanfänger haben eigentlich bei Schuleintritt nur einen Wunsch: möglichst rasch lesen und schreiben zu können, sich täglich einen weiteren Schritt auf dieses erstrebenswerte Ziel zuzubewegen. Und welche Enttäuschung, wenn in den ersten Schultagen oder -wochen dieses Bedürfnis nur über-malt oder über-spielt wird!
Die Freude am vollkommenen Können und auch das Mißbehagen nach jeder schlampig ausgeführten Arbeit kennzeichnet nach Bollnow den gesunden Menschen. Rilke spricht von der Freude am »genau gekonnten Schwung«, am Gutmachen einer Sache, eine Erfahrung, die der Seele tiefste Zufriedenheit bereitet.
Auch Kindern ist dieses Bedürfnis eigen. Wir kennen ihre Sorgfalt, mit der viele ihr Heft gestalten oder ihren Schulranzen ordnen, ihre

Verzweiflung, wenn ihnen der rote Farbstift fehlt oder eines ihrer Lesebildchen. Wir erleben natürlich auch andere Kinder, die ein trauriges Unverhältnis und eine schmerzliche Destruktivität gegenüber Sachen und Aufgaben zeigen. Ihre Lebensumstände haben eine kostbare Mitgift verschüttet. Die Schule hat es dann unendlich schwer, die Lust am genau und schön Gestalteten wieder zu wecken. Und doch kann die täglich erlebte Achtsamkeit des Lehrers auch solchen Kindern neue Sorgfalt entlocken.
In Spannung zum Anspruch nach Ernsthaftigkeit steht die »Heiterkeit des richtigen Übens«. Exaktheit muß sich mit Gelassenheit paaren, das Richtige-Tun-Wollen mit selbstvergessener Hingabe. Eine Atmosphäre der Liebe und Muße läßt den Übenden seinen eigenen Rhythmus finden, ordnet ihn aber gleichzeitig in die Gemeinschaft ein. Erst wenn Verkrampfungen sich lösen, Leistungsdruck und Anforderungen weichen, kann die Übung wirken und dem Übenden eine Erfahrung schenken.
Jeder Übungsvorgang ist in sich sinnvoll. Er rechtfertigt sich nicht durch eine gesteigerte Leistung. Nicht die Sache wird geübt, sondern der Mensch. Was sich äußerlich kundtut, ist im wahrsten Sinne ein innerer Prozeß.
Haltungen lassen sich nie direkt erzeugen. Der Mensch kann sich selbst nicht ändern. Er muß den ›Umweg‹ über das äußere Tun gehn. Über den Körper üben wir die Wandlung des Geistes. Zum Ziel wird das Üben selbst, da es den Menschen in seiner Seele trifft. So tritt die Übung heraus aus einem bloß didaktischen Problemkreis und wird zur existentiellen Frage. Den Alltag, das Leben selbst, gilt es zu üben, wie Karlfried Graf Dürckheim am Beispiel der japanischen Kultur der Stille zeigt: Dem Japaner wird »das Selbstverständlichste zum Gegenstand eigener Übung: das Gehen, Stehen, Sitzen, das Atmen, Essen und Trinken, das Schreiben, Sprechen und Singen«, denn »immer geht es um das gleiche...«[7]
Wir merken daran, wie entscheidend die Übung an einer Kultur der Schule partizipiert. Sie wird zum Seismograph unterrichtlicher Arbeit. Mit jedem Gespräch, jeder mathematischen Aufgabe, jedem Experiment üben wir mit den Kindern zugleich Haltungen ein. In der Art, wie wir sitzen, uns begrüßen, den Raum verlassen, unsere Schulbrote verzehren, unsere Arbeiten aufbewahren, schaffen wir bei den Kindern auch psychische Ordnungsmuster. Ohne es immer bewußt zu wollen, geben wir damit das Kommunikationsniveau vor und bestimmen den Grad von Sensibilität und Konzentration.

Wandlung und Reife, das wissen wir aus dem Märchen, fallen dem Menschen nicht in den Schoß. Sie verlangen einen Aufbruch aus gewohnten Bahnen und schließen Prüfungen mit ein. So fordert auch das Üben seinen Preis. Es ist ein Springen über die Mauer eigener Bequemlichkeit. »Denn Wiederholung als Prinzip des Übens bedeutet freilich: immer noch einmal etwas tun müssen, unabhängig von der augenblicklichen Bereitschaft oder Stimmung.«[8]
Üben heißt also auch Durststrecken aushalten und aus Sackgassen wieder herausfinden, nicht nachlassen im Bemühen und auch gelegentliche Lustlosigkeit überwinden. So zählt dies wohl zu den schwierigsten Aufgaben eines Lehrers: mit den Kindern ganz durch die Übung zu gehen, möglichst keinen auf der Strecke zu lassen und wenn, dann nur dort, wo er wieder abgeholt werden kann.

Nach diesen Ausführungen mag zwar die Bedeutung der Übung klar geworden sein, die Umsetzung im Unterricht aber um so fragwürdiger erscheinen. Wie lernen Kinder ein solches Üben? Wie finden sie Freude daran?
Ich selbst habe mein eigenes Gespür fürs rechte Üben mit den Stilleübungen entdeckt. Die Kinder und ich lernten, daß uns die Stille an sich wichtig sein kann und nicht nur ihre Auswirkung auf die Schulleistung. Stilleübungen konnten uns aufs Diktat vorbereiten, aber sie taten einfach auch Ohren und Herzen gut und ließen uns glücklicher zusammensein. Die Stille war das Ziel und nicht die Rechtschreibleistung, wenn sie sich auch als angenehme Begleiterscheinung zeigte. Wir merkten: Hier üben wir für uns und nicht für die Schule. Und das unterscheidet Stilleübungen auch grundlegend von allen suggestiven Konzentrationstechniken: Das Kind steht im Mittelpunkt und nicht sein Erfolg.
Die Stilleübung kommt ohne Ergebniszwang aus. So stellt sich von selbst Gelassenheit ein und ein Zustand beruhigten Lebens. Das Kind kann Ängste loslassen und eine Befriedigung erfahren, die ihm kein Konkurrent streitig macht. Es erlebt Freude am eigenen Können und das auf so ganz andere Weise als in den schulischen Leistungsbereichen. Diese Freude beflügelt und sucht nach Wiederholung. So lernt das Kind auch die ritualisierte Form zu akzeptieren, es versteht den Sinn disziplinierten Tuns. Es spürt, wie schön es ist, die Füße wie die Wurzeln eines Baumes in den Boden einzulassen, die Hände wie eine Schale ruhig in den Schoß zu legen. Denn nur so gelingt Stille, die wachsen läßt, erreichen mich die Dinge, die zu mir sprechen wollen.

Wiederholungen einer Übung müssen nicht stereotyp sein. Das Grundgerüst bleibt erhalten, wenn sich neue Akzentuierungen ergeben. Vielen Kindern fällt es ungemein schwer, anfangs mit sich und der Übung allein zu sein. Ihnen hilft es, wenn wir ihre Ohren oder Hände füllen, sie Geschichten oder Gegenstände still bedenken lassen. Wahren wir dabei in unseren Erzählungen Abstand zu jeglicher Art von Action-story und wählen für die Fühlübungen selbstverständliche Dinge des Alltags, verhindern wir ein bloß äußeres Interesse. Das Gebot des gesammelten Umgangs wird so beibehalten.

Kindern, denen Stilleübungen gelingen, nehmen Ernst und Heiterkeit dieser Erfahrung auch in andere Übungen mit. Sie haben einen Lernanspruch erfahren, der ihr Schulleben prägt. Sie haben gespürt, wie unendlich reich ein Schultag sein kann, wenn nicht Lärm und Grobheit dominieren, sondern Ruhe und Einfühlung den Rahmen bilden.

Solche Übungen wollen Geduld und Zeit. Sie beugen sich nicht dem Gesetz der Ökonomie. Haben wir diese Zeit überhaupt? Dürfen wir sie haben? Wenn nicht, so gibt Bollnow am Ende seines Buches zu bedenken, dann »bleibt der Lehrer der staatlich bestellte Vermittler eines äußerlich anzulernenden Wissens. Wenn er aber mehr sein will, wenn er seine im tieferen Sinn bildende Aufgabe erfüllen will, dann muß er sich diese Zeit nehmen, auch wenn er damit in Konflikt mit den Anforderungen des Lehrplans kommt. Er muß diesen Konflikt um seiner erzieherischen Verantwortung willen auf sich nehmen.«[9]

Und noch eine Anmerkung: Sind nicht Lärm und Unruhe die heimlichen Diktatoren unserer Schulen? Haben sie nicht einen Großteil unproduktiver, ja toter Zeit zu verantworten? Ist diesen allergrößten Feinden schulischer Arbeit deswegen nicht mit aller Kraft und Zeit entgegenzutreten?

2.2 Säulen

Stilleübungen sind zum Reizwort lärmgeplagter Lehrer geworden. »Oh, das interessiert mich, wie macht man das denn?« ist die häufig erlebte Reaktion auf dieses Thema. Meist macht mich diese Frage erst selbst mal still, denn beim Kaffeetrinken im Lehrerzimmer läßt sie sich nicht eben schnell beantworten. Stilleübungen sind keine Rezepturen eines schulärztlichen Notdienstes, erst recht sind sie schnellebigen Machern vorenthalten. Stilleübungen beginnen bei uns

Lehrern. Eine Stille, die uns gelingt, erreicht auch die Kinder. Die eigene Stille wollen wir daher zur ersten Säule unseres Hauses machen.

2.2.1 Die Stille des Lehrers

In ihrem Buch »Die Kraft geht von den Kindern aus« schreibt Iris Mann:

Ich hielt fast jede Stunde, in der die Kinder still auf ihren Plätzen saßen, für gelungen. Aber irgendwie hatte ich immer das Gefühl gehabt, daß ein unsichtbarer Kampf zwischen mir und den Kindern stattfindet, und ich war immer auf dem Sprung, im Notfall schnell zuzuschlagen, damit keine Unruhe in der Klasse entsteht.
Es ist der pausenlose Zwang, Ruhe in der Klasse halten zu müssen, der uns Lehrer so nervt. Wenn es uns Lehrern gelingt, im Unterricht zur inneren Ruhe zu kommen, hören wir den Kindern zu, achten wir auf den Inhalt dessen, was sie sagen, weniger auf die Lautstärke; erkennen wir, was ihre Augen, ihr Mund, ihre Hände, ihre Körperhaltung zum Ausdruck bringen. Achten wir darauf, was wir fühlen, wenn sie uns an die Hand fassen, sich auf unseren Schoß setzen und uns einhaken.[10]

Es sind zunächst die scheinbar kleinen Dinge, auf die wir im Unterricht achten lernen müssen:
Unsere Stimme: Ist Ruhe in ihr und freundlicher Klang? Sprechen wir klar, wählen Worte sparsam und meinen nicht, alles selber sagen zu müssen?
Unser Blick: Sprechen unsere Augen zu den Kindern? Verstehen wir die Sprache ihres Blicks? Nehmen wir nicht nur wahr, was sie tun, sondern auch, wie sie es tun?
Unser Körper: Können wir in Ruhe an einem Ort weilen, Ruhepol inmitten der geschäftigen Klasse sein? Bewegen wir uns ohne Hast durch den Raum? Sind unsere Hände auch das Nichtstun gewöhnt?
Wenn wir selber die Stille wirklich wollen, uns beständig darin üben und sie auch den Kindern zutrauen, wird mit der Zeit ein immer größer werdendes Maß an Stille den gesamten Unterricht prägen.
Wesentlich ist auch die Vorbereitung des Lehrers zu Hause. Eine meditative Vorbildung im strengen Sinn ist für unsere Übungen keine Vorbedingung, allenfalls Hilfe. Mit Absicht sprechen wir auch nicht von Meditation. Wir wollen uns nicht anmaßen, die Übungen, mit denen wir die Kinder zur inneren Einkehr führen wollen, bereits mit

Meditation gleichzusetzen, einem Vorgang, der im östlichen Sinne strenge Schulung und beständige Praxis voraussetzt. Allenfalls nach vielen Übungen mag es gelingen, daß die Kinder einen Sammlungsgrad erreichen, der sie in die Nähe meditativer Erfahrungen führt. Die vorsichtige Verwendung dieses Begriffs soll auch empfindsam und kritisch gegenüber seinem inflationären Gebrauch in der Schule machen. Es ist einfach lächerlich, von der Betrachtung einer selbstgemalten Wald- und Wiesenszene als Bildmeditation zu sprechen. Damit verstümmeln wir einen Begriff mit hohem Aussagegehalt, stecken ihn in ein würdeloses Kindchenschema und bieten ihn auf dem Markt schulischer Möglichkeiten zu Billigstpreisen an.

Was der Lehrer jedoch tun sollte, ist die häusliche Vorwegnahme der Übung. Am eigenen Leib kann er sich so in Erfahrungen und Schwierigkeiten der Kinder einfühlen und vielleicht besondere Hilfen und Anstöße für einzelne Schüler überlegen. Eine solche Vorbereitung gibt dann im Unterricht Sicherheit, ermöglicht eigene Entspannung und hilft, allmählich aus der Rolle des Übungsleiters in die Rolle des Teilnehmers zu schlüpfen.

Als zweites wollen wir den Ort der Übung bedenken.

2.2.2 Die Stille des Raumes

Die Stille des Raumes ist ebenfalls konstitutiv für unser Vorhaben. Was verstehen wir unter ›Stille des Raumes‹?
In der Regel wird das Klassenzimmer Übungsraum sein. Es ist den Kindern vertraut, auch wenn wir hier manches akzeptieren müssen, was nicht ideal erscheint. Seine Fenster können zur Durchgangsstraße gehen oder den Blick ins Grüne ermöglichen. Der Raum kann im lärmbelasteten Zentrum der Schule liegen oder in einem ruhigen Pavillon. Solche räumlichen Konstellationen erleichtern oder erschweren natürlich unser Vorhaben. Und doch sollten wir nicht auf äußere Bedingungen warten, die so schnell nicht herzustellen sind. Bemühen wir uns statt dessen lieber um eine ›innere Verkehrsberuhigung‹ im Klassenzimmer selbst. So vieles kann dazugehören, was Kindern mit der äußeren Gerichtetheit auch eine innere Sammlung ermöglicht.

Zunächst ist die *Sitzordnung* der Kinder von Bedeutung. Der Stuhlkreis eignet sich für viele Stilleübungen besonders gut. Der Kreis

schließt keinen aus. Alle sind sich gleich nah und doch für sich. Seine geschlossene Form konzentriert auf den räumlichen Mittelpunkt wie auf die eigene Mitte. Sitzt die Klasse normalerweise bereits im Tischgruppenrondell, so brauchen die Kinder nur rasch ihre Stühle zum Innenkreis zu ordnen. Auch eine Hufeisenform der Tische läßt diese umgebaute Kreislösung problemlos zu. Wichtig ist, die Sitzordnung im Kreis ebenfalls zu Beginn des Schuljahres festzulegen, um aufreibende Platzdiskussionen zu vermeiden.
Ist der Platz für den Stuhlkreis knapp bemessen, können wir auch einen Sitzkreis auf dem Boden versuchen. Dazu sollten die Kinder allerdings Kissen haben, um einigermaßen entspannt sitzen zu können. Der Bodenkontakt läßt die Verbindung mit der Erde besonders gut spüren. Oft strecken sich die Kinder dann spontan aus, um in der Bauchlage die Übung durchzuführen. Diese Position hat sich gerade bei unruhigen Kindern als sehr konzentrierend erwiesen und hält immer eigene Erfahrungen bereit. Es ist jedoch nicht ratsam, völlig ungeübte Kinder in einer ungewohnten Haltung beginnen zu lassen. Das Unübliche provoziert gern Disziplinlosigkeit. Mangelndes Vertrautsein wird mit Kichern oder Sich-Anrempeln überspielt. Schritt für Schritt muß unterrichtliches Neuland erobert werden. Gerade in schwierigen Klassen empfiehlt sich daher ein Beginn am gewohnten Platz, zur Not am Tisch. Erst wenn die Übungen hier gelingen, versuchen wir mit den Kindern neue Formen, üben auch mal in einem anderen Raum oder probieren Übungsformen im Liegen aus.

Auch die *Einrichtung des Klassenzimmers* vermag von sich aus den Kindern Ruhe zu geben. Ein Raum mit gegliederten Bereichen, mit übersichtlicher Mobiliaranordnung, mit Regalen und Ecken, deren Material und Funktion vertraut ist, mit Sitzpolstern und Bildern, die eine freundliche Atmosphäre zaubern, ein solcher Raum lädt auch zum verweilenden Tun, zur stillen Arbeit ein. Er verleiht der Schularbeit Struktur und Anspruch. Er lehrt Ernsthaftigkeit und verantwortliches Handeln. Er bindet die kindlichen Energien an konkrete Aufgaben für Kopf, Herz und Hand. In der Stille der Beschäftigung bereitet sich auch die Stille der Muße vor.
Dazu kommt: Kinder, die mit Händen wie Füßen den Raum nützen dürfen, tragen weniger angestautes Bewegungspotential mit sich herum. Stillsein und Nichtstun können sie eher lernen.
Die Stille des Raumes muß nicht immer völlige Abwesenheit von Geräuschen bedeuten. Das Ticken der Wanduhr, das Rascheln von

Papier oder das Hören einer leisen Musik kann der Stille des Raumes Gestalt geben, ja sie sogar unterstreichen. Jetzt erst kann sich das Leise sanft bemerkbar machen.
Doch was macht der Fachlehrer, der keinen Einfluß auf die Klassenzimmergestaltung hat, vielleicht noch froh sein muß, wenn Klassenlehrer oder Hausmeister ihm einen Sitzkreis zugestehen?
Dann sind eben bescheidene und dennoch wirkungsvolle Mittel angebracht: Ein Blumenstrauß, eine Kerze in der Mitte bringen immer etwas Glanz in die Schulstube. Eine leichte Abdunklung des Raumes trägt zur Entspannung der Kinder bei, verringert die Ablenkung während der Übungen und hilft, bei sich selber zu sein.
Nicht immer braucht die Stilleübung in geschlossenen Räumen stattzufinden. Sind die Kinder vertraut mit der Grundform, bieten sich viele Variationen auch draußen an. Sie können verschüttete Erlebniszonen freilegen und die Kinder zu sensiblen Berührungen mit Natur und Schöpfung führen: mal auf der Wiese vor dem Klassenzimmer – oder auch beim Schulausflug – in der Sonne sitzen, mit geschlossenen Augen ihr Licht und ihre Wärme spüren; um einen Baum stehen, langsam auf ihn zugehen, seine Rinde berühren; sich ins Gras legen, Kontakt mit der Erde aufnehmen, sich getragen fühlen und verbunden mit allem, was lebendig ist...
Schön ist auch, die Kinder auf jahreszeitliche Spurensuche nach draußen zu schicken, um Frühlingsblume oder Herbstblatt drinnen in aller Ruhe betrachten zu können...
So verbindet sich Stillsein mit achtsamer Wahrnehmung, liebevollem Umgang, Entdeckungsfreude und der aufgehobenen Trennung von Schullernen und Lebenserfahrung.

Zur dritten Säule wird uns nun das Ge-wohnte, das Wohnen in vertrauten Umgangsweisen und Sitten.

2.2.3 *Die Stille der Bräuche*

Bräuche bilden das Rückgrat unseres Lebens. Gäbe es diese Vor-Ordnungen nicht, das Gesetz des Augenblicks würde uns auffressen. Die Schule mit ihrem dichten Sozialgefüge ist besonders auf abgesprochene Verhaltensmuster angewiesen. Kreativität und Spontaneität gewinnen nur dort Raum, wo die Regelungen des Alltags nicht alle Kraft und Zeit verbrauchen. Es gibt viele schulische

Notwendigkeiten, die allen selbstverständlich sein können und das Tun vorgeben.
Rituale sind solche festgefügten Handlungsmuster, denen auch die häufige Wiederholung Bedeutung und Sorgfalt nicht nehmen kann. Rituale korrespondieren in ihrem Verständnis eng mit dem Charakter der Übung, wie er auf den vorausgegangenen Seiten bereits entfaltet wurde. Für beide ist neben der gewissenhaften Durchführung auch Geduld und Ausdauer Bedingung, beide kennzeichnen aber auch Befriedigung und zeitlicher Gewinn.
Rituale binden Kinder und Lehrer über augenblickliche Stimmungen hinaus. Sie legen fest, damit Spielraum entsteht. Je mehr Freiheiten wir den Kindern geben, desto stärker muß ihre Rückbindung an Regeln sein. Freiarbeit gelingt nie aufgrund eines puren Lustprinzips, sondern nur durch innerlich angenommene Disziplin und Verantwortung.

Welche Sozial- und Arbeitsprozesse können wir in der Schule ritualisieren?

Sitzordnungen sind in der Regel das erste, was wir zu Beginn des Schuljahres mit den Kindern festlegen. Sie wollen gut überlegt sein, strukturieren sie doch die unterrichtlichen Möglichkeiten vor. Sitzordnungen sprechen eine deutliche Sprache. Frontale Reihen bzw. Gruppentische zeigen auf den ersten Blick pädagogische Absichten und Wertigkeiten. Der Lehrerpult – vorne in der Mitte oder seitlich in einer Nische – ist mehr als nur ein Möbelstück. Er ist Teil der Lehrerrolle und legt sie mit fest. Auch der Wechsel von einer Sitz- und Sozialform zur anderen ist genau einzuüben. Viele Lehrer mögen keinen Stuhlkreis, weil er ihnen zu viel Aufwand und Rangelei bedeutet. Dabei kann man jedem Kind seinen Weg vom eigenen Platz zum Kreis zeigen und seinen Sitzort festlegen. Achten wir auf die schöne Rundung des Kreises, dann fühlt sich kein Kind benachteiligt und akzeptiert auch den festen Platz des Lehrers.

Die tägliche Begrüßung und Verabschiedung verdient es, durch feste Bräuche gewürdigt zu werden. Wer morgens nicht nur die Körper, sondern auch die Seelen der Kinder ins Klassenzimmer holen will, darf auf ein Morgenlied, einen Begrüßungsspruch, den Blick auf den Kalender mit seinen Tagesereignissen nicht verzichten. Ebenso wichtig ist am Ende des Schultages ein aufgeräumtes und beruhigtes Klassenzimmer, das die Kinder nach einer bewußten Verabschiedungszeremonie verlassen. Nur so gehen sie auch innerlich aufgeräumt und mit guter Erinnerung an den Schulmorgen nach Hause.

Gesprächsregeln sind nahezu selbstverständliche Absprachen in der Schule. Sind sie gut entwickelt, lassen sie sich verfeinern. Kinder können dann zum Beispiel ohne Lehrer sich das Wort weitergeben. Konflikte sollten – abgesehen von Bagatellfällen – im Plenum zur Sprache kommen dürfen und nach bestimmten Regeln behandelt werden. Ein abschließendes Versöhnungsritual nimmt den Streithähnen endgültig die Spannung und läßt befreiter zur Sache kommen.

Klassendienste müssen alle Kinder umfassen und vor allem gerecht abgesprochen sein, damit sie reibungslos verlaufen. Aufräumen ist natürlich weniger attraktiv als Milchholen. Doch in einem klar durchschaubaren System mit Namenskärtchen und Wochenlisten akzeptieren die Kinder beides im Wechsel.

Arbeitsgänge brauchen eine detaillierte Handlungsvorgabe, je freier sie von den Kindern zu wählen sind. Nach und nach muß jeder neue Arbeitsvorgang gründlich eingeübt werden, bevor ein neues Angebot wartet. Es ist ratsam, am Anfang des Schuljahres mit einem möglichst leeren Klassenzimmer zu beginnen und Material wie Beschäftigungsangebot mit den Kindern gemeinsam aufzubauen. Wer Kinder ohne sicheren Umgang mit Neuem allein läßt in der Meinung, es regele sich alles von selbst, wird bald aus Enttäuschung über das Chaos zum rein gelenkten Unterricht zurückkehren.

Gemeinsame Mahlzeiten wie das Klassenfrühstück haben einen so prägenden Effekt auf die Atmosphäre unter den Kindern, daß sie nicht nur den äußeren Hunger stillen dürfen. Wie das Tischset aussehen soll und wo sein Platz ist, wie wir uns guten Appetit wünschen und auch mal unser Essen teilen, ob wir uns etwas erzählen oder eine Geschichte hören, das sind Überlegungen, die über das Gelingen solcher gemeinsamen Zeiten entscheiden.

Bräuche brauchen Zeit, aber nehmen uns mit der Zeit auch unendlich viel Arbeit ab. Bräuche brauchen Erklärung, aber erklären mit der Zeit alles selbst. Bräuche sind Stilleübungen. Sie lehren ohne Sprache das Wesentliche. Sie machen unabhängiger vom Wort und bringen uns dem Schweigen näher.

Was nun zuletzt Beachtung findet, schließt bereits alles Vorhergehende mit ein:

2.2.4 Die Stille des Unterrichts

Wir kennen alle den großen Lärm, der in den Schulpausen herrscht. Es ist, als ob sich nach den Unterrichtsstunden ein Ventil öffnet, das diesen Lärm explosiv entlädt. Er ist ein Zeichen dafür, daß die Disziplin der Unterrichtsstunden eine äußerlich auferlegte ist und daß das Schweigen in den Stunden keine Stille bedeutet. Auch wenn man nach der Schule die heimkehrenden Kinder beobachtet, so muß man ihre ungeordneten Bewegungen, ihr Bedürfnis, Lärm zu machen, feststellen. Man kann diese Tatsache nicht auf das Wesen des einzelnen Kindes zurückführen, sie muß mit dem System zu tun haben.[11]

Das bloße Schweigen vermag also die Stille nicht in die Schule zu holen. Das Gegenteil scheint der Fall zu sein: Nur dort, wo Singen und Spielen, Erzählen und Arbeiten, Denken wie Empfinden ihren festen Ort haben, erübrigt sich lärmendes ›Dampfablassen‹ oder unterdrückte, aber doch permanent vorhandene Unruhe. Die Kinder integrieren dann ihre Bewegungs- und Mitteilungsbedürfnisse in das Unterrichtsgeschehen. Sie finden im täglichen Tun Ausgleich und spüren neben der Beschäftigung auch die Notwendigkeit einer stillen Zeit.

Ein weiteres Merkmal kennzeichnet zudem den ›stillen Unterricht‹: »Rettet die Phänomene!« lautet Martin Wagenscheins Auftrag an die Lehrer. Rettet das Anschauliche, Sinnenhaft-Erfahrbare, Natürliche und Geheimnisvolle! Rettet den Kindern die Wunder der bunten Schöpfung vor dem Zugriff der grauen Utilitaristen! Widersteht der Verführung durch Nutzdenken und Erklärungszwang!

Indem wir die Dominanz unserer eigenen Sprache und Erfahrung zurücknehmen, bauen wir auch die Kopflastigkeit des Unterrichts ab. Statt begreiflich zu machen, lassen wir die Kinder selber greifen, statt vorauszugehen, gehen wir mit ihnen. Wir rücken ab vom ›Bankier des Wissens‹ (Paolo Freire) und werden Teilhaber am Lernprozeß der Klasse. Vielleicht kann dann eines Tages auch über unser Lernen mit Kindern gesagt werden: »Ein meist schweigender Lehrer (er redete ihnen – den Kindern, Anm. B. – nichts ein) hat sie gelehrt, miteinander zu sprechen und nur zur Sache; alles zu sagen, was sie denken, aber auch alles zu denken, was sie sagen.«[12] Wichtig ist also, sich selbst nicht zwischen Kinder und Sache zu stellen, nicht alles erst durchs didaktische Schnitzelwerk zu schicken, bevor es die Klasse vorgesetzt bekommt.

Es wird erzählt, Buddha habe einmal eine Predigt gehalten, bei der er selbst stumm blieb. Er zeigte seinen Zuhörern lediglich eine Blume...
Können wir uns Ähnliches in unserem Unterricht vorstellen? Besitzen wir selber auch ein so unerschütterliches Vertrauen in die Sprache der Dinge? Würden wir mehr auf sie statt auf die eigene Verbalität setzen, manche Unterrichtsstunde hätte gewiß einen glücklicheren Verlauf. In Anleitungen und Hinführungen arrangieren wir die Begegnung von Kind und Sache. Wir fragen nach Namen und Nutzen, fordern die Einsicht vor der Erfahrung. Das verstellt den Blick der Kinder oft mehr, als daß es ihre Augen öffnet. Statt Versachlichung brauchen sie das unbefangene Erlebnis, statt Objektivierung subjektive Betroffenheit. Das bewahrt einerseits vor raschem Vergessen. Das verhindert andererseits vielleicht auch den drohenden Untergang allen Lebens. Nicht die Unkenntnis der Lebensvorgänge, sondern die Unfähigkeit, alles Natürliche zu lieben, zu achten und seinen Tod zu betrauern, entzieht uns immer mehr die existentiellen Grundlagen.
Den Dingen begegnen zu wollen, setzt eine Ruhe des Gemüts voraus, erzeugt sie aber auch. Ich hatte schon Klassen, die sich oft, sobald ich in der Türe stand, von sich aus in den Kreis setzten, die Augen schlossen und mir so signalisierten: Bring uns etwas, was wir tasten und spüren, fühlen und riechen, sehen und hören können! Bring uns etwas, das ganz uns gehört, ein Stück Welt von draußen für unsere kleine Welt hier in der Schule! Häufig war es nur eine Kleinigkeit, ein Gänseblümchen oder ein Kieselstein, ein Stoffstückchen oder eine Möhrenscheibe. Meist stand es im Kontext des Unterrichtsthemas, konnte auch eine Geschichte sein oder ein Musikstück, manchmal auch ein Bild. Auf jeden Fall wollte es still erfahren werden und war stets verbunden mit Vorfreude und Überraschung. Aber auch die Erfahrung persönlicher Zuwendung und zarten Umgangs spielten dabei eine Rolle. Der Brauch, sich mit einer Stilleübung auf die Unterrichtsstunde einzustimmen, war ungemein wohltuend und in der Regel ein Garant für gelingenden Unterricht.
In diesem Sinne kann Stille zum didaktischen Prinzip werden: als eine eigene, durchgängige, sensible Form der Beschäftigung mit einer Sache. Sie beruht dann auf Konzentration, Anteilnahme, Ganzheit und Transzendenz. Von ihr vermag eine kindgemäße Spiritualität auszugehen, die das gesamte Schulleben prägen kann.

2.3 Erfahrungsräume

Wirkliche Stille können wir nicht gegen den Willen der Kinder durchsetzen. Wohl aber lassen sich Stilleübungen so vorbereiten, daß sich kein Kind ihnen entziehen möchte. Im Sinne unseres Übungsverständnisses meinen wir damit jedoch keine Zuckerglasur für eine bittere Pille. Die Kinder dürfen wissen, daß es sich um Übungen handelt, die schwer fallen können, Geduld brauchen, Anstrengung voraussetzen und oft wiederholt werden. Trotzdem motivieren unsere Übungen, besonders dann, wenn wir jene Sinne aktivieren, die in unseren Papierschulen brachliegen. Der Hunger der Kinder nach einer Schule voller Töne, Farben und Gerüche ist groß. In welcher Begeisterung schnippeln lustlose Klassen Obstsalat oder backen Brot. Wie bereitwillig ordnet sich auch manches Kind in den Klassenverband ein, wenn es drucken, musizieren oder im Schulgarten arbeiten darf.

Unsere Stilleübungen möchten das Alltägliche zum Besonderen machen und dem Selbstverständlichen mehr Beachtung schenken. Nicht der Gegenstand ist außergewöhnlich, sondern die Art des Umgangs mit ihm. Kein Ratespiel soll die Übung sein, denn dann verhindert sie Entspannung und Einkehr bei sich selbst. Auch werden am Ende keine Gummibärchen ausgeteilt (wie mir es jüngst eine Kollegin aus der eigenen Praxis berichtete), denn ein solcher Lohn pervertiert unsere Absichten.

»Damit etwas religiöse Relevanz bekommen kann, braucht es nur einfach und wiederholbar zu sein.« Was Graf Dürckheim hier für die Religion sagt, ist auch für die Pädagogik von Bedeutung. Am Prinzip des Einfachen und Wiederholbaren orientieren sich die nachfolgenden Praxisfelder.

Unsere Übungen sind elementar, bleiben trotz Varianten in der eingeübten Grundstruktur verhaftet und entfalten ihre tiefere Wirkung erst im häufigen Wiederherholen.

Die nachstehenden Vorschläge verstehen sich nicht chronologisch. In manchen Klassen mag es sinnvoller sein, das Tasten und Fühlen vor dem Hören zu üben. Der Stille zu lauschen ist die einfachste und zugleich schwierigste Übung. Wenn weder Augen noch Hände Aufgaben haben, schnurren die aufgedrehten Rädchen in uns oft um so heftiger. Kinder, denen die Stille fremd geworden ist, finden den Weg zu ihr leichter, wenn sie etwas in die Hand bekommen, sich daran festhalten dürfen, ihre Aufmerksamkeit darauf richten können.

Noch eine weitere Anmerkung: Eigentlich setzt jede Stilleübung, das Lauschen im Besonderen, das Schließen der Augen voraus. Das ist nur möglich, wenn ›blindes Vertrauen‹ vorhanden ist, ein Gefühl der Nähe und Aufgehobenheit. Nicht immer sind diese Voraussetzungen bereits gegeben. Oft bauen sie sich erst mit den Übungen auf. So ermutigen wir die Kinder zwar, während der Übung die Augen zu schließen, verlangen es aber von niemandem, der sich ins Gewebe der Klasse noch nicht eingesponnen fühlt.

Die Anweisungen, mit denen wir die Kinder zur Übung führen, sollten gut überlegt sein und stets ähnlich lauten. Denkbar ist folgende Anleitung, die wir den Kindern zur besseren Identifikation in der Ich-Form anbieten und dabei reihum jedes Kind in den Blick nehmen:

»Ich versuche, mich jetzt bequem, aber nicht lässig hinzusetzen. Meine Beine sind ruhig. Meine Füße stehen auf dem Boden, als seien sie verwurzelt mit ihm.

Meine Arme liegen locker im Schoß und ruhen sich aus. Meine Hände werden zur Schale, die alles aufnimmt, was auf mich wartet. Ich schließe die Augen und versuche, ganz still zu werden. Ich spüre, wie meine Anspannung nachläßt, mein Atem gleichmäßig geht, meine Beine schwer werden.

Ich spüre, wie wohl mir die Stille tut, wie sie mich umfängt und frei macht für das, was in mir ist.

– – – –

Allmählich komme ich wieder zurück. Ich tauche auf aus meiner eigenen Tiefe. Die Stille nehme ich mit. Sie begleitet mich jetzt durch die Stunde und schenkt mir Ruhe und gute Gedanken.«

Manchmal wähle ich auch ein Wegmotiv, um den Kindern das Loslösen aus dem Alltag zu erleichtern. Doch auch hier ist eine schlichte, spannungslose und zum Verweilen einladende Sprache angebracht. Zuviele Ausschmückungen zerreden die Stille und binden die Aufmerksamkeit an Äußeres.

». . . Ich schließe die Augen. Mein Weg beginnt. Ich breche auf zum Haus der Stille. Ich verlasse die laute Straße und gehe dem dunklen Wald zu. Der Lärm bleibt zurück.

Meine Schritte werden ruhiger. Mein Atem geht gleichmäßiger. Ich lasse mich führen.

Vor mir jetzt eine Tür, die Tür zum Haus der Stille.
Ich öffne sie und trete ein.
Hinter mir schließe ich sie wieder.
So, nun sind Lärm und Unruhe draußen.
Ganz still ist es jetzt.
Hier bin ich geborgen und in Schutz genommen.

Hier will ich bleiben und mich ausruhen.
- - - -
Allmählich muß ich wieder die Rückkehr antreten. Ich verlasse das Haus und gehe den Weg zurück durch den Wald. Um mich nun wieder der helle Tag, das bewegte Leben, die Schule, die Arbeit.
In mir noch immer die Stille, die mich begleitet und mir Ruhe schenkt.«

Nach jeder Übung regen wir in angemessener, ruhiger Sprache einen kurzen Erfahrungsaustausch an. Die Kinder dürfen erzählen, wie es ihnen ergangen ist. Auch die Schwierigkeiten einzelner nehmen wir ernst und sprechen darüber. Denn nicht Ablehnung, sondern Annahme soll unseren Umgang kennzeichnen. Beobachten wir gerade bei unruhigen Kindern Fortschritte, nehmen wir sie sensibel wahr und heben sie auch vor der Klasse positiv hervor.
Hat ein Kind besondere Probleme mit der Stilleübung im Klassenverband und stört vielleicht sogar die anderen, so hilft oft das Angebot eines begehrten oder geschützten Aufenthaltsortes im Klassenzimmer: die Bücherecke, Lesematratze, ein Sessel oder eine ähnliche Rückzugsnische bringen mit dem besonderen Platz auch einen eigenen Anspruch an das Kind. Es fühlt sich dort unbeobachtet, lenkt niemanden ab und ist doch vom Geschehen nicht ausgeschlossen.

2.3.1 Lauschen

Nicht jedes Hören ist zugleich ein Lauschen. Wir können hin- oder weghören, hören manchmal nur mit halbem Ohr oder überhören etwas. Lauschen dagegen bedeutet gesammelte Wachheit und ungeteilte Präsenz. Lauschen ist einfühlendes Hören, das auch das innere Ohr erreicht.
Die folgenden Übungen leiten zu einem vertiefenden Hinhören an und holen die Kinder aus dem Strom akustischer Eindrücke. Sie lassen sich nach eigenen Möglichkeiten und Ideen umformen.

Hören, was der Tag erzählt
Die Kinder lauschen mit geschlossenen Augen den Geräuschen, die drinnen und draußen zu vernehmen sind. Angenehmes (das Ticken der Wanduhr, das Pfeifen eines Vogels) mischt sich dabei oft mit Störendem (die Säge des Hausmeisters, der Lärm auf dem Flur). Dann ist ein verhaltener Hinweis auf die feinen Laute angebracht: »Ich höre einen Vogel, weit weg, aber doch ganz deutlich. Er erzählt mir seine Geschichte...«
Auch der Regen hat viel zu sagen, wenn wir ihn bei geöffnetem Fenster

belauschen, die vielen Tropfen verbinden sich zu einer Erzählung... Nach der Übung berichten die Kinder, was sie vernommen haben, vielleicht eine ganze Regengeschichte. Sie können wir dann mit selbstgemachten Geräuschen nachspielen.
Schön ist auch, sich auf der sommerlichen Schulwiese unter einen Baum zu setzen und mit den raschelnden Blättern sein Lied zu vernehmen. Beim Ausflug in den Wald sollte keine stille Zeit fehlen, die nicht auch den Wald selber sprechen läßt. Seine Geräusche sind immer faszinierend und geheimnisvoll.

Klängen nachgehen

Die einfachste Hörübung, die vor allem kleinere Kinder immer wieder gern machen, ist das Aufrufen des eigenen Namens mit Hilfe des Glockenspiels. Ein schöner Zwei- oder Dreiklang verwandelt den eigenen Namen in eine angenehm klingende Musik. Nacheinander werden die Kinder aufgerufen und kommen entweder zur Mitte, um sich etwas zu holen, oder zum Lehrer, der ihnen etwas ins Ohr flüstert. So vieles, durchaus auch Arbeitsmaterial, läßt sich den Kindern in einem ruhigen Stundenbeginn austeilen, ohne daß Gerangel und Ungeduld aufkommt.
In einer weiteren Übung lernen die Kinder, Klänge im Raum zu lokalisieren. Ein großer, freier Raum mit wenig Mobiliar eignet sich hierzu natürlich am besten. Es geht aber auch im Klassenzimmer, wo Tische und Stühle zur Seite geräumt wurden. Die Kinder dürfen sich an verschiedenen Stellen des Raumes auf dem Boden niederlassen. Es ist ganz still und alle haben die Augen geschlossen. Verschiedene Geräusche oder Klänge von Orffinstrumenten ertönen an unterschiedlichen Plätzen des Zimmers. Die Kinder dürfen sie wiederholt hören und sich dann langsam und möglichst blind auf ihren Lieblingsklang zubewegen.
Anschließend berichten die Kinder von ihren Assoziationen, die sie beim Hören der Klänge hatten. Vielleicht läßt sich aus den unterschiedlichen Klängen eine Reihenfolge zusammenstellen, eine Geschichte komponieren, die die Kinder dann mit geschlossenen Augen hören. Damit bereiten wir die nächste Übung vor:

Klanggeschichten erzählen

Viele Erlebnisse und Erzählungen lassen sich zu Klängen verdichten. Mit selbstgebauten oder Orffinstrumenten setzen wir äußere Handlungen in innere Vorgänge um. Biblische Texte, Märchen, aber auch viele andere Sinngeschichten können die Kinder am Erzählfaden entlang in Klanggeschichten verwandeln. Klänge beschreiben Gefühle, Seelenzustände, psychische Gestimmtheiten, die Worte so nicht hergeben. Klänge machen hörbar, was sonst nicht gehört wird: Kälte und Wärme, Lebendiges und Abgestorbenes, Freude und Trauer, Bewegung und Statik, Harmonie und Dissonanzen. Klanggeschichten sind Stilleübungen, denn sie bedeuten Sinnesschulung, Konzentra-

tion und Zusammenarbeit um der gemeinsamen Sache willen. Und so lassen sich Klanggeschichten herstellen:
1. Sich und die Kinder mit dem Text intensiv vertraut machen.
2. Den Text in Spielabschnitte gliedern.
3. Einzelnen Figuren wie auch wichtigen Vorgängen der Geschichte Instrumente zuordnen.
4. Äußere Bewegungen (gehen, ruhen, weggehen) wie auch innere Vorgänge (Trauer, Empörung, Bitte, Freude, Begeisterung, im Licht oder im Dunkel sein...) durch laute oder leise Töne, langsame oder schnelle Klangbewegungen zum Ausdruck bringen.
5. Weich und hell klingende Instrumente häufig für jene Personen und Vorgänge wählen, die Segen und Hilfe bringen (Glockenspiel, Metallophon), dunkel-dumpf oder blechern klingende für den Ausdruck von Angst, Armut oder Bedrohung wählen (Rassel, hängendes Becken, Handtrommel.)

Klanggeschichten lassen sich parallel zu vorgelesenen Textabschnitten wie auch ganz ohne Text spielen. Zum Anfang eignet sich ein kurzes Märchen wie zum Beispiel ›Die Sterntaler‹ gut. Während ein oder zwei Kinder die Geschichte in Teilen lesen, verständigen sich die für die Klänge verantwortlichen Kinder mit Blicken untereinander. So entsteht eine stille Geschichte, die ein konzentriertes Lauschen von Spielern und Zuhörern verlangt.

2.3.2 Spüren

Viel zu wenig denken wir in der Schule daran, daß die Kinder unsere Zuneigung auch wirklich spüren wollen, daß sie Halt bei uns suchen, aber auch selber instinktiv anderes Leben schützend halten möchten.

Die Hand vermittelt diese elementaren Erfahrungen. Sie ist vielschichtiges Symbol für Liebe und Gewalt zugleich. Mit der Hand des Erwachsenen erfährt das Kind Liebkosung und Geborgenheit. Mit ihr verbindet es aber auch Schmerz und Ablehnung. Kinderhände sind noch klein, entsprechend der Erfahrung am eigenen Leib aber bereits fähig zu beidem: streicheln und schlagen, vorsichtig aufnehmen und mutwillig kaputtmachen.

Die Sprache unserer Hände lehrt die Kinder ein ganzes Weltverständnis. Spüren sie unsere Behutsamkeit Menschen und Dingen gegenüber, lernen sie am ehesten liebevollen Umgang und sorgfältige Arbeitsweise.

Kinder haben eine große Sehnsucht danach, alles in die Hand zu nehmen. Die Schule blendet taktile Wahrnehmung häufig aus in der

Meinung, das Papier werde schon alles Wichtige mitteilen. Doch was die Hände nicht greifen dürfen, begreift auch das Hirn nur schwer. Zum Greifen nah sollten wir den Kindern die Welt in die Schule holen, wenn schon das außerschulische Leben fast bloß noch über den Bildschirm lehrt. Wir haben es buchstäblich in der Hand, Kinder zu primären Lernerfahrungen zu führen. Die taktile Empfindsamkeit der Hände eignet sich in besonderem Maße für stille Wahrnehmungsaufgaben. In der Grundhaltung unserer Stilleübungen bilden die Hände bereits eine Schale und sind so äußeres Zeichen für die innere Bereitschaft, Dinge und Erfahrungen in neuer Weise aufzunehmen. Die Kinder haben die Augen geschlossen, so daß die erste Begegnung mit dem Gegenstand über den Tastsinn verläuft.

Die folgenden Übungen schulen auch immer das Sinnesvermögen des Lehrers. Er selbst sollte dabei ebenfalls ein Gespür für zarten Umgang entwickeln und Ausdrucksformen seiner Liebe zu den Kindern in der Schule entdecken. Die nachstehenden Vorschläge verstehen sich als Anregung, das eigene Potential freizulegen.

Stille Zeichen geben

Diese Übung ist besonders für die ersten Klassenstufen geeignet und auch für Klassen, die sich noch schwer tun mit dem Still-Sein. Sie braucht auch keine materiale Vorbereitung und läßt sich in unruhigen Stunden kurzfristig einflechten.

Nachdem alle Kinder ihre Grundhaltung eingenommen haben, überlege ich eine Geste der persönlichen Zuwendung und kündige sie an: »Jedem, der zur Stille gefunden hat, gebe ich ein besonderes Zeichen.« Langsam gehe ich zu jedem Kind hin, das still dasitzt und streichle ihm leicht über das Haar. Kindern, denen die Übung große Mühe macht, flüstere ich auch mal ein Lob ins Ohr. Im anschließenden Gespräch bestätigen die Kinder mir stets, wie angenehm weich sie meine warme Hand gespürt haben. Die Kinder genießen diese kleine Zuwendung, und sie entspannt gleichzeitig eine angestrengte oder gereizte Lernatmosphäre.

Den Stillekreis bilden

Es tut einer Klasse gut, ihre Verbundenheit immer wieder im gemeinsamen Kreis zu realisieren. Zuvor sollten die Kinder bereits zur Stille gefunden oder eine Stilleübung gemacht haben. Wir stellen uns dann zum Kreis auf, halten uns gegenseitig an den Händen und richten unseren Blick zur Mitte. Im Advent brennt dort eine Kerze, ansonsten steht dort vielleicht ein Blumenstrauß oder ein Früchtekorb. Mit geschlossenen Augen lassen wir alles in uns wirken. Dabei spüren wir, wie wir im Kreis gehalten und aufgehoben sind.

Eine langsam fließende Musik kann uns zusätzlich das Gefühl glücklicher Gemeinschaft geben und das eigene Schweigen besser aushalten helfen.
Nach einer Stilleübung mit Frühlingsblumen haben wir auf diese Weise schon Garten gespielt. Wir hörten die Geschichte ›Im Garten des Riesen‹ von Oscar Wilde. Dann faßten wir uns zum Kreis, um die Blumen in unserer Mitte zu schützen und zu behüten. Eine Flötenmusik ließ uns sogar die Vögel im Garten singen hören...

Gegenstände erspüren
Die Beschaffenheit vieler Dinge denken wir mehr, als daß wir sie empfinden. Ihr Wesen erfassen wir eindrücklicher, wenn wir den Sehsinn ausblenden und uns über Finger, Haut und Nase ihnen nähern. Viele Gegenstände bringen einen eigenen Geruch mit und beziehen so das Riechen in unsere Übung mit ein. Wichtig ist, daß die Kinder den Gegenstand schweigend und andächtig wahrnehmen, damit er sie auch wirklich erreichen kann. Wir ertasten ihn, streicheln und reiben ihn mit den Fingerkuppen, bewegen ihn über die Handfläche und Wange. Die Augen sind geschlossen und die Ohren so unempfindlich, als wollten wir ›die Welt anhalten‹, d. h. alles Vorwissen vergessen und nur in der Erfahrung des Augenblicks sein.
Erst wenn die Kinder ganz still sind und ›blind‹ für alle Außenreize, erhalten sie die genaue Anweisung: »Jedem von Euch möchte ich jetzt etwas in die Hand legen. Laßt die Augen geschlossen und fühlt es zuerst. Dann schaut ihr es in Ruhe an, ohne die Stille zu verletzen. Es wird Euch etwas erzählen...«
Vieles läßt sich den Kindern zum Fühlen in die Hand geben. Lebendiges, Frisches wie Blumen, Früchte, Naturmaterial. Aber auch Weiches, Zartes, Symbolisches: am Martinstag ein Stück Stoff, vor Weihnachten ein Apfellicht oder eine Honigkerze; zu anderen Zeiten ein Stück Brot, eine Ähre, ein Sonnenblumenkern. Denkbar sind auch Dinge, die einen Bezug zum Unterrichtsthema haben und dieses vorbereiten. Der Phantasie des Lehrers werden hier keine Grenzen gesetzt, und die Freude und Erwartung der Kinder kennt ebenfalls keine.
Nach der Übung lassen wir die Kinder von ihren Empfindungen erzählen. Es ist immer wieder erstaunlich, wie verschieden die Zugangswege und Assoziationen sind.

2.3.3 Sehen

Das Betrachten der Dinge ist uns die geläufigste Wahrnehmung. Doch oft bleibt der optische Eindruck äußerlich und weiß sich nicht als inneres Bild zu bewahren. In unserer visualisierten Welt bevorzugen wir die Quantität der Eindrücke vor der Qualität des Sehens. Die Schule muß darum das rechte Sehen oft erst lehren.

Unseren Sehübungen können Fühlübungen vorausgehen, die das Auge einstimmen und einen tieferen Blick vorbereiten. Nach dem Anschauen sollten die Kinder ihre Augen wiederum schließen, um das Bild in sich aufzunehmen. Erst dann ist ein kleines Gespräch angemessen.

Die kleinen Dinge sehen
Indem wir den Kindern Unscheinbares in die Hand legen, üben wir mit ihnen die Achtsamkeit auch dem Geringsten gegenüber. Ein Samenkorn, ein kleiner Kiesel oder ein Grashalm ist verschwindend klein und zart in unserer Hand und doch ein so wunderbarer und unverzichtbarer Teil unserer Welt. Sorgsam bewahren wir das kleine Korn in unseren Händen, damit es nicht verloren geht und seinen Lebensauftrag einbüßt. Erst jetzt nehmen wir vielleicht die schwarzweiß-gestreifte Färbung des Sonnenblumenkerns wahr, der Licht und Schatten, Kälte und Wärme eines ganzen Jahres enthält. Wir lernen die ineinandergeschmolzenen Schichten eines Steinchens sehen und halten mit ihm ein Stück Urgeschichte in der Hand. So werden Wunder sichtbar, die ein vom Vernutzungsdenken besetzter Blick verstellt hat.

Die Mitte der Dinge sehen
Unbewußt ist das Bild der Mitte archetypisch in uns. Im Stuhlkreis halten wir es auch in der Klasse fest. In vielen Gegenständen können wir die Kinder auf die Mitte der Dinge verweisen, dem Kern ihres Wesens. Immer meinen wir damit auch die Mitte der Welt und unser eigenes Zentrum. Der Blick zur Mitte beruhigt und konzentriert. Er bringt Einkehr und stärkt für die Rückkehr.
Geeignet für solche Mitte-Übungen ist ein Gänseblümchen, ein Schneckenhaus, die Scheibe eines Birkenstamms mit Jahresringen. Besonders einfach ist es, eine in Scheiben quergeschnittene Karotte zu nehmen oder einen quergeschnittenen Apfel mit sternförmigem Kernhaus. Auch ein weihnachtlicher Stern kann Anlaß zur Sehübung sein. In der Stille der Betrachtung entfalten die Dinge ihre symbolische Wirkung, ohne daß wir sie den Kindern erklären müssen.

2.3.4 Sich bewegen

In einem ruhelosen Leib haust eine unruhige Seele. Um diese Verschränkung wissen wir bei uns und den Kindern. Daher versuchten unsere Stilleübungen bisher, über den ruhenden Leib auch Stille für die Seele zu gewinnen. Nun soll den Kindern eine weitere Erfahrung möglich sein: Bewegung läßt still werden, Stille kann bewegen.

Kinder sind keine Kopffüßler, ihre Arme und Beine keine Störfaktoren, die am besten draußen vor der Tür blieben. Leib(es)erziehung darf nicht ausschließlich Aufgabe des Sportkollegen sein. Sie betrifft jeden Lehrer, der menschlich mit Kindern arbeiten möchte. Wenn Lernwege wirklich zum Ziel führen sollen, sind Leib und Seele zugleich zu bewegen. Mehr als den Worten glückt der Musik diese Verbindung. Darum wird sie viele unserer stillen Gehübungen begleiten. Doch nur sensible Ohren vermögen sie aufzunehmen. Musik und Stille ermöglichen sich gegenseitig. Musik macht Stille bewußt, beruhigt die Seele, lehrt Rhythmus und Harmonie. Ohne Stille wiederum verkommt Musik zur Geräuschkulisse, wird Schreiten zum Bewegungssport.

Das schweigende Bewegen und bewegende Schweigen entwickelt die bisherigen Stilleübungen weiter und macht sie elementar für alles schulische Lernen.

Zunächst soll es um Wegerfahrungen im Unterricht gehen. Die Wege unserer Kinder sind kurz geworden. Der Lebensraum in den Städten, aber auch in den dörflichen Neubausiedlungen hat unüberschaubare Formen angenommen. Viele Kinder legen den Weg zum Kaufmann, zum Fußballtraining oder zur Großmutter nicht mehr zu Fuß zurück. Aus Wegen wurden Autofahrten. Den meist nicht langen Geh-Weg zur Schule bestimmen Bürgersteig und Asphalt. Ein Verlust an Erdkontakt und Raumerfahrung geht damit einher.

Ein Weg, den man bedächtigen Schrittes abschreitet, ermöglicht Ruhe und Einkehr. Er schenkt Zeit, um Schönes und Merk-Würdiges zu sehen, um Freude oder Trauer zu empfinden. Solchem Gehen kommt auch die Seele nach.

Vor dem rhythmischen Bewegen in einfachen Tänzen beginnen wir mit ersten Wegaufgaben, die von den Kindern schweigend vollzogen werden.

Gehen im Raum

Zuerst wird sich die Frage stellen: In welchem Raum? Das Klassenzimmer kann dafür zu eng erscheinen, die Möblierung stören, ihr Wegräumen lästig werden. Und doch ist das der den Kindern vertraute Lebensraum, in dessen Atmosphäre sie sich eher auf unbekannte Wege einlassen. Zudem sollten die Übungen und späteren Tänze in den Unterrichtsalltag integriert sein, und das ist ohne umständlichen Ortswechsel eher möglich. Dennoch kann man bei sehr kleinen Klassenräumen in eine nicht zu große Halle oder einen Gymnastiksaal ausweichen. Der Raum darf jedoch nicht dezentrierend wirken und das Gefühl der Verlorenheit aufkommen lassen. Auch ein leerstehendes

Zimmer oder eine breite Pausenhalle können geeignet sein. Aber Ungestörtheit ist Voraussetzung, denn Zaungäste lenken ab und beirren die eben entstandene Vertrautheit. Am Anfang unserer Bewegungssequenz stehen Übungen zur Raumwahrnehmung. Tische und Stühle werden beiseite geräumt, jeder sucht sich einen Lieblingsplatz im Raum und läßt sich auf dem Boden nieder. Wenn Musik eingespielt wird, stehen alle langsam auf und bewegen sich leise durch den Raum. Keiner sollte sprechen oder den anderen berühren. Der Kontakt auf Fußsohlen mit dem Boden kann dabei wechseln: Auf Zehenspitzen, mit dem ganzen Fuß abrollend, voller Leichtigkeit oder schweren Schritts. Besonders gut strukturieren einfache Instrumente Ausdruck und Rhythmus: Langsame und schnelle Schläge auf dem Tambourin, helle und dunkle Töne des Glockenspiels oder der Flöte geben weite oder enge Schritte an, lassen aufrecht gehen oder geduckt, stimmen froh oder meinen Schwermut. Eine sehr eindrucksvolle Übung ist das blinde Geführtwerden durch einen Partner. Das Kind, das die Augen geschlossen hat, muß sich dem sehenden Partner blind anvertrauen. Es wird von ihm durch das Zimmer geführt, an Tischen vorbei, ums Regal herum, vielleicht sogar auf den Flur, die Treppe hinunter. Beteiligt sich der Lehrer, merkt er am eigenen tapsigen Schritt, wie schwer es fällt, sich einem anderen zu überlassen. Schön ist auch, sich einmal so durch die leere Kirche führen zu lassen, deren Weite und Stille der »Blinde« besonders empfindet. Legt man auf den Boden des Raumes Tücher, Felle o. ä. und läßt die Kinder in Strümpfen oder barfuß gehen, spüren die Füße weiche und harte, kalte und warme Begegnungen... Dann können die Kinder versuchen, zu langsamer Musik einen Luftballon auf dem Handrücken so zu halten, daß er nicht zu Boden fällt. Dazu sind uns ruhige Bewegungen nötig und ein Empfinden für zarten Umgang. Mit Bändern und Tüchern sind ähnliche freie Bewegungen möglich, und die Kinder haben gleichzeitig etwas in der Hand. Um Stille zu erhalten, sollte der Lehrer sparsam sein mit verbalen Anweisungen. Seine Bewegungen motivieren aus sich zu Beobachtung und Nachahmung und konzentrieren auf das Geschehen. Das Gehen auf vorgegebenen Linien oder in angelegten symbolischen Formen ist ebenfalls eine reizvolle Wegerfahrung. Mit Hilfe von Bindfäden oder Tesakrepp lassen sich Kreise und Schlangenlinien nachgehen, Spiralen oder einfache Labyrinthe abschreiten.[13]

Gehen im Freien
Viele der genannten Übungen sind auch auf dem Schulgelände möglich. Vielleicht ist auf dem Hof bereits eine Hüpfschnecke aufgemalt, ansonsten wird mit Kreide rasch eine Figur aufgezeichnet, die die Kinder nachgehen können. Ist eine Wiese da, versuchen wir uns im Stehen zu erden, einzuwurzeln, ins Lot zu bringen, uns tragen zu lassen. Ein Baum ist ein sehr geeignetes Mittensymbol, um das wir gehen oder tanzen können. Im Kreis treten wir dann gemeinsam auf ihn zu, erheben die Hände, berühren seinen Stamm und gehen wieder leise zurück. Auf Lerngängen und Wanderungen tut es gut,

Erfahrungsräume

einmal innezuhalten und schweigend ein Stück miteinander zu gehen. Ein langes Seil kann alle sammeln, die still gehen und viel sehen wollen.

Tänze im Kreis[14]

Pilgertanz
Dies ist ein alter griechischer Festtanz, der zu Hochzeiten, aber auch zu anderen Festanlässen, wie zur Geburt eines Kindes, getanzt wurde. Seine typischen Vor- und Rückwärtsbewegungen ermöglichen gemeinsames Gehen und gleichzeitig Innehalten auf dem Weg des Lebens. Er tanzt sich leicht und eignet sich auch als Lichtertanz. Intensiv entfaltet er seine Wirkung (wie viele andere Tänze auch), wenn er mit geschlossenen Augen getanzt wird.
Musik: jede ruhige, tragende Musik von Klassisch bis Beat, auch Folklore, je nach Zielgruppe.
Aufstellung: im Kreis, Hände sind durchgefaßt. Beim Lichtertanz ist es günstig, die rechte Hand auf die linke Schulter des Vordertanzenden zu legen, so daß die linke Hand für die Kerze frei ist. Das Licht ist dann dem Herzen am nächsten.
Takte:
1-2 Rechter Fuß nach rechts in Tanzrichtung
linker Fuß nach rechts in Tanzrichtung
3-4 Wiegeschritt in Tanzrichtung, d. h. rechter Fuß geht in Tanzrichtung mit Gewichtsverlagerung, dann Gewicht auf den linken Fuß zurückverlagern.
Von vorne.

Omonja
Indem die Tanzenden ihren kreisenden Weg unterbrechen und zur Mitte schreiten, entstehen die Speichen eines Rades. Gemeinsam den Weg nach innen gehen, sich in der Mitte begegnen, um dann wieder in die Außenbereiche zurückzukehren – dieser Tanz hält besondere Erfahrungen bereit.
Musik: jede langsame, tragende Musik, z. B. To Perigiali auf der Schallplatte Theodorakis Gold, Metronome 60001
Aufstellung: im Kreis, Hände sind durchgefaßt, rechte Handfläche nach oben, linke Handfläche nach unten, Arme hängen herab.
Takte:
1-4 mit dem rechten Fuß beginnend 8 langsame Schritte in Tanzrichtung, Gesicht in Tanzrichtung

5-6 mit dem rechten Fuß beginnend 4 Schritte zur Mitte, Arme langsam nach oben heben
7-8 mit dem rechten Fuß beginnend 4 Schritte rückwärts zurück, Arme senken sich langsam nach unten.
Von vorne.

Rad  Rosette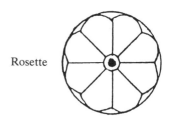

Enas Mithos
Dieser griechische Tanz wird um eine Kerze getanzt und setzt einen abgedunkelten Raum voraus. Sein Dreivierteltaktrhythmus ergreift vom ganzen Körper Besitz. Durch seine Gleichmäßigkeit und Lichtzentrierung wirkt er sehr meditativ.
Aufstellung: im Kreis, Front zur Kreismitte, Hände sind durchgefaßt, d. h. rechte Handfläche nach oben, linke Handfläche nach unten.
Musik: Enas Mithos auf verschiedenen Schallplatten mit griechischer Musik, gesungen von Nana Mouskouri, z. B. Fontana 6312019
Rhythmus: lang – kurz – kurz
Takte:
1-2 linker Fuß vorwärts zur Kreismitte, mit Gewicht
rechten Fuß an linken Fuß stellen, ohne Gewicht,
dabei zweimal kurz mit beiden Knien gleichzeitig wippen
3-4 rechter Fuß rückwärts zurück, mit Gewicht
linken Fuß an rechten Fuß stellen, mit Gewicht,
dabei zweimal kurz mit beiden Knien wippen
5-6 rechten Fuß nach rechts zur Seite, mit Gewicht
linken Fuß an rechten Fuß stellen, ohne Gewicht,
dabei zweimal kurz mit beiden Knien wippen.
Von vorne.
Der Tanz wird ruhig getanzt, auf die Mitte zentriert. Es sind verschiedene Armfassungen und Tanzvariationen möglich.

Der Tanz verbindet, denn sein Gelingen verantworten alle Tanzenden. Die Verflochtenheit der Hände, das verbundene Gehen wirkt dem oft beziehungslosen Umgang der Kinder untereinander entgegen.

Der Tanz ordnet, denn im Rhythmus der Schritte findet auch die Psyche zu harmonischer Gestimmtheit. Der äußeren entspricht eine innere Ordnung.
Der Tanz im Kreis konzentriert, denn er sammelt die Sinne und lenkt den Blick aufs Wesentliche. Das leibliche Sich-Einmitten läßt auch seelische Mitte spüren.
Der Tanz verleibt ein, denn Lernwege werden wirklich gegangen. Konkret werden auch Hand-lungen und sozialer Um-gang. Die Füße lernen Schritt für Schritt, die Hände können sich festhalten und nehmen so die Angst vor Neuem.
Tanzen in der Schule, ein Stück leibhaftiger Stille inmitten eines verkopften Unterrichtsalltags...

> Die Stille[15]
>
> Die Stille ist ein Zwitschern
> der nicht vorhandenen Vögel
> Die Stille ist Brandung und Sog
> des trockenen Meeres
>
> Die Stille ist das Flimmern
> vor meinen Augen im Dunkeln
> Die Stille ist das Trommeln
> der Tänzer in meinem Ohr
>
> Die Stille ist der Geruch
> nach Rauch und nach Nebel
> in den Ruinen
> an einem Kriegswintermorgen
>
> Die Stille ist das
> was zwischen Nan und mir war
> an ihrem Sarg
> die Stille ist nicht was sie ist
>
> Die Stille ist der Nachhall
> der Reden und der Versprechen
> Die Stille ist
> der Bodensatz aller Worte
>
> Die Stille ist das
> was übrigbleibt von den Schreien
> Die Stille ist die Stille
> Die Stille ist meine Zukunft *Erich Fried*

Anmerkungen

1 Vgl. *Josef Pieper:* Muße und Kult. München 1948, S. 14ff.
2 Die Textstelle ist der Übersetzung von Martin Buber und Franz Rosenzweig entnommen. *M. Buber/F. Rosenzweig:* Die Schrift, Bd. 2: Bücher der Geschichte, Lambert Schneider Verlag.
3 *Maria Montessori:* Kinder sind anders. Stuttgart 1952, S. 172f.
4 *Albert Cullum:* Die Geranie auf der Fensterbank ist eben gestorben, aber Sie reden einfach weiter, Fräulein Schmitt. Frankfurt 1972.
5 *Nancy Hoenisch/Elisabeth Niggemeyer:* Heute streicheln wir den Baum. Kinder machen Naturerfahrungen mit Pflanzen, Tieren, dem Wetter und der Erde. Ravensburg 1981, S. 11ff.
6 *Otto Friedrich Bollnow:* Vom Geist des Übens. Eine Rückbesinnung auf elementare didaktische Erfahrungen. Oberwil b. Zug 1987.
7 Zitiert nach *O. F. Bollnow,* a.a.O., S. 66.
8 *Karlfried Graf Dürckheim,* ebenfalls zitiert nach *O. F. Bollnow,* ebd.
9 *O. F. Bollnow* im Nachtrag zur Neuausgabe seines Buches, a.a.O., S. 120.
10 *Iris Mann:* Die Kraft geht von den Kindern aus. Eine stufenweise Befreiung von der Lehrerrolle. Frankfurt ^{5}1983, S. 117.
11 *Helene Helming:* Montessori-Pädagogik. Ein moderner Bildungsweg in konkreter Darstellung. Freiburg ^{11}1984, S. 70.
12 *Martin Wagenschein:* Erinnerungen für morgen. Eine pädagogische Autobiographie. Weinheim und Basel 1983, S. 137.
13 Eine gute Anregung, das Thema ›Raum und Bewegung‹ mit Kindern stärker auszuschöpfen, bietet eine Studieneinheit des DIFF Tübingen. *Eva Bannmüller/Klaus Giel:* Bewegungserziehung und ästhetische Erfahrung.
Zu bestellen über: Deutsches Institut für Fernstudien an der Universität Tübingen, Wöhrdstr. 8, 74 Tübingen (ca. DM 8,–).
14 Die Tanzbeschreibungen sind entnommen aus: *Hilda-Maria Lander:* Tanzen will ich. Bewegung und Tanz in Gruppe und Gottesdienst. München 1983, S. 39ff.
Neben einer grundsätzlichen Einführung in den Tanz und seine Bedeutung finden sich hier vielfältige Bewegungsimpulse und Tanzbeispiele, die auch für Ungeübte und Anfänger geeignet sind.
Eine vertiefende und weiterführende Lektüre bildet außerdem: *Hilda-Maria Lander/Regina Maria Zohner:* Meditatives Tanzen, Stuttgart 1987.
Die sehr verständliche Hinführung zu Form und Symbolik stiller Tänze wird durch zahlreiche Beispiele einfacher und schwieriger Bewegungsformen und Tanzgebärden ergänzt.
15 Aus: *Erich Fried:* Liebesgedichte. Berlin 1988, S. 87.

3 Stilleübungen – Beispiele und Erfahrungen

Stilleübungen sprechen Schüler aller Altersstufen an.[1] Die folgenden Beispiele stammen aus dem Anfangsunterricht einer Klasse. Vom ersten Schultag an wird in den beiden ersten Schuljahren versucht, Kinder Stille als Teil des Unterrichts erleben zu lassen. Sie begleitet ihre Empfindungen und wachsende Phantasie. Vor allem ist intendiert, Stille und Konzentration zum gemeinsamen Erlebnis der Klassengemeinschaft werden zu lassen. Übertragungen auf andere Klassenstufen sind ohne weiteres möglich: Die beschriebenen Beispiele sind keine festgelegten Formen. Sie sind offen für – auch kreative – Variationen und lassen sich entsprechend der jeweiligen Situation abwandeln.

Die Übungen bauen aufeinander auf. In den ersten Schultagen und Schulwochen sollen die Kinder neben der Erfahrung von Gelassenheit und Ruhe die Einsicht gewinnen, daß die Stille zum Leben und Lernen in der Klasse dazugehört und konzentrierte Arbeit erleichtert. Die Übungen sind hier vor allem in den Morgenkreis eingebunden. Verschiedene Spielsituationen zeigen, daß Ruhe und Entspannung im Klassenzimmer Platz finden, sie üben Geduld und Warten-Können.

Sich anschließende Formen binden schulische Alltagsrituale, wie z. B. das Bilden oder Auflösen des Stuhlkreises, an Stille- und Konzentrationsspiele. Die spielerischen Formen erlauben häufige Übung. Sie erleichtern den Schulanfängern die Orientierung über die eingeführten Ordnungsformen und die Gewöhnung daran. Da diese alltäglichen Rituale Orientierungspunkte jedes Unterrichtsvormittags sind, ist die Bindung der Rituale an einen stillen oder leisen Ablauf gut geeignet, Ruhe zu einem Bestandteil des Unterrichtstages zu machen. Andere Übungen fordern das Achten auf andere und die Wahrnehmung der Gesamtgruppe im Raum oder dienen der Entspannung.

Die folgenden Übungs- und Spielformen legen den Schwerpunkt auf Sinnesübungen. Vor allem die im Unterricht im allgemeinen nicht beanspruchten Sinne werden sensibilisiert und beansprucht. In späteren Phasen werden Stilleübungen u. a. thematisch eingebunden (siehe dazu Thematische Stilleübungen, in diesem Band). Viele Übungen fordern hohe Konzentrationsleistungen und fördern dadurch die Fähigkeit dazu.

Am Anfang jedoch steht die Information und Sensibilisierung der Eltern der Schulanfänger, um durch ihre positive Haltung Unterstützung zu gewinnen und Erziehungskonflikte zu vermeiden.

3.1 Stilleübung mit Eltern

Im Rahmen eines Elternabends vor der Einschulung werden nach den allgemeinen Ausführungen die Eltern mit den Überlegungen vertraut gemacht, warum Stille als Teil des Anfangsunterrichts betrachtet wird. Die Erwachsenen werden dazu eingeladen, gemeinsam – ohne die verschiedenen eigentlich notwendigen Vorarbeiten dieser Leistung zu beachten – eine Bildmeditation zu versuchen. Mit Bildern und Texten, begleitet von Musik, wird das Thema »Einschulung« angesprochen. Verschiedene Möglichkeiten bieten sich an:

- eine Karikatur zur Einschulung (als Folie gezeigt, z. B. ein Cartoon; siehe Materialteil M1, S. 91),
- ein Assoziationen auslösendes Farbdia eines modernen Gemäldes (hier verwandt Bilder von F. Hundertwasser, von denen z. B. geeignet sind: »Regentag Dunkelbunt«, »Straße der Überlebenden«, »Regentag aus Liebe Welle«, »Gespräch mit einem Baum«, »Mit der Liebe warten tut weh, wenn die Liebe woanders ist«, »Spirale in Schweinfurt und Vermillon«, »augenwaage Nummer fünf«, »Grass for those who cry« u. a. m., Kunstpostkarten sind in Buchhandlungen erhältlich),
- ein geeigneter Text (z. B. von E. Bücken »suchen wir uns«, »jeder mensch« oder der Text von Bettina Wegner »Ein Kind ist ein Kind«; Beispiele siehe Materialteil M3, S. 92),
- Ernst Barlach: »Flötenspieler«, gezeigt als Dia, begleitet von Flötenmusik (Hans-Jürgen Hufeisen, »Flötentöne«).[2]

Die Meditationsanregung wird mit einigen Worten eingeführt. Während der Meditation spielt geeignete Musik.[3] Nach einer kurzen Zäsur ist Raum für spontane Äußerungen. Falls niemand dies von sich aus tut, kann behutsam nach Eindrücken, Assoziationen oder Gedanken zu Stille-Übungen im Unterricht gefragt werden. Selbstverständlich sind die Eltern nicht zu Äußerungen verpflichtet. Auf Sprachschwierigkeiten ausländischer Eltern ist Rücksicht zu nehmen.

3.2 Stilleübungen in den ersten Schultagen und Schulwochen

Die verschiedenen Übungen werden unter dem Aspekt des Ruhig-Werdens eingeführt und erklärt und jeweils über mehrere Tage hin geübt. Erst wenn sie beherrscht werden, wird die nächste Übung eingebracht.[4]

Flüstergruß
Die Kinder sitzen im Kreis. Die Lehrerin oder ein Kind flüstern dem Nebensitzer einen Morgengruß ins Ohr. Dieser wird möglichst in seiner ursprünglichen Form weitergegeben. Das letzte Kind nennt den Gruß. Die Übung wandelt das Spiel »Stille Post« ab und erzieht u. a. zum Abwarten, bis der Gruß alle Mitschüler erreicht hat.

Signalkette
Arm- und Handsignale oder ähnliches werden schnell in einer Kette weitergegeben. Dies kann sowohl visuell (sehen) als auch haptisch (fühlen) geschehen.

Balanceübung auf einem Kreis
Als Einstimmung könnte ein Bild gezeigt werden, in dem Kinder auf Steinen balancieren. Der Kreis wird mit einem Klebeband (Tesakrepp) auf dem Boden markiert. Der Weg kann auch halbsternförmig zu den Tischgruppen führen. Zu klassischer Musik gehen die Kinder mäuschenstill zu ihren Plätzen. Die Übung ist zugleich eine Vorübung für das spätere Nachschreiten von aufgeklebten Buchstaben.
Variation: Ohne Musik die Linie oder den Kreis mit den Füßen (ohne Schuhe) ertasten.

Gegenstände benennen
Die Kinder sitzen mit geschlossenen Augen mit dem Rücken zur Lehrerin. Sie läßt verschiedene Gegenstände fallen (z. B. Stecknadel, Kreide, Papier...). Die Kinder hören genau zu und benennen anschließend die Gegenstände.
Variation: Die Lehrerin läßt den Gegenstand auf den Boden, einen Tisch, einen Stuhl fallen.

Tickender Wecker
In der Mitte des Sitzkreises steht ein tickender Wecker. Aufgabe: In der Klasse ist es so leise, daß man den Wecker auf einem mitlaufenden Tonband hört.
Variationen: Das Weckerticken ist von einem Tonband, das man nach und nach immer leiser dreht, zu hören. Die Stilleübung wird thematisch eingebunden in Unterricht zum Thema Zeit. Der Wecker ist in einem Teil des Klassenzimmers verborgen.[5]

3.3 Stilleübungen bei der Einführung schulischer Regeln

Bei den folgenden Beispielen handelt es sich um mit Stille verbundene Spielformen, die den Kindern die Gewöhnung an die notwendigen Klassenregeln erleichtern sollen. Auch hier gilt, daß die einzelnen Formen nacheinander eingeführt und geübt werden. Die Kinder werden erst dann mit der nächstkomplizierten Ordnungsform vertraut gemacht, wenn die vorherigen Formen und Rituale beherrscht werden.

Sitzkreis bilden
Ein Schüler nach dem anderen wird flüsternd beim Namen gerufen und setzt sich möglichst lautlos in den Kreis. Die gleiche – an Maria Montessori orientierte Übung – eignet sich auch zur Auflösung des Sitzkreises.
Variation: Die Lehrerin ruft die Schüler nacheinander mit den Augen auf (Zunicken, Zuzwinkern). Das aufgerufene Kind nimmt im Schneidersitz im Kreis Platz.

Übung mit dem Stuhl
Ein Kind nach dem anderen wird beim Namen gerufen. Das aufgerufene Kind geht zwischen den anderen mit dem Stuhl hindurch, ohne anzustoßen. Gelingt ihm dies nicht, ertönt unmittelbar nach der Berührung ein Gong, alle bleiben regungslos stehen, und das Spiel beginnt von neuem.
Variation: Schüler, die anstoßen, setzen sich an der jeweiligen Stelle auf den Stuhl und scheiden vorübergehend aus.

Schulsachen auspacken
Nach Eintreten völliger Stille versuchen einzelne Kinder, ein bestimmtes Buch, Heft, das Mäppchen oder einen anderen Gegenstand ohne ein Geräusch aus ihrer Schultasche zu holen. Sie werden dazu vom Lehrer oder einem Kind durch Namennennung oder ein Handzeichen aufgefordert.

Stühle hochstellen
Nach Eintreten der Stille versuchen einzelne Kinder, ihre Stühle mit der Sitzfläche nach unten geräuschlos auf den Tisch zu stellen.
Variationen: Die beiden zuletzt beschriebenen Übungen können, wenn die Kinder sie einzeln gut beherrschen, auch tischweise oder klassenweise durchgeführt werden.

Optische und akustische Signale
Optische und akustische Signale wirken nicht nur im Anfangsunterricht als Zeichen für vereinbarte Verhaltensweisen. Sie erleichtern den Kindern die Orientierung, Lehrerinnen und Lehrern die Einführung und Aufrechterhaltung einer »Klassendisziplin«, indem die Zeichen ohne umfangreiche Erklärungen angeben, welches Verhalten in der Situation erwartet wird. Die Einführung der jeweiligen Signale kann mit Stilleübungen verbunden werden.

Als *akustisches Signal* kann z. B. ein Gong verwendet werden:
– Ein Gongschlag: Alle stehen auf und ordnen sich lautlos vor der Tafel zu einem Steh- oder Stuhlhalbkreis.
– Zwei Gongschläge: Alle gehen auf ihren Platz zurück.
Es ist auch möglich, verschiedene akustische Signale für verschiedene Bedeutungen zu verwenden:
– Triangel: Aufmerksamkeit
– Tambourin: Stuhlkreis bilden
– Holzblocktrommel: Stuhlkreis auflösen.

Optische Signale können z. B. in folgenden Formen verwendet werden:
– Grünes Tuch: Sehen
– Rotes Tuch: Sitzen.

Ebenso können *Gesten* als Indikatoren wirken:
– Offene Hand: Schweigen
– Hand parallel zum Fußboden: leise; je höher, desto lauter
– Daumen: Sitzen
– Zeigefinger: Sehen.

Stilleübungen im Kissenkreis
Sitzkreise, zu denen sich die Kinder mit von zu Hause mitgebrachten Kissen auf den Fußboden des Klassenzimmers setzen, sind gegenüber Stuhlkreisen mitunter im Vorteil: Sie sind schneller zu bilden, und das Stühletragen und -rücken entfällt. Da das Kissen den eigenen Bereich abgrenzt, behält der Kreis seine Form, und Schubsen und Rangeln werden vermieden. Auch hier kann die Einführung mit Stille- und Ordnungsspielen unterstützt werden.
Jeder nimmt sein Kissen und sucht sich einen Platz im Kreis am Boden. Wenn die Lehrerin in die Hände klatscht, gehen alle zu ihrem Stuhl zurück. Das Kissen bleibt im Kreis. Nun gibt es verschiedene Möglichkeiten, wie die Kinder wieder zu ihrem Kissen zurückkom-

men können. Vereinbarte optische und akustische Signale geben dies jeweils an. Es ist auch möglich, daß die Kinder sich nacheinander zum Kissenkreis rufen: Wer Platz nimmt, ruft das nächste Kind herbei, bis alle wieder im Kreis versammelt sind.

Kreise auflösen
Alle Kinder sitzen im Kreis. Die Lehrerin oder ein Schüler beginnt, auf dem Tambourin einen langsamen Takt zu schlagen. Daraufhin bewegen sich alle mit oder ohne Stuhl nach diesem Takt zum Platz am Tisch zurück. Beim Gongschlag bleiben alle stehen, und eine neue Spielanweisung erfolgt.
Der Abschluß kann folgendermaßen erfolgen: Jedes Kind macht bei jeder Silbe des Satzes »Alle gehen auf ihren Platz und stoßen dabei keinen an.« einen Schritt. Beim Wort »an« sitzen alle an ihrem Platz.

3.4 Übungen, die der Entspannung dienen und in die Stille führen

»Kinder wollen manchmal laut sein, dann suchen sie wieder die Stille.«[6]
Nach konzentrierter Anspannung sind Entspannungsphasen notwendig. Bewegungsspiele ermöglichen den gemeinsamen motorischen Ausgleich auch in der Klasse. Besonders gut geeignet sind Spielformen, die am Schluß wieder in die Stille führen.

Pantomime
Alle bewegen sich locker durch den Raum, möglicherweise auch nach Musik. Jede Teilsituation wird durch einen Gong oder durch Stoppen der Musik eingeleitet.
– Wir gehen durch Schneematsch!
– durch knietiefes Wasser!
– durch Herbstlaub!
– barfuß über spitze Kiesel!
– bergauf!
– bergab!
– in weißen Strümpfen über eine morastige Wiese!
– barfuß über heißen Sand (zweimaliger Gong)!
– auf Zehenspitzen an den Platz zurück, setzen uns und schließen die Augen.

Laut – leise
Der Gong wird dreimal geschlagen. Bis nach dem zweiten Gong lachen die Kinder und sind laut. Mit dem dritten Schlag tritt in plötzlichem Übergang absolute Ruhe und Regungslosigkeit ein. Die Ruhe dauert so lange, bis der Gong völlig verklungen ist. Dieses Spiel wird mehrmals geübt, bis die scharfe Trennung deutlich ist.
Variation: Die Lehrerin klatscht einen Rhythmus, die Kinder gehen nach dem Takt durch den Raum. Nur solange geklatscht wird, gehen die Kinder laut redend. Hört die Lehrerin auf, so tritt in plötzlichem Übergang Ruhe ein. Die Schüler bleiben sofort stehen. Nach dreimaligem Klatschen gehen sie an ihren Platz und verharren in der Ruhe.

Der große Regen
Die Lehrerin führt in das Spiel ein, indem sie seinen Namen nennt. Danach wird sofort mit den Bewegungen begonnen.
– Reiben der Finger,
– Reiben der Handfläche,
– Fingerschnalzen,
– auf die Oberschenkel schlagen,
– auf den Stuhl trommeln,
– mit den Füßen trampeln.
Alles erfolgt wieder rückwärts. Danach ist es ganz still.
Variation: Nach der Stillephase erzählen die Kinder, was ein kleiner Regentropfen erlebt hat.

Marionette
Zur Einführung kann eine Marionette mitgebracht werden. Es wird gezeigt, wie sie an Fäden bewegt und somit gespielt wird.
Alle Kinder sind Marionetten. Sie liegen zusammengekauert an ihrem Platz. Die Lehrerin zieht an dem Faden, an dem der Kopf befestigt ist. Die Figur richtet sich langsam auf und sitzt schließlich aufrecht auf ihrem Stuhl. Jetzt hebt sich im Zeitlupentempo der linke Arm und sinkt wieder ab. Langsam wird der rechte Arm gehoben, er sinkt wieder. Die Marionette steht auf (ruckartig). Der Faden bewegt den rechten Fuß und das rechte Bein nach oben. Anschließend wird das Bein wieder in die Ausgangslage gebracht. Danach erfolgt das gleiche mit dem linken Bein. Ruckartig werden abwechselnd die Fäden so bewegt, daß die Figur vom Platz weg und wieder zurück läuft. Die Marionette setzt sich wieder. Abschließend winkt sie abwechselnd mit der rechten und der linken Hand und legt sich wieder in ihre Schachtel. – Stille.

Geräuschgeschichten
Die Geschichten fordern genaues Hinhören und Konzentration, indem jeweils auf Stichworte Geräusche oder Bewegungen auszuführen sind. Zur Entspannung eignen sich in besonderem Maß Geschichten, die von der Ruhe über eine spannende, lärmende Steigerung wieder zur Ruhe führen (Beginn einer Geräuschgeschichte siehe Materialteil M2, S. 91).[7]

3.5 Sinnesübungen – Kimspiele

Goethe: »Mit den Händen sehen, mit den Augen fühlen.«

In Sinnesübungen wird die Fülle der auf die Kinder einströmenden Umwelteindrücke reduziert und konzentriert, indem vornehmlich nur einer der üblicherweise integriert wahrnehmenden Sinne angesprochen wird. Die intensive Beanspruchung des Sinnesorgans macht auf die Leistungen und die Qualität der dadurch ermöglichten Wahrnehmung aufmerksam und schult die Fähigkeit, damit die Umwelteindrücke wahrzunehmen. Die Stille ist entweder notwendige Begleiterscheinung der Aufgabe (z. B. bei den Hörübungen), oder sie entsteht in der Konzentration auf die Aufgabe von selbst. Dem Kind ermöglichen diese Aufgaben, den Gegenstand oder Reiz, auf den es sich konzentriert, die Stille und sich selbst als die Person, die wahrnimmt, intensiv zu erleben.

Sinnesübungen – vor allem, wenn sie Tasten, Riechen und Schmecken üben und entfalten – machen deutlich, daß die Grundschule keine bzw. noch keine »Schule der Sinne« ist: Sie verdeutlichen die Einseitigkeit der im Unterricht geforderten Sinneswahrnehmungen. Wirklichkeit wird im Unterricht fast ausschließlich in Sprache und Bild repräsentiert, und gepflegt werden bis auf Ausnahmen nur die visuelle und auditive Wahrnehmung. Am Vergleich zweier Wegstrecken (Asphaltstraße und Waldweg) verdeutlicht Hugo Kükelhaus, daß Reizarmut und Monotonie Erschöpfung begünstigen, während die Inanspruchnahme der Sinne und Fähigkeiten im Gegenteil als Erfrischung und Entspannung erlebt wird.[8] Diese Beobachtung könnte sich die Schule zunutze machen, indem vor allem die vernachlässigten sinnlichen Zugänge zur Wirklichkeit mehr als bisher geübt und gepflegt werden.

3.5.1 Hören

Rollende Kugeln
Die Kinder schließen die Augen und hören, wie eine Kugel rollt und ausrollt, bis es ganz still ist. Wer nichts mehr hört, hebt den Arm. Variationen: Zwei Kugeln rollen. Wer nichts mehr hört, setzt sich auf seinen Stuhl. Die Lehrerin läßt die Kugel auf dem Boden rollen, auf dem Tisch etc.

Stundenbeginn mit ›Stiller Zeit‹
Die Unterrichtsstunde beginnt mit einer ein- bis zweiminütigen ›Stillen Zeit‹. Die Lehrerin fordert dazu auf, intensiv auf die Geräusche außerhalb oder innerhalb des Klassenzimmers zu achten. Z. B. öffnet sie die Fenster und sagt dazu:»Ich höre heute in der Schule Dinge, die ich noch nie gehört habe.« Nach der ›Stillen Zeit‹ werden die Geräusche genannt.[9]

Gruppenspiele nach Musik
Für dieses Spiel braucht man drei Klanggeräte, z. B. ein Glas, zwei Kochlöffel und eine Glocke o. ä., oder auch drei ›richtige‹ Musikinstrumente, die allerdings sehr verschieden klingen sollten. Jedes Instrument wird von einem Kind gespielt. Die Gruppen werden nach den Instrumenten gebildet. Spielt nur ein Instrument, gehen alle einzeln; spielen zwei, gehen die Kinder in Paaren; Dreier-Gruppen werden gebildet, wenn alle drei Instrumente spielen. Nach der Paar- und Gruppenbildung darf immer nur ein Instrument gespielt werden, um die Gruppen wieder zu trennen. Spielt keines der Instrumente, gehen die Kinder still an ihren Platz zurück.

Laute abhören
Hörübungen kommt insbesondere am Schulanfang eine hohe Bedeutung zu. Es ist auffallend, daß hörgeschulte Kinder weit besser in der Lage sind, Laute akustisch zu identifizieren. Wie dies gefördert werden kann, zeigt folgende Übung:
Die Schüler sitzen mit geschlossenen Augen im Kissenkreis. Der Lehrer trägt eine Lautgeschichte vor. Immer wenn ein gesuchter Laut zu hören ist, legt jedes Kind einen Steckwürfel o. ä. vor sich hin (siehe M4, S. 92, selbstverfaßte Lautgeschichte zum Laut »qu«).

Papiere unterhalten sich
Verschiedene Papiere (Cellophanpapier, Seiden-, Transparent-, Schreibmaschinen-, Tonpapier, Alufolie u. a.) werden von den Kin-

dern zunächst auf ihre Klangqualität überprüft. Sie versuchen, ihre Höreindrücke sprachlich zu fassen. Danach nehmen zwei Schüler je ein Papier und erfinden ein »Gespräch« der beiden Papiere miteinander. Die Kinder beachten dabei die »Gesprächsregeln«, die auch sonst im Unterricht gelten, d. h. lassen die Papiere nur nacheinander sprechen u. ä. m. Abschließend wird die »Unterhaltung« von einzelnen Kindern interpretiert. In späteren Phasen können mehrere Papiere sich miteinander »unterhalten«.
Variation: Der Gesprächsinhalt wird im vorhinein festgelegt.

3.5.2 Sehen

Schau genau hin
Mehrere Gegenstände dürfen eine Minute lang betrachtet werden, danach werden sie zugedeckt. Nun werden die Gegenstände benannt, gemalt oder aufgeschrieben.
Varianten: Bei Buchstabeneinführungen handelt es sich nur um Gegenstände, in denen der neue Buchstabe ›versteckt‹ ist.
»Platzwechsel«-Schau genau hin: Mehrere Gegenstände liegen nebeneinander und werden genau angesehen. Dann werden einige vertauscht, während die Kinder die Augen geschlossen haben. Die vertauschten Gegenstände werden notiert.

Puzzle-Klick
Ein Großbild, das z. B. ein Tier, eine Pflanze, eine Person o. ä. zeigt, wird zerschnitten. Die Teile werden nacheinander auf ein numeriertes Raster gelegt. Die Kinder sollen die Darstellung auf dem Bild möglichst schnell erraten.
Variante: Dalli-Klick (siehe Materialteil M5, S. 93).

Spinnennetz
In der folgenden Stilleübung werden höhere Ansprüche an die Kinder gestellt. Alle sitzen im Stuhlkreis. Der Lehrer singt oder liest das Lied »Wenn wir sprechen, gehen Worte hin zu dir und her zu mir« (siehe Materialteil M6, S. 94). Wenn das Lied gesungen wird, kann die Klasse das Lied erlernen und mitsingen. In dem Lied werden mehrere Wege erwähnt, wie Menschen liebevoll Kontakt miteinander aufnehmen können: Sprechen, grüßen, schreiben, schenken, träumen. Für jeden Weg wird gemeinsam eine Geste gesucht. Wenn die Stilleübung in einer ersten Klasse durchgeführt wird, sollten die Kontaktwege an

der Tafel notiert sein, wobei Zeichen zugeordnet werden. Dies geschieht, damit sich die Stilleübung nicht zu einer zu schwierigen Leseübung verändert.
Jetzt wird es ganz still. Ein Wunderknäuel (Wollknäuel), in dem Zettel mit den »Botschaften« schenken, träumen, schreiben etc. versteckt sind, wird abwechselnd zugeworfen. Jedes Kind hält die Fäden fest, und die »Botschaften« werden stumm ausgeführt. Es entsteht ein Spinnennetz, das alles verbindet. Im Anschluß sollen sich die Kinder zu dem Erlebten äußern.

Der Faden
Jedes Kind bekommt einen Faden (dicker Bindfaden). Die Aufgabe lautet, mit diesem zu experimentieren und seine Möglichkeiten zu erproben. Danach äußern sich die Kinder dazu, »was mein Faden alles kann«.
Im Anschluß daran trägt der Lehrer das Gedicht »Der Faden« von Josef Guggenmos vor, und alle äußern sich kurz dazu (siehe Materialteil M7, S. 95). Danach versuchen die Schüler, die im Gedicht genannten Formen nachzulegen. Später erfinden sie neue Figuren und lassen diese von ihren Klassenkameraden tastend erraten.
Mögliche Weiterführungen: Zum Thema »Faden« bietet sich eine Betrachtung von Bildern Friedensreich Hundertwassers an. Besonders ansprechend sind die zahlreichen Irrgärten. Man kann mit den Augen oder mit den Fingern durch ein Labyrinth »wandern«. Die Darstellungen wirken auf die Kinder stark motivierend. Sie können ähnliche Irrgärten mit Seilen nachlegen und durchwandern oder mit Stiften und Farben malen.

3.5.3 Tasten

Krabbelsack
In einem Beutel verborgene Gegenstände (z. B. Naturmaterialien wie Schneckenhaus, Moos, Tannenzapfen, Rinde, Zwiebel usw.) werden ertastet, erkannt und weitergegeben. Danach werden die Gegenstände möglichst in der richtigen Reihenfolge genannt, aufgeschrieben oder gemalt.

Buchstaben/Wörter fühlen
Die Kinder sitzen im Kreis. Buchstaben (Flanell-, Magnet- oder Sandpapierbuchstaben) eines Wortes werden blind ertastet, erraten und

weitergegeben. Abschließend sollen die Kinder das Wort nennen. Varianten: Mit geschlossenen Augen verschiedene Gegenstände der Größe nach ordnen. Unterschiedliche Stoffqualitäten von weich bis hart sortieren.

Telefonkette
Die Kinder sitzen im Kreis. Einzelne Buchstaben eines Worts werden nacheinander dem Nebensitzer (geschlossene Augen) auf die Handinnenfläche geschrieben und so weitergegeben. Der letzte Schüler nennt das Wort.

Tastbilder – Im Blindenmuseum
Bei der folgenden Übung werden Erfahrungen im Beschreiben und Interpretieren von Bildern vorausgesetzt. Kinder, die Bilder treffend beschreiben können, sind sicher für Tastbilder zu begeistern. Wir sammeln Material verschiedenster Art. Wichtig ist, daß Formen, Konturen, Größen, Oberflächen und sonstige Eigenarten sich unterscheiden und deutlich zu ertasten sind.
Zusammen mit den Kindern gestaltet der Lehrer ein Tastbild. Es werden Teile der Sammlung angeordnet, verändert, kombiniert, zugeordnet und schließlich festgeklebt. Da dabei die Kinder, die das entstandene Bild später ertasten werden, außerhalb der Klasse warten, kann auch der Lehrer allein das Bild vor dem Unterricht gestalten.
Das entstandene Bild wird von einigen Schülern blind ertastet und interpretiert. Das Entdecken mit Fingern und Händen macht viel Spaß. Die Zuschauer bewundern die Gegenstände und Flächen mit den Augen. Im Wechselspiel von Tasterfahrung, Beschreibung und Sehen werden immer wieder neue Qualitäten der Gegenstände und ihrer Beziehungen entdeckt.
Möglicherweise kommt daraufhin spontan der Vorschlag, ähnliches selbst zu machen. Damit die »Tastreisen« spannend bleiben, hängen wir die Bilder immer wieder um.
Variante: Genauso können mit ausgesuchten Materialien Tastwände in großen Kartons gestaltet werden. Diese werden an einer freien Wandfläche neben- und übereinander befestigt.

Tastspirale
Spiralen üben ähnlich wie Labyrinthe auf Kinder eine hohe Faszination aus. Der Weg führt hier zur Mitte, auf den Höhepunkt zu. Dieser läßt uns verweilen oder wieder dem Ausgang zustreben.

Auf einer großen Unterlage werden mit Gipsbinden, Ton oder Wellpappe Begrenzungsmauern einer Spirale geformt. Die Kinder kleben nun Stoffe, Pelze, Holz, Sandpapier, strukturierte Plastikmaterialien, Flaschenkorken, Kugeln, Bürsten, Federn und verschiedene Papiere auf den spiralförmigen Weg. In der Mitte soll ein Höhepunkt gestaltet werden, z. B. mit weichem, kuscheligen Material – etwas zum Wohlfühlen. Von einem Freund geführt wandern die Kinder barfuß mit geschlossenen Augen den Spiralweg entlang. Auch wenn sie die Augen geöffnet haben, ist das Tasterlebnis sehr intensiv. Eine Aussprache über die Tastempfindungen kann sich anschließen.[10]

Tastreise mit den Füßen – Bau eines einfachen Labyrinths
Die Herstellung des folgenden einfachen Labyrinths erfordert einige Vorbereitung und Zeit. Nach dem Aufbau steht es als Dauereinrichtung auf dem Schulgelände für die »Tastreisen mit den Füßen« zur Verfügung. Der Irrgarten soll nach Möglichkeit unter einem überdachten Platz angelegt werden, um die benötigten Naturmaterialien vor Nässe und Verfall zu schützen.
Labyrinthe sind Jahrtausende alt und stellen eines der geheimnisvollsten und rätselhaftesten Bildsymbole der Menschheit dar. Große Labyrinthe wurden von verschiedenen Kulturen z. T. in ältester Zeit in verschiedenste Oberflächen gemeißelt und gezeichnet. Labyrinthe können auch durch Pflanzen entstehen. Manche Labyrinthe hatten religiöse Bedeutung, in anderen Situationen dienten sie auch nur dem Vergnügen. Nähere Informationen und Baupläne sind dem Buch von Pieter van Delft und Jack Botermans zu entnehmen.[11]
Zunächst werden die Kinder über einige Einzelheiten aus der Geschichte der Labyrinthe informiert. Wir prüfen eine Reihe von Bauplänen und suchen jenen aus, der uns für unser Vorhaben am besten geeignet scheint. In einer Vorbereitungszeit werden verschiedenste Materialien gesammelt: Nüsse, Körner, Sand, Sägemehl, Hobelspäne, Kork, Moose, Grasbüschel, Kieselsteine in verschiedener Körnung, Erde u. a. Zunächst wird das Labyrinth mit Kreide aufgezeichnet. Danach werden Grenzmauern mit Backsteinen oder anderem Material angelegt. Anschließend werden die Wege mit den genannten Materialien ausgefüllt. Damit beim späteren Gebrauch Wege und Ausgänge gezielt gefunden werden können, sind an Kreuzungen markante Merkmale anzubringen. Dann ist z. B. folgende Orientierung möglich: Rechts abbiegen bei Nüssen, geradeaus bei Sägemehl, den linken Weg einschlagen bei Sand...

Ein solches Labyrinth könnte in Gemeinschaftsarbeit von Eltern und Schülern z. B. bei einem Schulfest, in einer »musischen Woche« oder bei einem »Sinnesfest« entstehen.

3.5.4 Riechen

Zunächst sollte den Kindern Gelegenheit gegeben werden, die Gerüche von Naturmaterialien zu erriechen. Die Schüler halten die Augen geschlossen. In die offenen Hände legt die Lehrerin das Blatt eines Gewürzkrauts. Möglich sind auch Blumen oder frisches Obst oder Gemüse. Am besten fängt man mit kräftigen, den Kindern bekannten Gerüchen an, wie z. B. Pfefferminz. Riechaufgaben sind für die Kinder schwierig, weil dieser Sinn noch nicht vollständig entwickelt ist. Daher empfiehlt es sich, bei den ersten Übungen bei einem Geruch zu bleiben. Ist der Geruchssinn sensibilisiert und bewußt geworden, können die folgenden Sinnesübungen durchgeführt werden.

Geruchsdöschen
Die Übung ist an Maria Montessori orientiert. Eine Anzahl von Döschen mit verschiedenen Gerüchen und in verschiedenen Farben, von denen jeweils zwei den gleichen Geruch und die gleiche Farbe haben, werden von den Teilnehmern nacheinander zugeordnet. Den Kindern werden dazu die Augen verbunden. Die Übung ist auch in Einzelarbeit möglich, weil die verschiedenen Farben Selbstkontrolle erlauben.[12]

Riechwort
Säckchen, die mit »Gerüchen« gefüllt sind, werden mit Nummern gekennzeichnet. Die Säckchen werden in der richtigen Reihenfolge durch die Reihe gegeben. Die Anfangsbuchstaben der erschnupperten Gerüche ergeben ein Lösungswort.
Beispiel: Tee   – T
            Oregano   – o
            Lavendel   – l
            Lavendel   – l

Bei vielen Menschen, auch bei Kindern, rufen optische Reize, Klänge, Tastgefühle und auch Gerüche die Erinnerungen vergangener Lebenssituationen wach. Noch heute fällt mir bei der Stimme eines Radiosprechers die sonntagmittägliche Stimmung im Wohnzimmer der Großeltern ein. »Beim Gongschlag ist es zwölf Uhr.« Es duftet nach Schweinebraten und Kartoffelsalat, und der Großvater schöpft jedem einen Teller warmdampfende Klößchensuppe. – Erst kürzlich sagte mir mein Sohn, als ihm der Gestank verbrennenden Benzins in die Nase stieg, es rieche nach Urlaub. Offensichtlich empfand er den Geruch als angenehm, indem er ihn mit den Schwaden des angelassenen Bootsmotors in Verbindung brachte.

Die folgende Stilleübung erscheint geeignet, die Kinder für solche »Geruchserinnerungen« zu sensibilisieren und sie darauf vorzubereiten, selbst »Geruchsgeschichten« zu erzählen.

Die Geschichte vom Zauberer
Zunächst wird die Geschichte vorgelesen (s. Materialteil M8, S. 96). Wenn die Kinder nach dem Vortrag sich gleich äußern wollen, kann eine kurze Besprechungsphase folgen.

Danach hören die Kinder mit geschlossenen Augen Musik (z. B. Vivaldi, Die vier Jahreszeiten). Jeder bekommt ein kleines schwarzes Döschen (Filmdöschen) mit getrockneten Blüten, z. B. Rosenblätter, Veilchen, Lavendel, Maiglöckchen – diese sind in Kräuterläden erhältlich – in die Hand. Bis die Musik zu Ende ist, sollen die Schüler erraten, welche Frühlings- und Sommerdüfte der Zauberer gesammelt hat und welche Erinnerungen diese Düfte bei ihnen wachrufen. Die Kinder sollen träumen wie der Zauberer.

Im Anschluß findet eine ausführliche Erzähl- und Reflexionsphase statt. Die Geschichte vom Zauberer und die sich anschließende Übung können auch in einen thematischen Unterrichtskreis eingebunden werden (siehe den Beitrag Thematische Stilleübungen, in diesem Band).

Rubbelfrottagen
Die Kinder legen ein duftendes Pflanzenblatt, z. B. Pfefferminze, Majoran, Zitronenmelisse, unter ein Blatt Papier. Mit Wachskreiden wird die Struktur des Blatts abgerubbelt. Durch den Druck des Stifts nimmt das Papier kurzzeitig den Geruch des Pflanzenblatts an. Die Schüler tauschen die Blätter aus. Angeregt durch den Duft erzählen einzelne »Blätter« (Kinder) eine »Duftgeschichte«.

3.5.5 Schmecken

Geschmackskette
Ein Spielleiter liest die Spielanweisung vor: »Folgende Speisen werden in der angegebenen Reihenfolge gekostet. Die Anfangsbuchstaben ergeben ein Wort.«

Beispiel:
1. Schokolade sch
2. Milch m
3. Essiggurke e
4. Cola c
5. Käse k
6. Essiggurke e
7. Nelken n = schmecken

Ähnliche Übungen sind auch mit Säften, Schokolade etc. möglich.[13]
Übungen zum Schmecken sind schwierig zu entwickeln, wohl weil dieser Sinn im Unterricht selten mit der Absicht der Prüfung, Schulung und Entfaltung angesprochen wird und daher wenig Erfahrungen und Anknüpfungspunkte vorliegen. Die Leser sind daher hier in besonderem Maß aufgefordert, selbst weitere Übungen zu entwickeln.
Die beschriebenen Stilleübungen stellen keinen festen Kanon dar und geben kein Programm ab. Die Vorschläge wollen zeigen, wieviele Übungen der Gedanke der Stille im Unterricht freisetzen kann. Sie sind jederzeit für Variationen und eigene Entwicklungen offen.

Materialien 91

M 1

„Einigen unter euch scheint noch immer nicht klar geworden zu sein, daß jetzt der Ernst des Lebens beginnt!"

(Cartoon: Eric Liebermann)

M 2

Der Mann im Dunkeln (Geräuschegeschichte)

Es ist ganz dunkel.
Langsam fährt der Zug in den kleinen Bahnhof ein (...............
und bleibt stehen.
Ein Mann steigt aus.
Die Lokomotive pfeift, (...............
dann setzt sich der Zug wieder in Bewegung. Er wird immer schneller (...
...

M 3

jeder mensch
ist ein kleines wunder;

unglaublich, aber wahr.

der eine
hat vielleicht angst davor,
wunder zu sein;

der andere
kann nicht an wunder glauben;

und der dritte
sucht die wunder
immer nur außerhalb von sich.

ich denke,

erst wenn ich das wunder annehme,
bin ich

ganz

mensch.

so einfach
und so schwer ist das.

```
suchen wir uns
lernen wir suchen
lernen wir finden
finden wir uns

kennen wir uns
lernen wir kennen
lernen wir sehen
sehen wir uns

helfen wir uns
lernen wir helfen
lernen wir hören
hören wir uns

lieben wir uns
lernen wir lieben
lernen wir schweigen
schweigen wir -
```

© Eckart Bücken, Brunnenstr. 30, 4000 Düsseldorf 1

M 4

Quok, Quak und Quäk

In einem kleinen, fast quadratischen Dorfteich lebte eine Froschmama mit ihren drei kleinen Quakfröschen. Der älteste Frosch hieß Quok, der mittlere Quak und der jüngste Quäk. Jeden Tag mußte Mama Frosch viele Fliegen fangen, um ihre drei Quälgeister satt zu bekommen. Laut quakend hüpfte sie dabei kreuz und quer am Rande des Teiches hin und her.
Eines Tages war es endlich soweit: Quok, Quak und Quäk durften in den Kindergarten. Jeder bekam eine Fliege als Vesper eingepackt, dann konnte es losgehen. Im Kindergarten waren lauter quicklebendige Froschkinder. Die drei Quakfrösche fühlten sich wohl. Man übte Hüpfen, Springen und Quaken. Abends kamen unsere Frösche immer müde, aber glücklich nach Hause.
Als Quok, Quak und Quäk sechs Jahre alt waren, kamen sie in die Schule. Ihre Lehrerin, Frau Breitmaulquak, war eigentlich ganz nett, nur manchmal ein bißchen streng. Wenn alle Froschkinder laut durcheinander quasselten, mußten sie ab und zu nach dem Unterricht fünf Minuten Stillsitzen üben. Aber die Schule war keine Qual. Die kleinen Frösche lernten, welche Fliegen man

fressen konnte, welche nicht besonders gut schmecken und daß Bienen und Wespen stechen. Frau Breitmaulquak erzählte ihnen, daß quabbelige Quallen Meerestiere sind, Quitten an Bäumen wachsen und daß die Menschen aus Milch mit einem Quirl schmackhafte Quarkspeisen herstellen. Besonders wichtig war, daß die Quakfrösche lernten, sich vor dem Storch zu verstecken.
Kurz vor den Ferien sollte ein großes Fest im Quakland stattfinden. Alle Frösche wollten sich am Seerosenteich bei der klaren Quelle treffen. Endlich war der große Tag gekommen. Der quirlige Quok hüpfte als erster los. Fast war er am Teich angekommen, da begegnete ihm der Storch. Schnell versteckte sich Quok im quabbeligen Sumpf. Quak, quak, wie sah er aus, als endlich die Gefahr vorüber war. Auch Quak kam nicht ohne Umweg beim Fest an. Er mußte unbedingt einen qualmenden Heuhaufen untersuchen und war danach rußverschmiert. Nur der quicklebendige Quäk kam sauber in seiner Festtagskleidung am Seerosenteich an. Dort traf er seine laut quakenden, ruß- und sumpfverschmierten Brüder Quok und Quak. Beide waren traurig, und er mußte sie trösten.
Da ertönte eine wundervolle Musik, die den Beginn des Festes ankündigte. Schnell war der quälende Kummer vergessen, und Quok, Quak und Quäk mischten sich unter die lustigen Quakfrösche.

Uta Wallaschek

M 5
Dalli-Klick

Ziel: Formvorstellungsvermögen erweitern
Material: Tageslichtprojektor; Pappabdeckung mit quadratischem Fenster (Seitenlänge 6 cm); 9 kleine quadratische Papp-Plättchen (Seitenlänge 2 cm), mit denen das Fenster »geschlossen« werden kann; Folien mit bildhaften Darstellungen im Format des Fensters der Pappabdeckung; Cuisenaire-Stäbe als Spielmarken.

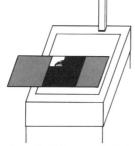

Verlauf: Der Lehrer legt die Folie so auf, daß das erste Bild genau unter dem Fenster der Pappabdeckung liegt. Das Fenster ist jedoch noch durch die kleinen Papp-Plättchen abgedeckt; das Bild ist also noch nicht sichtbar. Die

Kinder rufen nun: dalli-klick, und der Lehrer nimmt das erste kleine Pappquadrat weg. Nun wird überlegt, was auf dem versteckten Bild dargestellt sein könnte. Wird gleich richtig geraten, deckt der Lehrer das ganze Bild auf und der »Rater« gewinnt einen »8er-Stab«.
Die nächste Runde beginnt mit einem neuen Bild. War der Verdacht falsch, rufen die Kinder wieder: dalli-klick. Der Lehrer nimmt das zweite kleine Quadrat ab. Wird der Gegenstand jetzt richtig geraten, gewinnt der »Rater« den »7er-Stab«. Wird falsch geraten, nimmt der Lehrer nach dem Zuruf »dalli-klick« das nächste Plättchen weg usw. Für jedes aufgedeckte Plättchen verringert sich auch jeweils entsprechend der »Preis« für richtiges Raten. Gewonnen hat, wer am Schluß aus seinen Stäben den längsten Zug legen kann.
Kommentar: Das Dalli-Klick-Spiel ist nahezu unverändert – nur mit anderen Medien – aus der ehemaligen Fernsehshow von Hans Rosenthal übernommen.

M 6 *Wenn wir sprechen, ...* Text: Christine Vorholt
Melodie: Hubertus Vorholt

2. Wenn wir grüßen, gehen Blicke
hin zu dir und her zu mir.

Refrain:
Unsre Blicke sind wie Fäden,
die wir weben immerfort.

3. Wenn wir schreiben, gehen Briefe
hin zu dir und her zu mir.

Refrain:
Unsre Briefe sind wie Fäden,
die wir weben immerfort.

4. Wenn wir schenken, gehen Gaben
hin zu dir und her zu mir.

Refrain:
Unsre Gaben sind wie Fäden,
die wir weben immerfort.

5. Wenn wir träumen, gehen Wünsche
hin zu dir und her zu mir.

Refrain:
Unsre Wünsche sind wie Fäden,
die wir weben immerfort.

Aus: Bausteine Kindergarten, 6. Jahrg., Heft 4, 1985, Verlag Bergmoser + Höller, Aachen.

M 7

Der Faden

Es war einmal ein Faden,
der lag da wie ein Strich.
Der lag da und langweilte sich.
„Was tu ich? Ich ringle mich!"
Er ringelte sich zur Spirale.
Und dann mit einem Male macht er aus sich draus
eine Schnecke mit ihrem Haus.

Gleich wird was Neues gemacht:
Heidiwitzka, eine 8!
Bald darauf eine Dickedull,
eine kugelrunde Null.
Dann noch, mit viel Geschick,
ein Fisch, ein Meisterstück!
„Was kann ich jetzt noch sein?" dachte der Fisch.
Da fiel ihm was ein.
„Ich schlängle mich als Schlange –
wenn wer kommt, dann wird ihm bange!"

Daß wer kommt – drauf wartet er schon lange.

J. Guggenmos

Aus: Josef Guggenmos: Was denkt die Maus am Donnerstag, 1967 Copyright by Georg Bitter Verlag KG, Recklinghausen.

M 8

*Geschichte vom Zauberer,
nacherzählt von Uta Wallaschek*

Ich schließe die Augen. Mein Weg beginnt. Ich verlasse die laute Straße und spüre jetzt schon den weichen Waldboden unter meinen Füßen. Kein Lärm mehr ist zu hören. Nur noch das Rauschen der Blätter über mir, und ab und zu zwitschert friedlich ein Vogel. Langsam gehe ich den Weg entlang. Da sehe ich vor mir, umgeben von hohen Hecken, eine alte Burg aus Steinen. Sie ist ganz bewachsen mit Moosen und Kletterpflanzen.
In dieser Burg wohnt ein alter Zauberer. Den ganzen Winter über war er außerhalb seiner Burg nicht zu sehen. Doch im Frühling, sobald der letzte Schnee verschwunden ist und die ersten Sonnenstrahlen Blumen und Kräuter wachsen lassen, streift der alte Zauberer vom frühen Morgen bis zum späten Abend durch Wald und Wiesen. Dabei tut er seltsame Dinge. Er streichelt sorgfältig mit seinem Zauberstab über Blüten und Kräuter, schaut zu den Bäumen und Sonnenstrahlen empor, manchmal legt er sich ganz auf den Boden, als wolle er hören, was ihm die Natur erzählt. Immer murmelt er dabei einen Zauberspruch und läßt seinen goldenen Stab über kleine, schwarze Büchsen gleiten. Wieder streckt er den Zauberstab Blumen und Kräutern entgegen, und wieder verschwindet etwas in einer kleinen schwarzen Büchse.
Du wunderst dich sicher über den Zauberer. Weißt du, was er sammelt? Er sammelt Düfte – das ganze Frühjahr über. Die Düfte des langen, warmen Sommers und des bunten Herbstes, alle kommen in kleine schwarze Büchsen. Wenn die Tage dann kürzer und kälter werden und schließlich der Winter kommt, bleibt der Zauberer in seinem alten Schloß. Er nimmt eine Büchse, öffnet diese – vielleicht eine vom Herbst – steckt seine Nase hinein, schließt die Augen und träumt von der Sonne, den bunten Farben und von allen Herbstblumen.

Anmerkungen

1 Vgl. z. B. die Erfahrungsberichte in *Hubertus Halbfas:* Religionsunterricht in der Grundschule, Lehrerhandbuch 3. Düsseldorf, Zürich 1985, S. 117 ff.
2 Vgl. *Hubertus, Halbfas (Hrsg.):* Religionsbuch für das 1. Schuljahr. Düsseldorf: Patmos 1983, S. 16.
3 Musikimpulse zu der Karikatur (Auswahl): *Bettina Wegner:* »Kinder«; Meditationsmusik: *Ludger Edelkötter:* »Leben«.
Musikimpuls zum Hundertwasser-Dia: »Sphärische« Musik, z. B. *Pink Floyd:* »Eckhaus«; *Jean Michel Jarre:* »Oxigene«; *Hans-Jürgen Hufeisen:* »The melody is my phantasy«.
Beide Gruppen passen als Musikimpulse zu den Texten.

4 Weitere Übungen bei *Portmann, Rosemarie und E. Schneider:* Spiele zur Entspannung und Konzentration. München: Don Bosco-Verlag 1986. Anregungen dazu finden sich vor allem in Kapitel 2, Spiele zum Stillwerden und Wahrnehmen.
5 Nach Halbfas handelt es sich dabei und bei der vorherigen Übung allerdings um »Ratesport«. Vgl. *Hubertus Halbfas:* Religionsunterricht in der Grundschule, Lehrerhandbuch 1. Zürich, Düsseldorf 1983, S. 50.
6 *Karlheinz Burk (Hrsg.):* Kinder finden zu sich selbst. Disziplin, Stille und Erfahrung im Unterricht. Beiträge zur Reform der Grundschule, Bd. 60. Frankfurt 1984, S. 12f. (Vorwort).
7 Weitere Beispiele für zur Entspannung geeignete Stilleübungen sind zu finden bei *Romme, Jutta und Riese, Harald:* Spiele für viele – Ideen für jeden. Friedenshof / Spiel- und Lernzentrum e. V., Braunschweig 1982²; *Vater, Heike und Wolfgang:* Konzentrationsspiele (2./3. Schuljahr). Bonn 1984; vgl. auch das in der vorherigen Anmerkung angegebene Buch von Portmann/Schneider; auch bei Elisabeth Kühnberger finden sich zahlreiche Anregungen, z. B. das gut geeignete Spiel »Riese und Zwerg«; vgl. *Elisabeth Kühnberger:* Die Erfahrung der Stille als Hilfe zur Bewältigung erzieherischer Aufgaben. Übungen der Meditation und Konzentration im Anfangsunterricht. In: *Burk,* Kinder finden zu sich selbst, a.a.O., S. 102f.
8 Vgl. *Hugo Kükelhaus:* Fassen, Fühlen, Bilden. Organerfahrungen im Umgang mit Phänomenen. Köln 1978⁴, S. 12ff., und *derselbe/Rudolf zur Lippe:* Entfaltung der Sinne. Ein »Erfahrungsfeld« zur Bewegung und Besinnung. Frankfurt 1982, S. 42f. Zu überprüfen wäre allerdings, ob nicht die Gesamtsituation andere Haltungen der Person bedingt und damit ganz anders strukturiert ist.
9 Diese Übung wird bei Kühnberger ebenfalls beschrieben. Vgl. *Kühnberger,* a.a.O., S. 93.
10 Die Übung ist von Hugo Kükelhaus' Erlebniswegen inspiriert.
11 Vgl. *Pieter van Delft/Jack Botermans:* Denkspiele der Welt. Puzzles, Knobeleien, Geschicklichkeitsspiele, Vexiere. München: Hugendubel 1987⁷, S. 124ff.
12 Die Döschen können entweder selbst zusammengestellt werden (2mal 5 Gerüche als Echtmaterialien, getrocknete Kräuter oder Duftöle in kleinen Dosen, die mit farbigen Klebepunkten gekennzeichnet sind), oder man bezieht entsprechendes Material im Lehrmittel- (Wehrfritz KG) oder Spielwarenhandel (»Spielzeug für Sinnesorgane, Erzekelö jatek, Geruchsempfindung, Szagerzekeles, MÜTEX Ungarn, MAHIR – Sz. Ny Gyal – 82117«, Aufkleber: Konsumex 12120).
13 Vgl. dazu *Hajo Bücken:* Kimspiele. München 1984.

THEMATISCHE STILLEÜBUNGEN

Zeit für Ruhe (Kanon)

Text: Gerhard Krombusch
Musik: Ludger Edelkötter

2. Viele Laute sind ganz leise,
   singen alle ihre Weise.
   Leise Laute sind so schön,
   dürfen nicht verloren gehen.

3. Zeit für Ruhe, Zeit für Stille,
   Atem holen und nicht hetzen,
   unser Schweigen nicht verletzen.
   Laßt uns in die Stille hören.

Aus: IMP 1036 »Weil du mich so magst«. Alle Rechte im Impulse-Musikverlag, 4406 Drensteinfurt.

4 Thematische Stilleübungen

4.1 Begriff und Begründungen

Die Stilleübungen, denen dieser Beitrag gewidmet ist, sind thematisch eingebunden. Sie stellen längere Phasen dar, deren Inhalt vom Thema der Unterrichtsstunde bestimmt ist. Diese thematischen Stilleübungen unterscheiden sich von den begrenzten Übungen des vorangegangenen Beitrags. Die dort dargestellten »kleinen« Stilleübungen sind in jeder Unterrichtsstunde beliebig einsetzbar. Sie sollen häufig wiederholt werden. Dies ist bei den folgenden Stilleübungen nicht möglich, da sie fest in Themen eingebunden sind.
Thematische Stilleübungen stellen keine spielerische und beliebige Zugabe zum üblichen Unterrichtsverlauf dar, da die Unterrichtsstunde oder sogar der Unterrichtstag dadurch einen anderen Charakter gewinnen. In welcher Weise der Unterricht nach der Stilleübung fortgesetzt wird oder welche Unterrichtssituationen vorausgehen, ist von diesen Stilleübungen abhängig. Stilleübungen sind für Kinder im Unterricht Zeiten der inneren Erfahrung. Thematische Stilleübungen geben ihnen Zeit und Gelegenheit, *zum Thema des Unterrichts* innere Erfahrungen zu machen oder diese wahrzunehmen und später zu äußern. Dadurch gewinnt der Unterricht insgesamt eine andere Qualität: Nicht nur äußere Aktivität, sondern »tiefinnere« Erfahrung ist möglich. Thematische Stilleübungen schließen die Schüler für den Unterrichtsinhalt auf und machen Erlebnisse und emotionale Erfahrungen im Unterricht präsent und äußerbar.
Thematische Stilleübungen sind Höhepunkte im Leben und Lernen einer Klasse. Sie eignen sich nicht dazu, bei jedem Thema und an jedem Tag eingesetzt zu werden. Lehrerinnen und Lehrer können sensibel werden, wenn das Thema dafür Anknüpfungsmöglichkeiten bietet. Manche Themen erfordern Zugänge dieser Art, weil sie innere Erlebnisse ansprechen. Wie bei den »kleinen« Stilleübungen gibt es bei den thematischen Stilleübungen keinen festen Kanon. Lehrerinnen und Lehrer sind frei, selbst zu erfinden und Neues zu erarbeiten. Wenn sie darauf achten, werden sie mehr und mehr im Unterricht Gelegenheiten finden, Stilleübungen dieser Art einzubeziehen.
Mit dem Unterricht verändern sich die Kinder. Es gibt Anhaltspunkte dafür, daß Kinder durch Stilleübungen sensibler werden, sowohl für sich selbst, die eigenen Stimmungen, Erlebnisse und Wahrnehmungen, als auch für die Gegenstände um sich herum und für andere Menschen. Dies hat angesichts der veränderten Kindheit besondere Bedeutung: Häufig werden heute Rohheit und Aggressivität der Kin-

der beschrieben; es wird ihre Gedankenlosigkeit beklagt, Dinge zu zerstören, und ihre Unfähigkeit, mit sich selbst, Dingen und anderen behütend und achtsam umzugehen. Aber muß man nicht auch bei solchen Klagen danach fragen, ob den Kindern genügend Gelegenheit gegeben wurde, Sensibilität und anderes Verhalten zu erlernen? Kinder, die im Unterricht träumen dürfen, die über ihre Phantasien erzählen können und denen die anderen dabei zuhören, weil es zum Thema dazugehört, sind empfindsamer, sie erscheinen weicher und zugänglicher. Unterricht dieser Art verändert das Verhältnis der Kinder zu sich selbst, den Gegenständen ihrer Umgebung und zu anderen Menschen.

Sind Stilleübungen Meditationen?
Hubertus Halbfas vergleicht Stilleübungen mit einem »Sprung in den Brunnen«. Wer diesen Sprung wagt, kehrt verändert und mit einer neuen »Wachheit« und Aufmerksamkeit zurück.
Ist diese Veränderung nach langer Übung der Stille und Konzentration erreicht, so sind die Kinder m. M. nach fähig zu »meditieren«. Dies wird nicht im Sinne einer östlich-mystischen Religiosität verstanden, wo Meditation dem Ziel der Vereinigung mit einer Gottheit dient, sondern als »Meditation« in der lateinischen Grundbedeutung eines (geistigen) Abmessens. Sie haben die Befähigung gewonnen, durch lange Übung zu innerer Sammlung, zu intensiven Erfahrungen und persönlichem Ausdruck und Erlebnis zu gelangen. Sie können zwischen sich selbst und den Gegenständen der Erfahrung einen intensiven Kontakt herstellen, still auf Phänomene eingehen und haben einen besonderen Grad in Wahrnehmung und Empfindung erreicht. Diese Kinder haben den »Sprung in den Brunnen« gewagt und sind zurückgekehrt mit neuer »Wachheit« und Aufmerksamkeit.
Im folgenden *zweiten Abschnitt* werden einige Hinweise zu Bildbetrachtungen im Rahmen von Stilleübungen erläutert. Diese allgemeinen Überlegungen werden vorangestellt, während Beispiele zu Stilleübungen mit Bildern den folgenden Teilen zu entnehmen sind. Der *dritte Abschnitt* beschreibt Stilleübungen, die einzelne Unterrichtsstunden bestimmen. Die Beispiele des *vierten Abschnitts* stellen demgegenüber ausgedehntere Unterrichtsformen dar. Stilleübungen sind hier Kristallisationspunkte für vielfältige unterrichtliche Aktivitäten, die sich über längere Zeitabschnitte erstrecken können. Alle Beispiele sind analog zum Jahreskreis geordnet.

4.2 Hinführung zur Bildbetrachtung

Meditative Elemente im Unterricht sollen die Kinder in eine tiefe Stille und in ein inneres Erleben führen. Durch verschiedene Aufgaben werden sie schrittweise herangeführt. Begonnen wird mit Bildern mit hohem Aufforderungscharakter, die nach Einschätzung der Lehrerin leicht Assoziationen hervorrufen.
Es erscheint wichtig, in diesem Zusammenhang einen kleinen Exkurs zum Thema Bildbetrachtung zu unternehmen. Wenn berücksichtigt wird, wie Kinder Bilder erleben und auffassen und welche Fähigkeiten sie einbringen, Bildsprache zu entschlüsseln, können die methodischen Möglichkeiten von Bildbetrachtungen besser eingeschätzt werden. Dadurch kann das richtige Bild leichter ausgewählt werden.

4.2.1 Bildbetrachtung mit Grundschülern – Hinweise aus der Kunstdidaktik

H. Hinkel untersuchte in ausgedehnten Versuchsreihen die Reaktionen von Kindern aller Altersstufen auf ästhetische Objekte. Kinder, so seine Ergebnisse, bringen Bildern ein vitales Interesse entgegen. Grundschüler
– bevorzugen realistische, wirklichkeitsgetreu gemalte Bilder;
– erkennen die Einsatzmöglichkeiten von Farben und bevorzugen eine realistische Farbigkeit;
– achten bereits auf Bildaufbau und Bildordnung;
– zeigen den Wunsch nach Handlung im Bild und setzen diese häufig assoziativ fort;
– können sich spontan zur Stimmung eines Bildes äußern.
Während Hinkel u. a. auf der Grundlage dieser Ergebnisse abstrakte Malerei in der Grundschule ablehnt, kommt die Museumspädagogin Barbara Wolffhardt auf Grund ihrer Arbeit mit Kindern zu einem entgegengesetzten Urteil: »Der Erwachsene wird überrascht sein, wie leicht es Kindern fällt, sich mit ungegenständlichen Bildern offen und unbefangen auseinanderzusetzen. Mit der entsprechenden Anregung identifizieren sie sich sehr schnell mit den einzelnen abstrakten Formen.«[1] Der Gruppe der Münchner Museumspädagogen, über deren Arbeit in diesem Zusammenhang berichtet wird, kommt es vor allem darauf an, daß die Kinder die *Bildnachricht* verstehen, während Hinkel eher den Bildgegenstand in den Vordergrund stellt.

4.2.2 Bilder mit allen Sinnen erfassen

Farbe und Form haben unabhängig von ihrer Bindung an Gegenständliches Wirkung auf uns. Farben werden nie allein durch die Augen, sondern mit allen Sinnen aufgenommen. Visuelle, haptische, akustische und sogar geschmackliche Eindrücke werden hervorgerufen. Ebenso wie die Farben haben auch die Formen vielfache Ausdrucksqualität. Eine Form kann ruhig oder bewegt, traurig oder fröhlich wirken, Formen können miteinander in harmonischem Einklang stehen oder auch aggressiv aufeinander losgehen:

»Manche Farben können stechend aussehen, wogegen andere wieder als etwas Glattes, Samtiges empfunden werden, so daß man sie gern streicheln würde. Selbst der Unterschied zwischen kalt und warm des Farbtons beruht auf solchen Zusammenhängen... Der Ausdruck ›Duftende Farben‹ ist allgemein gebräuchlich... Die Farbe ist ein Mittel, einen direkten Einfluß auf die Seele auszuüben. Auch die Form, wenn sie auch ganz abstrakt ist und einer geometrischen gleicht, hat ihren inneren Klang, ist ein geistiges Wesen mit Eigenschaften, die mit dieser Form identisch sind... Jede Form ist so empfindsam wie ein Rauchwölkchen... Ein Dreieck ist ein... Wesen mit dem ihm allein eigenen geistigen Parfüm, in Verbindung mit anderen Formen differenziert sich dieses Parfüm, bekommt beiklingende Nuancen, bleibt aber im Grunde von gleicher Art wie der Duft der Rose, der niemals mit dem des Veilchens verwechselt werden kann. ... Da die Zahl der Farben und Formen unendlich ist, so sind auch die Kombinationen unendlich und ebenso die Wirkungen.« (Wassily Kandinsky, Über das Geistige in der Kunst, 1912)

4.2.3 Methodische Hinweise

Das methodische Vorgehen ist auf die Bedürfnisse und Fähigkeiten der Kinder abzustimmen. Jeder einzelne Schüler braucht vor dem Gespräch über ein Bild genügend Zeit, um sich in das Bild zu versenken. Zur Darbietung eignen sich Dias besser als Einzelbilder oder Fotos in einem Buch. Das große Dia stellt das Bild in den Raum. Die Dunkelheit wirkt wie ein Rahmen und hilft, zur inneren und äußeren Ruhe zu finden. Ziel des stillen Ansehens und des späteren Gesprächs darüber ist es, das Bild zumindest in Ansätzen in seinem Gesamtzusammenhang zu erfassen. Der Schwerpunkt liegt auf den individuellen Zugängen der Kinder zum Bild.

Im sich anschließenden Gespräch berichten die Kinder über ihre Gedanken zu diesem Bild und über die Eindrücke, die das Bild in ihnen ausgelöst hat. Es ist nicht notwendig, alle Einzelheiten erschöpfend durchzusprechen. Andererseits darf sich die Betrachtung nicht im unverbindlichen Antippen einzelner Punkte erschöpfen. Richtschnur ist, daß der Gesamtzusammenhang mitbedacht wird und zur Sprache kommt.

4.3 Thematische Stilleübungen in Unterrichtsstunden

»Ein Jahr vergeht.«

Die folgenden thematischen Stilleübungen sind nach ihrer Stellung im Jahreskreis geordnet. Es sind verschiedene Beispiele, u. a. Stilleübungen im Zusammenhang mit Gedichterarbeitungen, mit der Erarbeitung von Prosatexten und mit Naturerfahrungen.

Gedicht: »Wenn es Winter wird« (Ch. Morgenstern)
Vor der Darbietung des Gedichts werden als Bildimpuls drei Winterbilder (verschneite Bäume, verschneite Landschaft, zugefrorener See) gezeigt. Zu den Bildern wird Musik von Vivaldi (Vier Jahreszeiten, Winter) gespielt. Die Kinder sitzen im Halbkreis auf dem Boden. Die Aufgabe lautet, sich die Bilder genau anzuschauen, sich vielleicht auch in sie hineinzuversetzen und nach der Phase, in der jedes Kind allein mit seinen Gedanken und Stimmungen ist, den anderen über die Eindrücke zu berichten. Eine Schülerin sagte dazu: »Ich habe mich ganz glücklich gefühlt und Lust verspürt, auf dem Eis zu schlittern.«
Danach erfolgt die Textbegegnung und inhaltliche Erarbeitung.
Still lauschen wir dem Kieselstein, der titscher, titscher, titscher – dirr über eine Glasplatte, die auf den Boden gelegt ist, springt. Das Geräusch, das dabei entsteht, ähnelt wirklich dem eines Kieselsteins auf dem Eis. Unter einer Folie bewegen sich Kinder als Fische. Sie »schnappen« von unten nach dem Kieselstein, der jetzt auf der Folie liegt. Staunend schauen die anderen Kinder zu. Danach spielen wir das Gedicht, so oft es uns Spaß macht.

Kerzenwunsch
In der Weihnachtszeit beschäftigten wir uns häufig mit Licht und der Bedeutung des Lichts. Auch jetzt, obwohl es täglich früher hell wird, ist der Wunsch nach Wärme und Helle eines Kerzenlichts da. Wir

betrachten still die Flamme. Je ruhiger wir werden, um so weniger flackert sie. Tief in Gedanken versunken, überlegen die Kinder, was das neue Jahr wohl bringen wird, was wir uns und unserem Tischnachbarn für dieses Jahr wünschen. Danach wird die brennende Kerze herumgereicht, sie macht ihre »Wunschrunde«.
Jedes Kind sagt seinem Nachbarn, was ihm als Wunsch für das andere Kind besonders am Herzen liegt. Als ein Kind beginnt, sich für den Wunsch zu bedanken, nehmen später andere Kinder dies auf und bedanken sich ebenfalls.
Dieser ›Kerzenwunsch‹ bereicherte auch die Geburtstagsfeiern in der Klasse. Dabei wird die Kerze an alle weitergereicht, die dem Geburtstagskind etwas wünschen möchten:
Sebastian: Ich wünsche dir ein schönes Jahr.
Bastian: Ich wünsche dir, daß du lange lebst.
Nicola: Ich wünsche dir, daß du nicht ins Krankenhaus kommst.
Tina: Ich wünsche dir, daß du immer genug zu essen hast.
Steffi: Ich wünsche dir, daß das Kerzenlicht dir viel Freude bringt (Klasse 2, mit Einverständnis der Kinder aufgenommen und abgeschrieben).

Märchen: »Die buntschillernde Märchenkugel«
Die Lehrerin liest das Märchen (s. Materialteil M1, S. 118) in geeigneter Erzählatmosphäre vor. Jetzt liegt es an den Kindern, selbst herauszufinden, ob man sich in diese Kugel hineinträumen und mit ihr eine Reise ins Land der Phantasie unternehmen kann. Ich habe eine große, buntschillernde Glaskugel mitgebracht und gebe diese vorsichtig dem ersten Kind. Mit beiden Händen hält es die Kugel umschlossen und betrachtet sie still und eingehend. Was erzählt mir die Kugel? Jetzt wird sie an den nächsten Schüler weitergegeben. Auch wenn die Kinder die Kugel nicht mehr oder noch nicht in Händen halten, regt die wohltuende Ruhe im Klassenzimmer zum Nachdenken an. Noch ist das Märchen frisch im Gedächtnis.
Nachdem die Kugel ihre Runde beendet hat, wollen die Kinder sie beschreiben. Farbe, Form, Wärme- und Kälteempfindungen sind zunächst Gegenstand der Mitteilungen. Einige Kinder haben wundersame Bilder entdeckt, andere hat die Kugel in ein Phantasieland entführt. Daran wollen sie die Klasse Anteil nehmen lassen. Sie setzen sich dazu auf einen besonderen Stuhl, durch den sie erhöht sitzen. Der Stuhl steht vor der Klasse. Das Kind hält unsere Märchenkugel umschlossen und erzählt.

Steffi: Sie hat mir erzählt, daß das Rumpelstilzchen ein ganz kleiner Bursche war und daß er sich zum Schluß zerrissen hat. Da hat man richtig gehört, wie es geschrien hat: »Ach wie gut, daß niemand weiß, daß ich Rumpelstilzchen heiß!« Das war ganz toll.
Uli: Also mir hat sie erzählt, daß hoch in den Bergen ein reicher Mann gelebt und diesem der Teufel die Perlen geklaut hat. Danach war er ganz arm.
Dennis: Mir hat sie erzählt, daß das mit dem Streichholz da einer von den Zwergen war und daß er uns da einen Streich gespielt hat. (Dennis gibt hier eine magische Erklärung für ein Ereignis, das sich kurz vorher in der Klasse abgespielt hat: Ein kleines Stück Docht löste sich beim Anzünden der Kerze und flog nach oben.)

Tanz der Baba Yaga,
zu M. Mussorgsky, Bilder einer Ausstellung
Die alte Hexe Baba Yaga wohnt im Zauberwald in einem Haus auf Entenfüßen. Bevor wir die Geschichte und die von Mussorgsky dazu komponierte Musik hören, betrachten wir still und aufmerksam das Dia einer Hexenmaske. In den Alpen, Oberösterreich, in Tirol, am Bodensee und in der Schweiz haben sich bis heute solche Masken erhalten, die Hexen und Waldgeister darstellen. Die Erfahrung hat gezeigt, daß Kinder beim Betrachten der geschnitzten Maske keine Angst bekommen, sondern dem Kunstwerk im Zusammenhang mit eigenen Vorerfahrungen, z. B. aus Märchen, positive Züge abgewinnen. Nach dem Ausblenden des Dias äußern einige Schüler spontan ihre Eindrücke und Empfindungen.
Jetzt wird der erste Teil der Musik ›Baba Yaga‹ eingespielt. Die Musik löst bei den Kindern Bewegung aus. Spontan bewegen sie sich und ahmen die Körperbewegungen der auf dem Besen fliegenden Hexe nach. Im mittleren Teil des Musikstücks betritt ein Kind den Zauberwald. Die Hexe und ihr Haus auf Entenfüßen verfolgen den Eindringling. Doch die Bäume des Waldes schützen das Kind vor den Angriffen der Baba Yaga und ihrer Hütte. Gemeinsam entsteht eine kleine Tanzszene, in der die Einheit von Musik und Bewegung gewahrt und die Erlebnisfähigkeit der Kinder in körperlicher und emotionaler Hinsicht gesteigert wird. Das Thema macht es außerdem notwendig, soziales Tanzverhalten zu entwickeln. Die Kinder müssen gleichzeitig sich in die Musik einhören, unabhängig von anderen ausprobieren, andere nicht behindern, trotzdem aber Raum für gemeinsame Übung finden und ihre Bewegungen koordinieren, um das in den Zauberwald

eingedrungene Kind zu schützen. Nach diesem inneren Erleben, das mit dem ganzen Körper ausgedrückt werden konnte und auch motorische Entspannung zuließ, sind die Kinder offen für sich anschließende Gestaltungsaufgaben.

Erde
Viele Kinder haben nicht die Möglichkeit, Erde zu riechen und sie anzufühlen. Ihnen fehlt die Erfahrung dieses ›Urelements‹ allen Lebens. Die folgende Stilleübung steht im Zusammenhang mit einer Unterrichtseinheit, in der die Pflege von Pflanzen erlernt und geübt wird.
Die Kinder sitzen mit geschlossenen Augen im Stuhlkreis und haben die Hände zu einer geöffneten Schale geformt. Vorsichtig legt die Lehrerin jedem eine Handvoll Erde hinein. Dazu hört die Klasse die Meditationsmusik »Leben« (Ludger Edelkötter).[2] Die Schüler betasten still die bröselige, warme, weiche Erdkrume. Sie riechen daran und nehmen vielfältige Geruchseindrücke wahr. Nach dem Öffnen der Augen betrachten die Kinder die kostbare Erde in ihrer Hand und überlegen, wie wichtig sie für die Menschen ist. Der Reihe nach tragen die Kinder ihr Erdhäuflein zu einem in der Mitte bereitgestellten Blumentopf. Jedes Kind erzählt von seinen Assoziationen zur Erde, warum diese so wichtig für uns ist und warum wir möglicherweise Angst haben müssen, daß diese von den Menschen zerstört wird.
Im Anschluß daran setzt die Lehrerin eine kleine Basilikumpflanze in die Erde ein. (Basilikum wird des intensiven Geruchs wegen ausgewählt, der später in einer »kleinen« Stilleübung erfahren werden kann.) Dabei wird der Vorgang des Pikierens bewußt gemacht und die nun folgende wichtige Pflege besprochen. Jedes Kind der Klasse bekommt die Möglichkeit, eine solche zarte Basilikumpflanze umzutopfen, sie behutsam nach Hause zu tragen und sie zu einem Stock heranzuziehen.

Die Tulpe
Um die Kinder für das Gedicht »Die Tulpe« von Josef Guggenmos zu sensibilisieren, sind verschiedene Zugänge möglich, die das Erleben vertiefen und die Phantasie der Kinder beflügeln.
Alle Kinder sitzen mit geschlossenen Augen im Kissenkreis und halten die Hände geöffnet. Leise Meditationsmusik erklingt. Jedes Kind bekommt eine Tulpenzwiebel in die Hand gelegt, die es sorgfäl-

tig ertastet. Nachdem die Musik verklungen ist, öffnen die Kinder die Augen. Einzelne Tulpenzwiebeln »erzählen« und werden anschließend in die Erde gepflanzt.
Statt der Blumenzwiebeln können auch Tulpen betrachtet werden, die ebenfalls von sich »erzählen«. Nach dem Erzählen stellt das Kind die blühende Tulpe in eine wassergefüllte Vase, die in der Mitte des Kreises steht.
Danach wird das Gedicht gelesen, von den Schülern sprachlich gestaltet, durch pantomimische Darstellung nachempfunden, mit Orff-Instrumenten vertont, es werden Dias oder Filmstreifen dazu gemalt. Die Kinder falten Tulpenbeete, zaubern mit Fingerfarben Tulpenpflanzen an die Fenster und gestalten zum Schluß eine gemeinsame Aufführung mit Bildern, Sprache und Klängen.

Sich bewegen wie ein Gänseblümchen
Im Zusammenhang mit Unterricht über Pflanzen und Pflanzenteile kann die folgende Phantasiegeschichte erzählt werden. Die Kinder machen die entsprechenden Bewegungen dazu.
Die Kinder stellen sich vor, Gänseblümchen auf einer Wiese zu sein. Sie werden ganz ruhig und entspannen sich. – Die Blumen haben ihre Augen geschlossen und recken ihre Blütenblätter der Sonne entgegen. Die Blüte ist ganz geöffnet und fühlt angenehm die warmen Sonnenstrahlen. – Die Gänseblümchen stehen tief und fest verwurzelt in der Erde auf ihrer grünen Wiese. – Jetzt kommt ein sanfter Wind auf. Er bewegt leise und leicht die Blütenblätter. Es wird angenehm kühler. – Schon wiegt sich kaum merkbar der Stengel im Lufthauch, und die grünen Blätter fächeln sich angenehme Kühle zu. – Jetzt wird die Bewegung stärker. Die ganze Pflanze tanzt lustig, heiter und ausgelassen im bewegten Sommerwind. – Jetzt läßt der Wind nach. Das Gänseblümchen ist müde. Es wird ganz still. Die Dunkelheit breitet sich aus. Es schließt seine Blütenblätter und träumt einem neuen Tag mit viel Sonne entgegen.

4.4 Stilleübungen in ausgedehnten Unterrichtsformen

Schnecken – Feenschnecke

Vom Frühling bis in den späten Sommer begegnen wir im Garten oder auf dem Spaziergang im Wald immer wieder verschiedenen Gehäuseschnecken. Die Schnecken mit ihren schönen Häuschen faszinieren Kinder. Oft finden wir auch leere Schneckenhäuser, die gesammelt und zu Hause wie ein Schatz gehütet werden. Die Schneckengehäuse sind aus Kalk und deshalb recht hart. Ein Zuwachsstreifen reiht sich an den anderen, was wie Rillen aussieht und deutlich zu ertasten ist. Mit einem harten, nach außen lappenden Rand wird das Gehäuse abgeschlossen. Die Häuschen erregen unsere Aufmerksamkeit oft auch durch allerlei Farben, Zeichnungen und Formen.

Schneckenhäuser erfühlen
Leere Schneckenhäuser vermitteln vielfältige Sinneseindrücke und beflügeln die Phantasie der Kinder. Auch hier sollen Stilleübungen das Empfinden vertiefen und zu einem inneren Erlebnis führen. Wie gewohnt sitzen die Kinder mit geschlossenen Augen auf dem Boden. Die Hände sind zu einer Schale geformt, und die leise Musik ermöglicht Konzentration und das Besinnen auf sich selbst. Sorgfältig tastet jedes Kind sein Schneckenhaus ab. Nachdem die Musik leise ausgeklungen ist, berichten die Kinder, was sie beim Erfühlen der Häuser empfunden haben. Farben, Zeichnungen und Formen der Häuser werden sicher in die Assoziationen miteingeschlossen.

Ich möchte eine Schnecke sein?
Nach diesem haptischen Erfahren sollen nun auch Erlebnisse auf der Beziehungsebene reflektiert und verarbeitet werden. »Die Wirkungen der Stille liegen in der inneren Veränderung, neuer ›Wachheit‹ und Aufmerksamkeit und in einem erneuerten Verhältnis zu den Dingen der Umgebung.«[3] Vor allem ist hier wichtig, Stille und Konzentration zum gemeinsamen Erlebnis der Gruppe werden zu lassen. Die folgende Übung ist wie alle anderen keine festgelegte Form, sie läßt sich entsprechend der jeweiligen Situation abwandeln.
Jeder Schüler bekommt eine Fotografie, auf der eine lebende Schnecke abgebildet ist. Die Bewegungen der Schnecken sind verschieden. Solange leise Meditationsmusik erklingt, sollen die Kinder ihr Bild genau betrachten und dabei überlegen, wie sie in ihrer derzeitigen Gefühlslage dieses Bild, das Tun und Sein der Schnecke interpretieren würden. Nachdem die Musik ausgeklungen ist, kann jeder, der möchte, seine Empfindungen und Gedanken äußern.
Diese Übung kann mit Kindern und Erwachsenen durchgeführt weden. Die Assoziationen, die geäußert werden, sind sehr verschieden. Manche Personen heben hervor, daß es nützlich ist, immer das eigene Haus auf dem Rücken zu tragen. Andere finden dies lästig. Das Haus

wird als Zufluchtsstätte empfunden, um Kopf und Fühler einzuziehen oder aber zuversichtlich die Fühler auszustrecken – solche und ähnliche, aber immer situationsangemessene Gedankengänge sind zu erwarten.

Schnecken in ihrem natürlichen Lebensraum – Schneckenleben
Auf einem Spaziergang beobachten wir Schnecken in ihrem natürlichen Lebensraum.

Die Weinberg- und Baumschnecken finden wir an schattigen und feuchten Orten, also meistens in Waldgegenden. Sie meiden die Sonne und sind hauptsächlich nachts unterwegs. Die Bänderschnecken hingegen kriechen auch tagsüber gerne auf Bäumen und Büschen umher. Bei Regenwetter sind alle drei Arten mit großem Vergnügen unterwegs.
Schnecken kriechen mit wellenförmigen Bewegungen der Muskeln der Fußsohle. Sie gleiten weich und sanft selbst über harte und spitze Gegenstände, weil sie fortwährend Schleim erzeugen, der eine Schutzschicht zwischen der Unterlage und dem Körper bildet.
Zieht sich die Schnecke ins Gehäuse zurück, verschwindet zuerst der Kopf. Das kann man gut beobachten, wenn man die Fühler berührt. Dann zieht sie den Körper nach, und zuletzt schließt sich der Mantel über der Schnecke wie eine Scheibe zusammen. Beim Hervorkriechen ist die Reihenfolge gerade umgekehrt. Zuerst kommt der Schwanzteil hervor.

Bei dem Spaziergang sammeln die Kinder einige Schnecken ein. Wir achten darauf, daß wir die tagaktive Bänderschnecke finden. Bei tagsüber schlafenden Schnecken läßt sich zu wenig beobachten, und die Kinder verlieren schnell die Freude an den Tieren.
Zu Hause – in der Schule – legen wir kleine Gehege für unsere Häuschenbewohner an. Diese müssen der natürlichen Umgebung so ähnlich wie möglich sein. Die Schnecken brauchen viel Feuchtigkeit und lieben einen schattigen Aufenthaltsort. Wir besprühen sie so oft wie möglich mit Regenwasser und bedecken die Gehege mit einer Kartonschachtel. Nach ausgedehnten Beobachtungen bringen wir die Schnecken wieder in den Wald zurück.
Nach all diesen Begegnungen und Erlebnissen mit Schnecken haben die Kinder ein tiefes Einfühlungsvermögen für das »Schneckenleben« entwickelt. Sie können über eine sich jetzt anschließende *Phantasiereise*[4] einen Zugang zu ihrer eigenen inneren Welt finden.

Feenschnecke
Um die Kinder in die Räume ihrer Phantasie zu führen und sie aus ihrer Alltagsrealität loszulösen, vergegenwärtigen wir ihnen mit der

Geschichte »Die Feenschnecke« (s. Materialteil M2, S. 119) sinnlich wahrnehmbare Zustände und Vorgänge. Diese werden durch die Bewegungen und Geräusche der Feenschnecke, die von der Lehrerin geführt wird, zusätzlich veranschaulicht. Die Geschichte spricht das menschliche Grundbedürfnis an, in einem Zuhause Geborgenheit zu finden.
Ohne Gruppenaussprache malen die Kinder nach der Geschichte mit Zuckerkreide[5] Stationen der Reise der Feenschnecke oder eigene Phantasiewelten. Danach bastelt jedes Kind nach Anleitung der Lehrerin ein eigenes Feenkind, das in seinem Aussehen nach der Vorstellung des einzelnen Schülers gestaltet wird. Die Träume der Feenschneckenkinder werden aufgeschrieben und nachgespielt.

Sinnvoll die Sinne erleben
– Erfahrungsfelder Wald – Feld – Wiese

> Fünf Sinne hat mir Gott, der Herr,
> verliehen,
> mit denen ich mich zurechtfinden
> darf hinieden.
> Fünf blanke Laternen, die mir den
> dunklen Weg beleuchten:
> Gesicht, Gehör,
> Geschmack, Geruch,
> Gefühl.
> Fünf Sinne für die Unermeßlichkeit
> aller Erscheinungen.
> Gebt Licht, Laternen!
> (aus: Kurt Tucholsky, *»Die fünf Sinne«*[6])

Sinnliche Erfahrungen können wir erlebnisreich und eindrucksvoll außerhalb des Klassenzimmers erleben. Bei einem Spaziergang durch Feld, Wald und Wiese werden alle Sinnesbereiche der Kinder aktiviert.

Wir sind in einem Wald und schauen uns genau um, was das für ein Wald ist. Was hören wir? Es hat vorher etwas geregnet, jetzt ist es warm und sonnig. Wir atmen tief ein, saugen die Luft durch die Nase. Was riechen wir? Am Wegrand steht ein alter Baum. Wie sieht er aus? Wie fühlt sich seine Rinde an? Wir gehen den Weg entlang und nehmen wahr, wie der Wald sich verändert. Inzwischen haben wir Schuhe und Strümpfe ausgezogen und spüren den weichen, etwas kühlen Boden des Weges. Stellenweise liegen runde Steine auf dem Weg, manchmal ist der Boden lehmig und etwas schlüpfrig. Der Weg wird steiler; Zweige streifen unser Gesicht, dabei spüren wir die Nässe der Blätter. Die Sonne scheint auf Gräser und Blätter, die in verschiedenen Grüntönen leuchten. Jetzt kommen wir an eine Wiese. Das schon nicht mehr feuchte Gras lädt uns zum Hinlegen ein. Wir strecken Arme und Beine von uns und streichen mit den Handflächen über Blumen und Gräser. Wir hören Vögel und das Summen von Insekten. Die Sonne wärmt uns.

Solche und andere Erlebnisse und Empfindungen haben Kinder bei einem Spaziergang. Ich will damit aufzeigen, wie vielfältig die sinnlichen Wahrnehmungen sein können. Mit Stilleübungen in der Natur sollen Sinneseindrücke bewußt gemacht und intensiviert werden. Vielleicht können damit den Kindern neue Seh- und Wahrnehmungsmöglichkeiten eröffnet werden, die ihnen helfen, die Welt neu zu entdecken.

Gesicht

Efeu
Wir sitzen um einen Baum, an dem eine Efeuranke hochklettert. Still betrachten wir eingehend die Pflanze. An welche Situationen in unserem Leben erinnert uns das Efeu? Nach einer stillen Zeit berichten die Kinder über ihre Gedanken und Eindrücke.
Danach sitzen alle Kinder dichtgedrängt auf dem Waldboden und schließen die Augen. Die Lehrerin erzählt, sie mögen sich vorstellen, sie seien kleine Efeuranken, die langsam größer werden. Zunächst bewegt jeder seinen Kopf, dann den Oberkörper. Allmählich stehen die Kinder auf, recken sacht die Arme empor, bewegen dann die Hände, die Finger und suchen vorsichtig für jede ihrer beiden Hände eine andere Hand, mit der sie sich verbinden. Anschließend öffnen alle die Augen und versuchen, ohne zu sprechen das Efeugewirr zu entflechten.[7] Auch hier sollte Gelegenheit gegeben werden, sich über Gefühle und Erfahrungen auszutauschen.

Mein schönstes Stück Wald (Feld, Wiese)
Jedes Kind bekommt eine Papröhre. Mit einem Partner machen sie sich auf den Weg und suchen ihr schönstes Stück Wald. Die Sichtfeldbegrenzung durch die Röhre hilft dabei, Einzelheiten intensiver wahrzunehmen. Abwechselnd beschreiben die Partner ihr schönstes Stück Wald. Vielleicht erzählen sie dazu eine Geschichte. Der andere muß ohne Röhre das Beschriebene suchen.

Naturbild
Aus silbrigen Zierleisten und Gummiringen basteln sich die Kinder Bilderrahmen. Behutsam, leise und aufmerksam sucht sich jeder eine für ihn besonders schöne Stelle in der Natur. Dort wird der Rahmen hingelegt. Ein kleines Stück wird dadurch ausgegrenzt und als Bild hervorgehoben.
Reihum werden die Bilder betrachtet. Jedes Kind erklärt, warum gerade dieses Bild für es besonders bedeutsam ist.
Mit Stempelkissen und festem Papier können die Kinder selbst Naturbilder herstellen. Sie drucken z. B. Gräser, Blätter, Flechten und anderes ab und erzählen dazu eine Geschichte. Wenn man dies im Herbst durchführt, muß man die Naturmaterialien nicht zerstören.

Gehör

Musik-Erleben
Die Kinder liegen mit den Köpfen nach innen in einem Stern auf dem weichen Wald- oder Wiesenboden. Alle schließen die Augen, um sich besser auf das Hören konzentrieren zu können. Jetzt lauschen wir den Geräuschen um uns und versuchen, sie zu erkennen, z. B. Vogelgezwitscher, den Ruf eines Kuckucks, das Summen der Insekten, das leise Knacken eines Astes usw. Nachdem wir uns auf das Zuhören eingestimmt haben, erklingt Musik, von der wir uns wegführen lassen. Langsam kehren wir von unserer Reise zurück und tauschen Erlebnisse und Erfahrungen während dieser Musikreise aus.

Wie Wiesenpflanzen klingen
Wie oben beschrieben, liegen die Kinder auf einer Wiese. Mit geschlossenen Augen lauschen wir, was uns die Wiese erzählt. Danach machen wir ein Wiesenkonzert. Die Instrumente sind ganz leise, und man muß sehr gut zuhören. Das Blasen von Grashalmen kann als Beispiel dienen, wie solche Wieseninstrumente klingen. Die Kinder werden sicher noch viele Klangerzeuger finden.

Geschmack

Aus gesundheitlichen Gründen ist davon abzuraten, den Kindern ein Geschmackserlebnis direkt am Standort der Pflanze zu ermöglichen. Wie gut würden z. B. Sauerampfer, soeben gepflückt, Sauerklee oder frische Buchenblätter schmecken! Darauf müssen sie verzichten.
Aber wir sammeln auf unserem Spaziergang Löwenzahn und Sauerampfer und bereiten daraus am nächsten Tag in der Schule köstliche Salate.

Außerdem halten wir Ausschau nach Teekräutern, z. B. Huflattich, Kamille, Pfefferminze, Lindenblüten. Um zu wissen, wie diese aussehen, bekommen die Kinder ein Blatt, auf dem diese und weitere Heilkräuter abgebildet sind. Gemeinsam werden sie später getrocknet, verarbeitet und als Tee gekostet.

Geruch

Geruchsherbarium
Jedes Kind sucht auf dem Spaziergang Pflanzen, die den drei Geruchsbereichen kräuterartig, grasig, duftend zugeordnet werden können. An einer schönen Stelle machen wir Pause, um die gesammelten Düfte zu sortieren. Mit geschlossenen Augen bestimmen einzelne Kinder den jeweiligen Geruchsbereich.
In der Schule stellen wir dann ein Herbarium nach Geruchskategorien zusammen.

Gefühl

Tastreise durch die Natur
Abwechselnd führen zwei Kinder den Partner blind mit bloßen Füßen (vorsichtig) durch den Wald. Bei besonders interessanten Dingen fordert das sehende Kind das andere auf, die Augen zu öffnen und zu schauen.

Erntedank

Ich möchte eine Blume sein.
Blumen bekommen alle gleich viel Regen und Sonne,
und das ist gerecht.

Susanne, 10 Jahre

Ich möchte ein Traum sein
und allen Menschen, die traurig sind,
schöne Träume bringen, wenigstens das.

Luis, 9 Jahre[8]

Kinder sind auch heute noch dazu fähig, Wünsche, Träume und Hoffnungen frei und spontan zu äußern. Ihre Gesichter verraten ungeschminkt Glück und Enttäuschung, Freude und Hoffnung. Diese Kinder sind unsere Zuversicht als die Verwalter der Schöpfung morgen. An dem umfassenden Thema Erntedank läßt sich im kleinen aufzeigen, was für das Ganze unentbehrlich ist. Das Alltägliche wird

in neuer Weise von den Kindern entdeckt, erkundet und als wertvoll empfunden und verstanden.
Die vorgestellten Stilleübungen können einzeln mit den Kindern durchgeführt werden oder aber als Ganzes zu einem Erntedankfest arrangiert werden.

Bändertanz
»Der Tanz verleibt ein, denn Lernwege werden wirklich gegangen. Konkret werden auch Hand-lungen und sozialer Um-gang. Die Füße lernen Schritt für Schritt, die Hände können sich festhalten und nehmen so die Angst vor Neuem. Tanzen in der Schule, ein Stück leibhaftiger Stille inmitten eines verkopften Unterrichtsalltags...«[9]
Mit diesem Tanz werden die Kinder aufmerksam auf die Fülle der Erntegaben, verspüren Dank und Freude über die Schöpfung und können dies im Singen und Tanzen ausdrücken.
Ein großer Bänderkranz (Holzreif mit Kreppbändern) hängt an der Decke. Es sind so viele Bänder vorhanden, wie Kinder mittanzen. Die Bänder berühren den Boden. Unter dem Kranz ist eine Tischdecke ausgebreitet, in deren Mitte ein Ährenstrauß aufgestellt ist. Die Erntegaben, die die Kinder für diesen Tanz mitgebracht haben, werden später dort abgelegt. Zunächst wird das Lied »Erntetanz« (s. Materialteil M3, S. 122)[10] gemeinsam gelernt. Anschließend stellen sich alle in einem großen Kreis auf. Jedes Kind hält mit einer Hand ein Bandende fest, in der anderen Hand die Erntegabe. Gemeinsam werden nun entsprechend dem Lied die Tanzfiguren entwickelt.
Der Refrain wird von allen gesungen und mit Tanzschritten begleitet. Die jeweilige Dankzeile singt das einzelne Kind, das dabei in die Mitte tritt, um dort seine Gabe abzulegen. Vor aller Augen entsteht ein reichgedeckter Erntetisch, der auf die Fülle der Schöpfungsgaben hinweist.

Bildbetrachtung und Dankgebet
Die Kinder wählen aus verschiedenen Postkartenmotiven ihr Erntedankbild aus, oder aber die Lehrerin hat ein nach ihrem Empfinden passendes Bild ausgesucht. Um entspannt und ruhig das Bild betrachten zu können, setzen sich die Kinder auf den Boden. Jedes erhält ein »Sonnenblumenblütenblatt« aus Tonpapier und einen Filzstift. Alle werden ganz ruhig. Das Dia wird eingeblendet und leise Meditationsmusik gespielt. Erst nach dem Ausblenden des Bildes und der Musik

halten die Kinder die Gedanken, Hoffnungen und Wünsche schriftlich auf den Blütenblättern fest.

Gemeinsames Gebet
Alle bleiben am Boden sitzen und bilden einen Kreis um ein braunes Plakat. In dessen Mitte liegt ein Tonpapier-»Blütenkopf«, auf dem der Refrain »Wir danken dir« notiert ist. Nacheinander liest jeder seine Gedanken vor und legt danach das Blütenblatt an den Kopf der Sonnenblume. Nach jedem Beitrag wird gemeinsam der Refrain gesprochen. Am Schluß sollte noch Raum für stille Besinnung gegeben werden.

Ein Weizenkorn erzählt
Die Kinder verteilen sich im leicht abgedunkelten Raum und sitzen in entspannter Haltung auf dem Boden. Die Lehrerin teilt jedem Kind ein Weizenkorn aus, das es mit geschlossenen Augen ertasten soll. Anschließend wird jeder leise aufgefordert, sich für sein Weizenkorn eine Geschichte zu überlegen: »Mein Weizenkorn erzählt...«. Die Zeit für die Besinnungs- und Schreibphase (jüngere Kinder erzählen nur) muß großzügig bemessen sein. Wenn die Musik ausgeklungen ist, treffen sich alle im Sitzkreis, in dessen Mitte ein Topf mit Erde steht. Jedes Weizenkorn erzählt nun und wird anschließend in die Erde gesteckt. Der Topf wird im Klassenzimmer aufgestellt, um das keimende Leben beobachten zu können. Ältere Schüler schreiben ihre Gedanken auf. Die Texte werden verziert und zu einem Büchlein zusammengebunden.
Durch diese Stilleübung wird der Blick auf Wachstum und Ernte gelenkt, die den Fortgang des Lebens sichern. Die Kinder entdecken, daß im Unscheinbaren und Kleinen die verborgene Kraft des Lebens liegt.

Advent – Der Weg zur Krippe

Gerade in der vorweihnachtlichen Zeit können wir den Kindern Zeit für Besinnung, Ruhe und Stille geben und damit den eigentlichen Sinn – adventus (lat.) heißt »Ankunft« –, die Vorbereitung auf das Fest der Christgeburt, verdeutlichen.
Die folgenden Ausführungen zeigen, wie eine ganze Schule bei den gemeinsamen wöchentlichen Zusammentreffen den Ankunftsweg nachvollziehen kann.
Mit Stilleübungen, Bildbetrachtungen, Geschichten, Gedichten, Ba-

stelarbeiten und Liedern wird das jeweilige Wochenthema erlebt und gestaltet.

1. Woche – Adventswünsche

Im Foyer der Schule (oder in einem anderen geeigneten Raum) ist ein Adventskranz aufgehängt. Die erste Kerze brennt bereits, und alle Schüler versammeln sich rund um den Kranz. Gemeinsam singen alle Kinder das Lied »Wir zünden eine Kerze an«[11]. Drei Schüler aus verschiedenen Klassen tragen jetzt das Gedicht »Immer ein Lichtlein mehr« von Hermann Claudius vor.

Das Licht wollen wir in die einzelnen Klassenzimmer tragen. Unter dem Adventskranz haben die Kinder einer Klasse mit Tannenzweigen einen Spiralweg gelegt. In der Mitte brennt ein einziges Licht. Alle Schüler und Lehrer stehen außen herum und schweigen. Aus jeder Klasse schreitet ein Kind den Spiralweg entlang und holt mit einer Kerze das Licht aus der Mitte.

Danach lesen die Schüler ihre Wünsche zur Veränderung des Schullebens vor. Diese Wünsche wurden in der Klassengemeinschaft erarbeitet und auf farbige Tonpapierkugeln geschrieben. Zwei Wunschkugeln aus jeder Klasse werden am Adventskranz aufgehängt.

Wünschen und Schenken können Kinder oft nur mit materiellen Dingen füllen. Daß es viel wertvollere Geschenke gibt, kann den Kindern bei der Erarbeitung der Wunschkugeln deutlich werden.

Zum Abschluß des Adventskreises singen alle Kinder und Lehrer das Lied »Tragt in die Welt nun ein Licht«. Jetzt wird das Licht in die Klassen getragen und somit der Kreis aufgelöst.

2. Woche – Adventsweg

Wieder haben sich alle Schüler um den Adventskranz versammelt. Zur Einstimmung wird die zweite Strophe des Liedes »Wir sagen euch an den lieben Advent« gesungen.

An einem langen Tisch wurde der Weg zur Krippe ausgehend vom Haus der Maria von den Schulkindergarten-Kindern bereits begonnen. Der Weg wird gestaltet mit Naturmaterialien, bestehend aus Sand, Kies, Rinde, Wurzeln, Moos, Zweigen usw., die die Kinder vorher gesammelt haben. Eine Klasse hat die entsprechenden Figuren aus Schafwolle hergestellt. Bis Schulschluß stellen die einzelnen Klassen den Weg fertig.

Kinder einer Klasse lesen die Geschichte »Maria begegnet Elisabeth« (s. Materialteil M4, S. 124) mit verteilten Rollen vor. Gemeinsam wird das Lied »Maria durch ein Dornwald ging« gesungen. Das Haus, Maria und Elisabeth werden während der Adventsfeier aufgestellt. Still und ruhig betrachten die Kinder nach der Geschichte die angefangene Naturlandschaft. Der Kreis wird wieder mit dem Lied »Tragt in die Welt nun ein Licht« aufgelöst.

3. Woche – Stern
Den dritten Adventskreis beginnen wir gemeinsam mit dem Kanon »Der Weihnachtsstern ist nicht mehr fern«[12]. Alle Kinder werden ruhig, und ihr Blick wird auf das Dia »Menschen folgen dem Stern« gelenkt.[13] Die Schüler haben genügend Zeit, um sich in das Bild zu versenken, ehe eine Lehrerin den Text dazu vorliest. Danach findet nochmals eine stille Zeit statt. Mit der dritten Strophe des Liedes »Gloria – Strahlt ein Stern vom Himmel nieder« beenden wir die gelenkte Bildbetrachtung.
Jetzt befestigen die Kinder ihre gebastelten Sterne am Himmelszelt über dem inzwischen fertiggestellten Weg zur Krippe.
Zu einem thematisch passenden Gedichtvortrag werden die gebastelten Figuren Hirten, Schafe, Könige, Josef und das Christkind aufgestellt. Die Adventsfeier klingt mit dem getanzten Kanon »Mitten in der Nacht« aus.[14]

4. Woche – Licht
Zur letzten Adventsfeier bringen alle Schüler ihre selbstgebastelten Walnußkerzen mit. Diese werden angezündet und zum Adventsweg getragen und dort abgestellt. Die Kerzen zeigen den Weg zur Krippe. Bis das letzte Licht abgestellt ist, singen alle den Kanon »Mache dich auf und werde Licht«. Stumm betrachten wir den beleuchteten Weg.
Danach hören die Kinder »Die Geschichte vom Weihnachtslicht«[15] von Rolf Krenzer und singen anschließend das Lied »Was soll das bedeuten?«. Den Bogen zur Realität der Kinder schafft ein heiteres Gedicht.
Das spanische Weihnachtslied »Zumba, zumba, welch ein Singen«, begleitet mit Instrumenten, ist ein fröhlicher Abschluß unseres Adventswegs.

M 1
Die buntschillernde Märchenkugel

(Zusammenfassung; Originalfassung: *Ingeborg und Heinz-Dieter Pilgram: Märchenwanderungen in Baden-Württemberg.* Stuttgart 1988.)

In einer Hütte am Rande der Ravennaschlucht zwischen Hinterzarten und dem Höllental lebte der alte Kilian, ein Glasbläser. Aus seiner Werkstatt kamen die schönsten Vasen, Schalen und Gläser. Gerne schauten ihm die Leute bei der Arbeit zu, und die Türen standen meist weit auf, denn Kilian freute sich über jeden Besuch.

So etwa alle 28 Tage jedoch schloß er Fensterläden und Türen seiner Werkstatt fest zu, ließ sich nicht blicken und auch niemanden herein. Die Menschen rätselten herum, was er wohl an diesem Tag und in dieser Nacht treibe. Aber niemand wußte es genau.

An diesen Tagen bekam der alte Kilian Besuch von den Quarzzwergen der Ravennaschlucht. Schon seit seiner Kindheit war er ihr Vertrauter. Die Quarzzwerge saßen dabei und freuten sich, wenn der Glasbläser im Schmelzhafen Quarzsand, Pottasche, Salpeter, Borax und Sodaklumpen für das flüssige Glas mischte und in Dankbarkeit der Erde gedachte, die ihm diese Rohstoffe geschenkt hatte. Die Zwerge gaben ihm dann Ratschläge für neue Mischungen und Formen, deshalb wurden wohl auch die Gefäße des Glasbläsers Kilian besonders schön.

Eines Abends kamen die Quarzzwerge aufgeregt in die Werkstatt. In den Händen hielten sie durchsichtige Säckchen und kleine blaue Lampen. Sie baten Kilian, ihnen eine Märchenkugel zu blasen. Als der leere Schmelzhafen bereit stand, schütteten die Zwerge feinen, silberblau schimmernden Sand hinein. »Das ist Mondenquarz, Märchentraumsand. Der große runde Mond hat ihn uns geschenkt«, erklärten sie Kilian. Sie gaben noch etwas Pottasche, Salpeter, Borax und Sodaklumpen dazu und mischten alles sorgfältig unter seltsamem Gemurmel.

»Nun kannst du uns die Märchenkugel blasen«, erlaubten die Wichte. »Das ist eine Kugel, in der sich über tausend märchenhafte Bilder widerspiegeln, eine Kugel, die von wundersamen Dingen erzählt.«

Da tauchte Kilian seine Glasbläserpfeife in das flüssige Märchenglas und blies eine Kugel, die nur so groß war, daß Kinderhände sie umfassen konnten. Sie schillerte in allen Farben des Regenbogens.

Als die Märchenkugel abgekühlt war, legten die Zwerge sie vorsichtig auf den Boden, tanzten um sie herum und sangen dazu:

»Mondensilber, Wunderträume,
mächt'ge Felsen, grüne Bäume,
Lebensquelle, Märchensand
führen in ein lichtes Land.«

Das ging lange Zeit so, bis tief in die Nacht hinein. Endlich überreichten die Quarzzwerge dem Glasbläser die Märchenkugel. »Da nimm! Morgen kommt

eine Frau zu dir. Wir wissen es. Sie hat ein trauriges Gesicht. Schenke ihr die Kugel. Die wird sie ihrem kranken Kind, der kleinen Amelie, bringen.«
Wie die Zwerge vorausgesagt hatten, kam am nächsten Tag tatsächlich die Frau mit dem traurigen Gesicht. Der Glasbläser schenkte der Mutter die in allen Regenbogenfarben schillernde Märchenkugel der Quarzzwerge.
Mit fieberheißen Wangen lag die kleine Amelie in ihrem Bettchen. Über die Glaskugel, die ihr die Mutter mitgebracht hatte, freute sich die Kleine sehr. Sie schaute in das schillernde Glas und entdeckte darin wundersame Bilder: Wald und Wiesen, Felsen und Quellen, Sonne, Mond und Sterne. Sogar winzige lustige Wichte tummelten sich in der Kugel. Amelie hielt sie ans Ohr. Da hörte sie es leise singen:
>>Mondensilber, Wunderträume,
mächt'ge Felsen, grüne Bäume,
Lebensquelle, Märchensand
führen in ein lichtes Land.«
Auf einmal war das Zimmer hell und leuchtend und voll neuer Bilder. Amelie schlief glücklich ein, und es war ihr, als flöge sie mit der wundersamen Kugel über Wiesen und Wälder hinauf zu den Wolken über der Ravennaschlucht. Am anderen Morgen hatte Amelie zum ersten Mal seit langer Zeit kein Fieber mehr.
Die Quarzzwerge hatten dies alles beobachtet. Noch oft kamen sie zu dem alten Kilian und baten ihn, eine Märchenkugel für ein krankes Kind zu blasen.
Der alte Kilian lebt längst nicht mehr. Auch heute gibt es wieder einen Glasbläser in der Ravennaschlucht, und er bläst Märchenkugeln wie einst der alte Kilian. Ob sie jedoch aus Mondenquarz sind und von den Zwergen der Ravennaschlucht besungen werden, das hat der Glasbläser bisher noch niemandem verraten.
So liegt es an den Kindern, selbst herauszufinden, ob man in diese Kugeln hineinträumen und mit ihnen eine Reise ins Land der Phantasie unternehmen kann...

M 2
Die Feenschnecke
von Uta Wallaschek

Ich möchte euch jetzt ein ganz besonderes Schneckenhaus vorstellen. Wenn ihr ganz still seid und gespannt wartet, wird euch diese Schnecke etwas Wunderschönes erzählen. Was sie kann wie kein anderer, das ist: Zuhören. Das ist doch nichts Besonderes, wird jetzt der eine oder andere von euch sagen, zuhören kann doch jeder.
Aber das ist ein Irrtum. Wirklich zuhören können nur ganz wenige Menschen. Und so wie sich unsere Schnecke aufs Zuhören versteht, das ist ganz und gar einmalig.

Die Schnecke kann so zuhören, daß dummen Leuten plötzlich sehr gescheite Gedanken kommen. Nicht etwa, weil sie etwas sagt oder fragt, was den anderen auf solche Gedanken bringt, nein, sie sitzt nur da und hört einfach zu. Dabei schaut sie den anderen mit ihren großen, dunklen Augen an, und der Betreffende fühlt, wie in ihm auf einmal Gedanken auftauchen, von denen er nie geahnt hatte, daß sie in ihm stecken. Sie kann so zuhören, daß ratlose oder unentschlossene Leute auf einmal ganz genau wissen, was sie wollen. So kann die Schnecke zuhören.
(Die Feenschnecke erwacht langsam mit den entsprechenden Aufwachgeräuschen und streckt vorsichtig, ein kleines Stück, den Kopf aus ihrem Haus. Während sie ihre Geschichte erzählt, wird der Inhalt mit den entsprechenden Bewegungen der Feenschnecke unterstützt.)
»Oh, träume ich, oder bin ich schon wach? Ich hatte einen schönen Traum. Ich war bei Menschenkindern, die auf mich gewartet haben, um meine Geschichte zu hören. Bis heute habe nur immer ich zugehört. Das kann ich, wie kein anderer. Jetzt ist mein Traum Wirklichkeit geworden, ich darf von mir erzählen, und viele Kinder hören mir zu.
Ihr wundert euch sicher, in welch' sonderbarem Haus ich wohne. Wie es dazu kam, will ich euch gleich sagen.
Lange Zeit lebte ich in einem kleinen, sauberen Feenhaus, das in einer hellen Waldlichtung stand. Ich hatte mir einen Garten angelegt, in dem fast das ganze Jahr über herrlich duftende Blumen blühten. Eigentlich war ich glücklich, aber doch ein bißchen allein. Selten bekam ich Besuch von anderen Feen, die tief im Wald wohnten. Damals schon, um mich zu beschäftigen und viel zu erleben, lernte ich träumen – selbst am hellichten Tage.
Eines Tages im Sommer, ich saß gerade in der warmen Sonne vor meinem Häuschen und hörte dem Gezwitscher der Vögel zu, dachte ich mir eine schöne Geschichte aus. Da plötzlich purzelte ein kleiner, drolliger Waschbär in mein Häuschen. Alles war zerstört. Der kleine Tolpatsch bedauerte das Mißgeschick sehr. Aber was nützte es mir? Ich mußte ein neues Zuhause suchen. Alles, was heil geblieben war, packte ich in einen Beutel und machte mich auf die Suche nach einem neuen Haus.
Zuerst fand ich Bleibe in einem großen, dicken Steinpilz. Als es Herbst geworden war und die Tage immer kühler und kühler wurden, schrumpelte mein Pilz immer mehr zusammen, und es wurde zunehmend ungemütlicher.
Kurz vor dem ersten Schneefall nahm mich ein Specht in seine weich gepolsterte Baumhöhle auf. Es war kuschelig warm im Nest, und wenn mein farbenprächtiger Vogel nicht gerade klopfend auf Futtersuche war, wärmte er mich mit seinem bunten Gefieder und erzählte mir viel aus seinem Leben. Es war ein klirrender, kalter Winter. Der Schnee glitzerte in der Sonne und hatte die Natur warm eingehüllt mit einer weißen Decke. Im Frühjahr jedoch nahm sich mein Specht eine Frau, und ich störte die beiden bei ihrer Vorbereitung auf den Nachwuchs.
Kurze Zeit wohnte ich danach in einem verlassenen Vogelnest. Dieses hatten

die Drosselrohrsänger sorgfältig aus Stengeln und Blättern der Wasserpflanzen an Halmen des Schilfrohres befestigt. Ich fühlte mich sehr wohl darin, denn mein luftiges Heim bewegte sich sanft im Wind und schaukelte mich in die phantasiereichsten Träume. Im frühen Sommer jedoch kehrten die Drosselrohrsänger mit ihrem betörenden Gesang zu ihrem Nest zurück, um zum zweiten Mal im Jahr zu brüten. Nun packte ich wiederum meine sieben Sachen zusammen und machte mich erneut auf die Suche nach einem anderen Haus.
Immer wieder fand ich nun auf meiner Wanderung Unterschlupf bei Spitzmäusen, bei Grillen oder Eichhörnchen. Diese erzählten mir wunderschöne Geschichten, erfreuten mich mit ihrem schönen Gezirpe oder brachten mir das Schwingen von Ast zu Ast bei. Es war eine schöne Zeit, aber nach wenigen Tagen zog es mich immer wieder fort, ich wollte doch ein eigenes Zuhause finden.
Zwei Monate lebte ich dann noch bei einem sanften, etwas murrigen Maulwurf. Tagsüber arbeitete er hart an seinem Bau. Wenn ich von meinen Ausflügen auf die grünen Wiesen mit ihrem betörenden Geruch, ihrem Klingen und Singen, dem Gefühl wohliger Wärme auf der Haut mit einem Geschmack süßer Walderdbeeren auf der Zunge durch die dunklen, engen Gänge irrte, wurde mir klar – ich muß ein Heim finden, das mir all diese Genüsse vor der Haustüre bietet. Weil der Maulwurf so wundervolle Geschichten erzählen konnte, blieb ich doch eine lange Zeit bei ihm.
Eines Tages aber packte ich wieder meinen Rucksack und begann, nach einem herzlichen Abschied von dem Maulwurf, meine Reise zum Meer.
Mein Weg führte mich über Berg und Tal, über grüne, farbige und saftig duftende Sommerwiesen, über schroffe, spitze Bergketten, wo noch in schattigen Kuhlen Schneereste lagen. Endlich hörte ich, in einem blauen, endlosen Lavendelfeld, das Rauschen des Meeres. Laut krachend brausten die Wellen der Brandung an den schroffen Felsen. Jetzt konnte ich es nicht mehr länger aushalten. Ich besann mich darauf, eine Fee zu sein, und begann zu fliegen. Unter mir endlose Mais- und Getreidefelder, aufgelockert durch gelbe Tupfen der Rapsbeete, roter Klatschmohn und tiefblaue Kornblumen im Weizenfeld und zartlila, duftender Lavendel. Jetzt sah ich schon in der Ferne die hochaufgetürmten Sanddünen, die gelb-ockerfarben bis braun schillerten und rieselten. Sanft bewegten sich Woll- und Graskräuter im Wind.
Endlich konnte ich landen, im warmen, nach Muscheln und Tang riechenden Sand. Ich war da – im Land – am Strand meiner Träume.
Endlich hatte ich mich erholt von den Eindrücken der mich umgebenden Landschaft. Lange lauschte ich dem abebbenden Prusten und Pusten meines Atems. Ich spürte die Wärme des Sandes, der mich rieselnd einhüllte, und roch die salzigen Genüsse des Meeres. Die Sonne brannte und ließ die Schätze der See glitzern und schillern. Ich kam mir vor, als wäre ich in einem Märchenland gestrandet. Ich brauchte lange, um all diese mich umgebenden Eindrücke zu verarbeiten.

Endlich, kurz vor Sonnenuntergang, machte ich mich auf den Weg. Die Sonne stand als gewaltiger Lichtball in den Farben orange bis dunkelrot über dem tiefblauen Meer. Nach einem kurzen, beeindruckenden Weg fand ich sie – meine Meeresschnecke – verlassen und perlmuttschimmernd im untergehenden Licht.
Seit damals ist das Schneckenhaus mein neues Heim. Ich fühle mich darin sehr wohl und kann mich, wenn es mir danach ist, darin verstecken, um zu träumen.
Es ist dunkel im Schneckenhaus, und die Träume kommen schnell. Nach kurzer Zeit fängt der Perlmuttschimmer den Glanz von Sonne, Mond und Sternen ein und spiegelt diesen in meinen Phantasiereisen wider.
Ich bin glücklich in meinem Meeresschneckenhaus.
Lange Zeit auf meinen Reisen hatte ich zugehört und mich darüber erfreut, was alle zu erzählen hatten. Ich habe dies alles aufgenommen in meine Träume und ergänzt durch Gesehenes, Gehörtes, Gefühltes, Gerochenes und Geschmecktes auf meiner langen Reise zu meinem neuen Zuhause.
Ich denke, nachdem ihr meiner langen Geschichte aufmerksam zugehört habt, könnt ihr viele meiner Träume nachempfinden. Ihr sollt sie aufschreiben und nachspielen.
Eure Feenkinder wohnen übrigens nicht in Meeresschneckenhäusern, sondern in verlassenen Gehäusen der Wald- und Wiesenschnecken. Alle haben das Gefühl, gut aufgehoben zu sein, und sind sehr glücklich.

M 3

Erntetanz

Alles, wofür wir danken, wird jeweils in der dritten Zeile eingesetzt, so daß nach und nach immer mehr dazukommen. Einer beginnt, und immer mehr gehen in den Kreis und gehen schreitend darin herum. – Es können auch von der Mitte aus bunte Bänder aufgenommen werden, die von einem mitten im Kreis gehalten werden und von denen jeder Mittänzer ein Ende aufnimmt.

Dank für die Äpfel, Dank für die Gaben,
daß wir zu essen, was zu essen haben.
Dank für die Birnen... / Dank für die Trauben... / Dank für die Brote... / Dank für den Kuchen... / Dank für die Blumen... / Dank für die Kartoffeln... / usw.
Text: Rolf Krenzer. Musik: Ludger Edelkötter
Aus: IMP 1022 »Wir feiern heut' ein Fest«. Alle Rechte im Impulse-Musikverlag, 4406 Drensteinfurt.

M 4
»Die Wüste blüht«
von Petra Mark

Adventsweg – Maria begegnet Elisabeth

Sprecher:	Alle Leute im Dorf wissen inzwischen, daß Maria, die Frau von Joseph, ein Kind bekommt. Nett war Maria ja schon immer, aber jetzt, seit sie ihr Baby erwartet, ist sie verändert: Eine Ruhe geht von ihr aus, und wer in ihre Nähe kommt, fühlt sich gleich ganz wohl und warm. »Habt ihr schon gehört?« erzählen sich die Menschen in der kleinen Stadt, »Maria geht fort; sie will ihre Cousine Elisabeth besuchen. Die bekommt doch auch ein Kind. Ach, irgendwie schade, daß Maria geht...«. Und Maria macht sich auf den Weg. »Ich geh mit dir! Damit du nicht so alleine bist auf dem langen Weg!« hört sie plötzlich eine kleine Stimme neben sich und sieht ein Kind, ein Schulkind, neben sich. Maria freut sich, und die beiden gehen zusammen los. Das Kind wird seine Ferien auch bei Elisabeth verbringen dürfen. Kaum sind sie aufgebrochen, hören sie ein lautes Geschrei in dem Haus neben ihrem Weg:
Bäcker:	Was hast du gesagt, du dummer Metzger? Ich wäre ein schlechter Bäcker? Na, warte nur, dir werde ich's zeigen!
Metzger:	Oh, Bäcker, du hast die Leute schon immer betrogen! Dir habe ich es ja noch nie getraut!
Sprecher:	Da sehen die beiden auf einmal Maria, die an ihnen vorbeigeht. Und plötzlich haben sie ihren Streit vergessen. Sie fühlen nur noch diese Ruhe und Wärme, die von Maria ausgeht. Und als Maria still lächelt, da zucken sie die Schultern und schauen sich freundlich an. Und Maria geht weiter. Bald darauf hört man wieder lautes Geschrei.
Ein Mann:	Mit Absicht haben Sie ihren Hund in meinen Garten geschickt, damit er meine Rosen zertrampelt, mit Absicht!
Eine Frau:	Und Sie, Herr Nachbar, Sie waren es doch, der immer diese bösen Geschichten über mich erzählt hat, nur Sie!
Sprecher:	Mit wütendem Blick stehen sich die beiden gegenüber, als Maria vorbeikommt. Maria sieht sie nur fragend an. Dann lächelt sie. Und die beiden Nachbarsleute verstehen: ihre Streitereien sind nicht der Rede wert. Hier kommt bald ein Kind zur Welt, und was für ein Kind! Maria geht weiter.

	Da hört sie lautes Weinen und Schluchzen: Ein Kind steht mit zerrissener Jacke da, das andere hat eine Beule.
Junge:	Das hast du nun davon, blöde Heulsuse! Hättest du mich nicht geärgert!
Mädchen:	Du hast doch angefangen! Nie läßt du mich in Ruhe!
Sprecher:	Maria bleibt stehen und beugt sich zu den beiden herunter. Und als die zwei ihren freundlichen Blick spüren, da schämen sie sich plötzlich ihres Streites. Dann lachen sie laut los, nehmen sich bei der Hand und rennen fort. Maria aber geht weiter, das Kind an ihrer Seite, hinaus zur Stadt. Und sie kommt in die Wüste, die vor der Stadt beginnt. Alles ist öde, karg und trocken hier. Keine Blume wuchs bisher, kein grünes Gras. Aber als Maria dort durchgeht, da ändert sich plötzlich alles: die Wüste blüht! Blumen beginnen zu sprießen, Gräser wachsen, Wasserquellen beginnen zu sprudeln. Und Maria geht weiter. Sie kommt auf ihrer langen Wanderung in ein Gebirge. Hier wird es immer schwieriger weiterzugehen. Dunkle, graue Felswände steigen vor ihr auf, und steil windet sich der Weg nach oben. Maria bekommt Angst. Es scheint alles so mächtig und bedrohlich zu sein, und sie ist so schwach und fast allein. Das Kind sieht ängstlich zu ihr auf. Da steigt auf einmal ein dichtes Gehölz vor ihnen auf: ein uralter Dornenwald, der seit sieben Jahren kein Laub mehr getragen hat. Wie soll Maria wohl da durchkommen? Ob die Dornen ihr einen Weg freimachen werden?

Lied: »Maria durch ein' Dornwald ging«

Aus den gefährlichen Dornen sind Rosen geworden, und mitten hindurch gibt es einen Pfad für Maria und das Kind. Glücklich und frei laufen sie schnell hinaus ins Freie.
Hier kennt sich Maria gut aus: Das ist die Gegend, wo Elisabeth wohnt, und da ist auch schon ihr Haus!
Elisabeth steht vor der Haustüre.

Anmerkungen

1 *Barbara Wolffhardt:* Kinder entdecken das Museum. München 1983, S. 33.
2 Quelle bei *Uta Wallaschek,* Stilleübungen, Beispiele und Erfahrungen, in diesem Band, Anm. 3.
3 Vgl. *Gabriele Faust-Siehl,* Kinder heute in einer Schule der Stille, Stille und Stilleübungen in der veränderten Kindheit, in diesem Band, S. 28.
4 Der Begriff wird verwendet bei *Helga Bleckwenn/Rainer Loska:* »Phantasiereise«. Imaginative Verfahren im Deutschunterricht. In: Pädagogik heute 40 (1988) 12, S. 24ff. Die Intentionen dieser Autoren und die Ziele, auf Grund derer Stilleübungen durchgeführt werden, stimmen jedoch nicht überein. Stilleübungen sind weder »geregeltes Spiel« noch »Einübung sinnlicher Vorstellungen«.
5 Zuckerkreide wird hergestellt, indem farbige oder weiße Tafelkreide 30 Minuten vor Benützung in einen halben Liter Wasser, in dem 4 Eßlöffel Zucker aufgelöst wurden, eingelegt wird. Die Kreide wird im feuchten Zustand verwendet. Nach Benutzung wird sie getrocknet und vor dem nächsten Gebrauch erneut in Zuckerlösung eingelegt. *Achtung!* Nicht mehr als Tafelkreide verwenden!
6 *Kurt Tucholsky,* GESAMMELTE WERKE Band 2, Seite 215. Copyright (c) 1960 by Rowohlt Verlag GmbH, Reinbek.
7 In Anlehnung an das Spiel »Gordischer Knoten«. In: *Andrew Fluegelman/ Shoshana Tembeck:* New Games. Die neuen Spiele. Soyen 1976, S. 69.
8 Kinderaussagen aus *Angelika Vogel:* Ich möchte eine Blume sein. Freiburg 1984[4]. Die Unterrichtsvorhaben wurden in Zusammenarbeit mit Frau Eleonore von Dincklage, Stuttgart, entwickelt.
9 *Eva-Maria Bauer,* »Bau mir das Haus!« – Fundamente, Säulen und Erfahrungsräume einer ›Didaktik der Stille‹, in diesem Band, S. 73.
10 *Hajo Bücken:* In und mit der Natur: Mit Kindern im Spiel die Natur erkunden. Freiburg 1983, S. 151.
11 Text und Melodie in *Gerhard Sennlaub (Hrsg.):* Gloria und Plätzchenduft. Advent und Weihnachten in Kindergarten und Grundschule. Heinsberg 1984, S. 292.
12 *Rolf Krenzer/Ludger Edelkötter:* Kinderlieder – Krippenspiele. IMPULSE-Musikverlag, 4406 Drensteinfurt 1985.
13 Bild und Text: Empfangen und Schenken. Dia-Meditationen für Kinder. Impuls-Studio, Ottweilerstr. 3, 8000 München 83.
14 *Krenzer/Edelkötter,* a.a.O., S. 66.
15 *Rolf Krenzer:* Die Geschichte vom Weihnachtslicht. In: Derselbe, Weihnachten im Kindergarten: Angebote für Kinderfeste vom Martinstag bis zum Dreikönigstag. Lahr 1986[4], S. 53f.

5 ›Was die Dinge erzählen‹ – Handeln, Vernehmen und Stilles Schreiben[1]

Schreiben gehört zum täglichen Brot des Schulkindes. Es muß von der Tafel abschreiben und seine Hausaufgaben aufschreiben, soll Wörter richtig und Buchstaben schön schreiben, schreibt Geschichten nach und Aufsätze ins Reine. Für viele Kinder ist Schreiben verbunden mit verkrampften Fingern, krummem Rücken und der Angst vor dem Rotstift. Unruhige Klassen mit Schreibarbeiten zu disziplinieren, ist oft auch im Religionsunterricht beliebte Methode, denn welcher Lehrer kennt nicht die erholsame Ruhe von Schreibstunden, die Kinder auf die Stühle, ihre Augen aufs Papier und ihre Hände zum Festhalten eines Stiftes zwingen? Zum Glück gibt es auch Klassen, die ein anderes Bild schreibender Kinder bieten: Kinder, die sich mit Papier und Bleistift in die Ecke verkrochen haben, ein ruhiges Plätzchen auf dem Schulflur suchen oder den Fenstersims als Unterlage nehmen, um in schreibender Ungestörtheit ihren Erlebnissen, Träumen und Sehnsüchten nachhängen zu können. Ob Kinder Gelegenheiten zum Schreiben mit einem lustlosen »Och, schon wieder« begegnen oder eigens zehn Minuten früher kommen, »um die Geschichte von gestern noch fertigschreiben zu können«, liegt auch an dem, der sie Schreiben lehrt.
Sollen Kinder Spaß am Schreiben haben, müssen sie ermutigt werden, erzählend, fabulierend, reimend ihre Welt zu fassen, nach außen zu kehren, was in ihnen steckt, sich selber hinzuschreiben.
Für den Deutschunterricht mag dies ja gelten, wird mancher einwenden, aber warum soll den Religionslehrer die Kunst des Schreibens beschäftigen?
Kinder lernen im Religionsunterricht nicht nur, Texte zu lesen und auszulegen, sie erfahren auch etwas über deren Entstehung, ihre Aufschreiber und deren Absicht, über mündliche und schriftliche Erzähltraditionen. In zunehmendem Maß begegnen sie den großen heiligen Büchern, der Bibel im besonderen, und damit letzten Weisheiten unseres Lebens. Sie hören von Menschen, deren inwendige Erfahrungen ein so dichtes Maß annehmen, daß ihre Seele davon überläuft und sie zum Schreiben zwingt. Kinder und Lehrer beschäftigen sich hier mit Texten unermeßlicher Tiefe und erfahren darin Sprachgewalt, aber auch Sprachlosigkeit, denn »das Letzte, das Letzte geben die Worte nicht her.« (Wolfgang Borchert)
»Wenn man alles aufschreiben wollte, so könnte, wie ich glaube, die ganze Welt die Bücher nicht fassen, die man schreiben müßte«, ist im Nachtrag des Johannesevangeliums zu lesen.

An den Texten des Religionsunterrichts können Kinder Text-Verständnis lernen. Sie lernen verstehen, daß Menschen aufzuschreiben versuchen, was sie betroffen macht, daß in scheinbar vordergründigen Geschichten hintergründiger Sinn verborgen ist, dem der Leser mit Achtung zu begegnen hat, – ein gewiß anspruchsvolles Verständnis vom Schreiben, das dem Religionsunterricht mit aufgegeben ist.
Meine Erfahrungen mit schreibenden Kindern haben mir gezeigt, daß in ihren Texten ein ähnlicher Anspruch steckt, daß ihren Geschichten ebenfalls große Achtung gebührt und Lehrer wie Kinder ernst zu nehmen haben, was ein Kind dem Papier anvertraut.
Schreiben im Religionsunterricht kann dazu beitragen, Kinder zu einer eigenen Spiritualität zu führen. Schreibend machen sie sich die Sprache der Dinge zu eigen, lernen auszusprechen, was sie anspricht, finden zu sich, indem sie über sich schreiben.
Vom Schulaufsatz zum freien Text – die folgenden Stationen möchten eigene Wege zu diesem Ziel beschreiben.

5.1 Schreib-Erfahrungen

5.1.1 *Erlebnis-Aufsätze*

Weil ich meine Erfahrungen als Kind inzwischen vergessen hatte, teilte ich in den Aufsätzen die dazugelernten Erfahrungen mit eingelernten Wörtern mit. Sollte ich ein Erlebnis beschreiben, so schrieb ich nicht über das Erlebnis, wie ich es gehabt hatte, sondern das Erlebnis veränderte sich dadurch, daß ich darüber schrieb, oder es entstand oft erst beim Schreiben des Aufsatzes darüber, und zwar durch die Aufsatzform, die man mir eingelernt hatte: Sogar ein eigenes Erlebnis erschien mir anders, wenn ich darüber einen Aufsatz geschrieben hatte. In den Aufsätzen über Treue und Gehorsam schrieb ich wie in Aufsätzen über T. und G., in Aufsätzen über einen schönen Sommertag schrieb ich wie in Aufsätzen über einen sch. St., in Aufsätzen etwa über das Sprichwort »Steter Tropfen höhlt den Stein« schrieb ich wie in Aufsätzen über das Sprichwort »St.Tr.h.d. Stn.«, bis ich schließlich an einem schönen Sommertag nicht den schönen Sommertag, sondern den Aufsatz über den schönen Sommertag erlebte.[2]

Mit eingelernten Wörtern wie in Aufsätzen schreiben, wer kennt das nicht aus der eigenen Schulzeit? Die Erlebnisse hatten sich nach der Schule zu richten, nicht die Schule nach den Erlebnissen. Erleben sollte man nach Stundenplan. »Als ich einmal Angst hatte« war eben

Aufsatzthema am Freitag in der dritten Stunde und konnte nicht am Montagmorgen nach einer angstvollen Nacht beschrieben werden. »Mein schönstes Ferienerlebnis« stand da an der Tafel, obwohl die Ferien längst vorbei und doch gestern der Kanarienvogel gestorben war.

»Ufsaz« bedeutete im Mittelhochdeutschen das Auferlegen von Steuern, also etwas, das von oben verlangt und unten ausgeführt werden mußte. Unsere Sprache kennt das Verb »aufsetzen« und wendet dies nicht nur bei Hüten an. Mit aufgesetzter Miene laufen wir gelegentlich herum, wenn wir unser wahres Gesicht nicht zeigen wollen oder dürfen. Der Schulaufsatz ist damit etymologisch bereits vorbelastet und scheint auch seinem Namen alle Ehre zu machen.

Wenn Kinder nun nicht mehr schreiben sollen, was der Lehrer ausdenkt, sondern schreiben dürfen, woran sie selber denken, was »ihnen auf die Nerven drückt« und sie seelisch durchrüttelt[3], so sprechen wir lieber nicht mehr von Aufsätzen, sondern nennen das freies Schreiben. Die dabei aufgeschriebenen Erlebnisse sind dann auch nicht nur erlebt im vordergründigen Sinn von ›einmal passiert‹, sondern können inneren Vorstellungen und Erfahrungen entsprechen. Das Kind kleidet sie in äußere Erlebnisse, um auszudrücken, was beeindruckt hat – Schriftsteller versuchen dies ebenso –:

Ein alter Esel und eine winzige Maus
Ein Esel ging spazieren.
Der Esel war alt. Er suchte sich Freunde.
Er lief und lief.
Dann sah er ein Mauseloch. Da kam eine winzige Maus raus.
Die Maus sagte: Guten Tag, Herr Riese, und der Esel sagte:
Winzige Maus, willst du meine Freundin sein?
Sie sagte: Ja.
Der Esel sagte: Juchu, Juchu!

Kamuran

Wenn Kamuran, ein türkisches Mädchen und außerdem die Kleinste der Klasse, so etwas schreibt, dann ist es nicht auf-gesetzt. Sie, die Kleine, schreibt sich hier ihren Kummer mit den Großen von der Seele. Sie wünscht das Herabbeugen der Großen zu den Kleinen, die Freundschaft zwischen mächtigen Riesen und winzigen Mäusen, will damit die Umkehrung der Verhältnisse.

Eine kurze Geschichte, und doch ist in ihr alles gesagt! Sie kann zum Erlebnis für den Lehrer werden.

5.1.2 Kinderstuben-Pädagogik

Hat ein Kind sprechen gelernt, so hat es einen der schwierigsten Lernprozesse seines Lebens bewältigt, und das ohne die Lernkonzepte der Schul-Pädagogen. Es hat sprechen durch Sprechen gelernt. Es durfte sprechen, ohne schon richtig sprechen zu können. Wie mit dem Sprechen verhielt es sich auch mit dem Laufenlernen und vielen anderen lebenswichtigen Vorgängen seiner Kindheit. Nun kommt es in die Schule, um schreibend sprechen zu lernen. Wann soll damit begonnen werden? Nun, wenn es schreiben kann natürlich, werden viele sagen. Und wann kann es schreiben, schön, gut, und vor allem recht schreiben? Im zweiten, manchmal auch erst im dritten Schuljahr vielleicht, zumindest weiß es dann tausend Rechtschreibregeln. Aber kann das Kind mit ihnen Texte schreiben? Schon 1914 tat Fritz Gansberg einen Blick über den Schulzaun zurück in das vorschulische Leben der Kinder. Er fragte sich, was mit ihnen passiert wäre, hätten ihre Eltern versucht, nach Schulmanier »alle Sprachversuche so lange [zu] unterdrücken, bis die Kinder zur, wie es im Amtsstil heißt, deutlichen und lautrichtigen Wiedergabe einzelner Wörter und Sätze befähigt sind? Ja, ja, so würde es in allen Kinderstuben zugehen, wenn unsere Seelenmechaniker und Bildungsschuster dort zu kommandieren hätten.
Statt dessen sehen wir ein beglücktes Studium dieser verworrenen, lallenden Sprachversuche an allen Kinderbetten; man lacht über all die kleinen verunglückten Wortbildungen und hat doch auch seine herzliche Freude daran, denn sie sind ja die schönsten Anzeichen des erwachenden Geistes... Diese Pädagogik der Kinderstube ist so folgerichtig und zweckmäßig, daß wir gar nichts besseres tun können, als sie voll und ganz auf den Schulunterricht und insonderheit auf den Schreibunterricht zu übertragen.«[4]
Von dieser Kinderstuben-Pädagogik ließ sich auch Freinet leiten, als er seine »méthode naturelle« für die Schule entwickelte.
»Unsere natürlichen Methoden beruhen auf genau denselben Prinzipien, nach denen seit Menschengedenken Kinder sprechen und laufen gelernt haben. Niemand wäre je auf die Idee gekommen, daß dazu Regeln, Aufgaben und Unterricht notwendig seien.
Indem man spricht, lernt man zu sprechen; indem man schreibt, lernt man zu schreiben...
Das Kind lernt in einer Rekordzeit sprechen, weil es pausenlos spricht und weil die Mutter ihm unermüdlich zuhört und ebenfalls mit ihm

spricht. Das Kind würde ohne irgendeine systematische Übung und ohne besondere Regel schreiben lernen, wenn dieselben unerläßlichen Bedingungen gegeben wären; d. h. wenn es nicht jeden Tag nur ein paar Minuten schreiben oder lesen würde, sondern sozusagen pausenlos...«[5]

Nicht nur die Anfangsklassen, sondern alle vier Grundschuljahre sollten Kinderstuben sein, in denen Kinder auf natürliche Weise zum Sprechen und Schreiben, zum Denken und Erkennen finden.

Kinder, die erst in der dritten Klasse richtig selber schreiben dürfen, können das oft nicht mehr. Die Dominanz von Rechtschreibung und grammatikalischer Korrektheit hat Sperren errichtet, die den natürlichen Erzählfluß des Kindes ungeheuerlich hemmen können. Viele Lehrer übernehmen Klassen, in denen ein natürliches mündliches wie schriftliches Erzählen den Kindern abgewöhnt wurde. Dem Religionslehrer, ist er gar nur Fachlehrer, fällt meist das Los zu, mit Kindern unterschiedlichster Schreibvoraussetzungen zu arbeiten.

5.2 Den Kindern das Wort geben: Freies Schreiben in der Schule

5.2.1 *Wie freie Texte entstehen*

Die Lust, sich mitzuteilen, bringen Kinder in die Schule mit. Dürfen sie in freier Weise von sich erzählen, geschieht dadurch eine erste Hinführung zum freien Schreiben. Viele Situationen bieten Anlässe für Klassengespräche, und die meisten Klassen kennen ja auch ihre festen Erzählzeiten und die damit verbundenen Rituale. Sie lernen, sich in angemessener und verständlicher Weise mitzuteilen, aber auch, zuzuhören und für Erfahrungen anderer Interesse zu zeigen.

Dem Lehrer kommt dabei eine wichtige Rolle zu. Er hat darauf zu achten, daß es nicht immer die gleichen sind, die erzählen, daß es nicht Kinder gibt, die das Sagen haben, und daneben die Stillen, die mit der Rolle des Zuhörers zufrieden sind.

Sowohl die Ordnung von Tischen und Stühlen als auch gemeinsam festgelegte Gesprächsregeln helfen den Kindern, aufmerksam zu sein, wenn einer etwas zu erzählen hat. Wichtig ist das Vorbild des Lehrers. Zeigt er sich aufnahmebereit und interessiert gegenüber allen Kindern, so vermag er sie auch offenzuhalten füreinander. Klassengespräche tragen dazu bei, daß jeder seinen Platz in der Klasse finden kann und sich von der Gruppe getragen weiß.

Die Woche beginnt mit dem Erzählkreis am Montagmorgen. Die Kinder berichten von ihren Erlebnissen am Wochenende, und ich räume ihnen genügend Zeit ein, damit alle, die wollen, erzählen können. Wir haben dabei eine feste äußere Form: die Kinder finden sich im Sitzkreis ein, der Stuhl vor der Tafel bleibt dem Erzähler vorbehalten. Erzählen will gelernt sein, das haben die Kinder schnell gemerkt. Damit daraus keine langatmige Schwätzerei wird, haben wir eine Erzählregel gefunden: Erzähle ein Erlebnis genau und erzähle auch, wie du dich dabei gefühlt hast. Hat der Erzähler seine Geschichte beendet, können sich andere dazu äußern und werden von ihm der Reihe nach aufgerufen. Alle, auch der Lehrer, haben zu warten, bis sie dran sind. So regeln die Kinder ihre Gespräche allmählich ganz selbständig und lernen dabei, geordnet, aber nicht angeordnet miteinander umzugehen.

Der tägliche Morgenkreis läuft ebenso ab. Hier kann Gefundenes, Gebasteltes, Entdecktes vorgestellt werden. Wer einen schönen Stein zeigt, erzählt auch dessen Geschichte, wer Schneeglöckchen mitgebracht hat, weiß von Frühlingsboten zu berichten. So helfen unsere Erzählkreise, Brücken zu bauen zwischen Schule und Leben.

Nicht nur Erstkläßler vermögen nicht, eigene Texte zu schreiben, Kinder aller Klassenstufen können Schwierigkeiten mit dem schriftlichen Erzählen haben. Solchen Kindern muß man Mut dazu machen, aber auch Wege aufzeigen, wie sie Schreibbarrieren überwinden lernen. Die erste Hilfe besteht darin, wie bereits gesagt, sie frei erzählen zu lassen. Sind die Kinder hier zu Hause, können sie nach den gleichen Regeln zu schriftlichen Erzählversuchen angeregt werden. Die Kinder schreiben also ihre Geschichten auf und wählen das Thema dabei selbst. Stärker noch als beim mündlichen Erzählen sind sie beim Schreiben gezwungen, sich auf Wesentliches zu beschränken, den Ablauf zu strukturieren und die Geschichte zu einer verständlichen Rundung zu bringen.

Eines Montagmorgens, die Kinder sitzen bereits unaufgefordert im Kreis, teile ich Papier aus mit der Bitte: »Versucht heute mal das, was ihr erzählen wollt, aufzuschreiben.« Überrascht und auch teilweise irritiert kehren die Kinder an ihre Plätze zurück. Einige beginnen sofort damit, andere sitzen etwas ratlos und unschlüssig vor ihrem Bogen Papier. Nach einiger Zeit schreiben die meisten Kinder und geben mir damit Gelegenheit, mit denen zu sprechen, die nicht weiter wissen. Ich lasse mir erzählen, was es zu erzählen gibt, und helfe dann beim Formulieren der ersten schriftlichen Sätze. Ein paar Kinder tun sich besonders schwer damit, einen Anfang zu finden. Hier greife ich auf die Urform nichtmündlicher Mitteilung zurück, das Bild. Was gemalt ist, hat eine erste Form und Eingrenzung bekommen und kann aus dieser bildhaften Ordnung heraus eher schriftlich dargestellt werden. Diese Kinder malen also ihre Geschichte und versuchen dann eine sprachliche Fassung. Solche Bildergeschichten, auf die ich bei Schreibschwierigkeiten immer wieder zurückgreife, bilden wichtige Übergänge vom mündlichen zum schriftlichen Erzählen.

Ist die Eigendynamik des Schreibens in der Klasse erst einmal in Gang gekommen, werden die Kinder nach häufigeren Schreibzeiten verlangen. Es ist schön für sie, das Sich-selber-Hinschreiben mit Schreibenlernen gleichsetzen zu dürfen. Neben festgesetzten Schreibzeiten können Förderstunden, Restzeiten während des Schulmorgens oder auch im Idealfall freie Arbeitsstunden dem freien Ausdruck zur Verfügung stehen. Ist dem Lehrer Schreibenlernen wirklich wichtig, so muß er dem sich verselbständigenden Drang der Kinder, frei zu schreiben, genügend Zeit einräumen. Übungen zu Rechtschreibsicherheit und sprachlichem Stil fließen dabei mit ein, so daß die Zeit leidiger Sprachunterrichtsstunden sinnvoller zum Schreiben verwendet werden kann.

Was wäre ein freier Text, wenn er nicht anderen vorgetragen werden dürfen und ihre Aufmerksamkeit finden könnte? Denn das, was den herkömmlichen Aufsatz so leblos macht, ist ja auch die Tatsache, daß er fürs Heft geschrieben wird und niemand dem Erzähler wirklich zuhört. Die Aussicht, gehört zu werden, aber auch mit kritischer Rückmeldung rechnen zu müssen, motiviert außerordentlich und läßt die Kinder mit Ernst vorgehen. Nicht der Lehrer, sondern die Klasse verkörpert den Anspruch, der für einen Text gilt. Schreibenlernen an eigenen Texten, ein nicht immer einfacher, aber sehr lohnender, weil sinn-voller Weg...

Im roten Korb auf meinem Pult sammeln sich täglich freie Texte der Kinder. Ich sehe sie durch, doch verweise ich nur auf Rechtschreibfehler und nehme keine stilistischen Korrekturen eigenmächtig vor. Zweimal während der Woche ist Vorlesezeit. Jede Geschichte wird aufmerksam angehört. Danach teilen die Kinder Eindrücke oder auch Fragen mit und üben in zunehmendem Maße auch Kritik. Lange haben wir gemeinsam überlegt, wie man annehmbare und konstruktive Kritik ausspricht. Danach wurde abgemacht, immer zuerst die gelungenen Teile des Textes anzusprechen (und die gibt es in jedem Text!), anschließend begründete Kritikpunkte vorzubringen und gleichzeitig Alternativen vorzuschlagen, um Möglichkeiten der Verbesserung aufzuzeigen. Es dauerte einige Zeit, bis die Kinder den richtigen Ton gefunden hatten, denn sachliche Kritik fällt Kindern nicht immer leicht. Durch die Arbeit an eigenen Texten erfuhren sie jedoch, wie man Hilfen anbietet, ohne mutlos zu machen.

Immer wieder gebe auch ich Anregungen, doch äußerst zurückhaltend, denn ich meine, freie Texte sollten in ihrer Originalität geachtet werden wie Bilder.

Die Endfassung ihrer Texte schreiben die Kinder sorgfältig ab, um sie in ansprechender Präsentation an der Erzählwand aushängen zu können. Von dort wandern sie nach einiger Zeit in die Leseecke, wo der Geschichtenordner sie in Klarsichtfolien für interessierte Nach-leser bereithält (und derer gibt es viele!).

5.2.2 Was freie Texte mitteilen

Zeitliche und stoffliche Verpflichtungen lassen in der Schule Kindern und Lehrern wenig Möglichkeiten, sich wirklich kennenzulernen und voneinander zu erfahren. Auch wenn der Lehrer den Kindern viel Zeit zum Erzählen gibt, kann es nie genug sein, um fünfundzwanzig oder dreißig Kinder ausreichend zu Wort kommen zu lassen. Zudem wollen die Kinder dann erzählen, wenn sie ein Erlebnis beschäftigt, und das läßt sich bei bestem Willen nicht immer realisieren. Papier dagegen ist immer da, Aufschreiben verlangt weder eine veränderte Sitzordnung noch das Innehalten der anderen, die mit eigenen Dingen beschäftigt sind.

Viel vermögen Kinder von sich herzugeben, wenn sie frei erzählen dürfen. Mehr noch als beim Sprechen drängt beim Schreiben Tiefliegendes an die Oberfläche, kehrt sich Inneres nach außen. Um schreiben zu können, braucht es äußere Ruhe und innere Sammlung, denn das Wesentliche einer schriftlichen Erzählung will gründlich bedacht sein. Häufig erlebe ich, daß Kinder sich zum Schreiben zurückziehen, eine eigene Ecke oder einen besonderen Raum dafür aufsuchen. Sie wollen mit sich alleine sein, um ihrer Erfahrung und damit sich selbst direkt gegenüberstehen zu können. »Beim Schreiben muß man so viel überlegen, da steht alles ganz lang da!« meinte einmal eines der Kinder. Im Schreiben steckt andere Konsequenz und Endgültigkeit als im Sprechen.

Für Grundschulkinder ist Schreiben immer ein anstrengender Vorgang. Allein schon deswegen charakterisieren sprachliche Knappheit und inhaltliche Dichte ihre Texte. Und doch beweisen sie, daß mit wenigen Worten so viel gesagt werden kann, sofern sensible Augen und Ohren sich ihnen öffnen.

Freie Texte prägen das soziale Klima einer Klasse auf eigene Weise. Offenheit und gegenseitiges Vertrauen sind sowohl Voraussetzung als auch Ergebnis freien Schreibens. An freien Texten läßt sich Entwicklungsstand und Atmosphäre einer Klasse messen, denn die preisgegebene Intimität mancher Texte kann schnell zerstört werden durch achtlose Bemerkungen. Haben Kinder dies einmal erfahren, werden sie sich bald in distanzierte Aufsatzsprache zurückziehen. Lehrer und Kinder müssen daher sehr behutsam mit freien Texten umgehen, sollen sie zueinander und nicht voneinander weg führen.

Die Heimwehgeschichte
Ich war am Samstag bei meiner Oma.
Dann sind meine Vetter gekommen
und sie haben mich gefragt, ob ich
mit will. Ich habe ja gesagt. Aber
dann habe ich ein bißchen Heimweh
gekriegt. Trotzdem bin ich tapfer
ins Auto gestiegen. *Martin*

Einer der ersten Texte, die Martin schrieb, war diese Heimwehgeschichte. Er fühlte sich den »Starken« der Klasse zugehörig, brauchte aber immer wieder sehr meine Nähe. Gerne erzählte er von sich, meist recht lang und laut. Um so überraschter war ich daher über diesen eher »leisen« Text. Er trug ihn auch sehr zurückhaltend vor, als würde es ihm schwerfallen, den anderen seine Gefühle so offen zu gestehen. Daß Fortgehen schön ist und auch weh tun kann, daß jede kleine Ablösung die spätere große vorbereitet, das konnte Martin mit seinem Text andeuten...

Schlittschuhfahren
Am Mittwoch war ich Schlittschuh
fahren. Meine Freundin Eila ist
gleich hingefallen. Es hat sehr
weh getan. Dann ist ihre Schwester
gekommen und hat sie heimgebracht.
Aber es hat keinen Spaß mehr gemacht,
weil meiner Freundin ein Unglück passierte. *Hescha*

Eine typische Geschichte für Hescha, die sich immer sehr davon betreffen ließ, wenn andere in Not waren. Viel Empathie steckt in dem Text, man meint zu spüren, wie sehr ihr selbst der Unfall der Freundin wehgetan hat. In der Klasse war Heschas Text Anlaß, davon zu sprechen, wie sehr unser Wohlsein von dem anderer abhängt und wie wir unter dem Unglücklichsein unserer Freunde selbst leiden können...

> Metin will turnen.
> Metin ist ein Kind.
> Warum will Metin turnen?
> Weil er dann Freunde hat.
> *Metin*

Um von sich selber zu erzählen, verwendet Metin die dritte Person. Ist sein Problem so groß, daß er nicht direkt darüber sprechen kann? Einige Kinder haben schnell gemerkt, welche Botschaft Metin an uns alle richtete. Sie äußerten sich betroffen. Gewiß ein Lernprozeß für die Klasse, bestimmt aber auch eine soziale Aufwertung Metins, der sich und seine Not ganz bewußt in die Mitte stellen durfte.

> Am Donnerstag hatte mein Papi
> Geburtstag. Ich wußte nicht,
> was ich ihm schenken sollte.
> Dann ist mir etwas eingefallen.
> Ich habe meinem Papi
> einen Kuß geschenkt.
> *Vincenza*

In dem Text ist die Zärtlichkeit zu spüren, die Vincenza für ihren Papi empfindet. Gleichzeitig gehört ein solcher Text zu den besonders wertvollen Geschenken für einen Schreib-Lehrer.

> *Es war einmal eine Klasse*
> Die Lehrerin hieß Frau Bauer.
> Sie hatte gute, nette Schüler.
> Als ich in die Klasse gekommen bin,
> da waren alle zu mir freundlich.
> Ich durfte neben Steve sitzen.
> Wir teilten an unserem Tisch
> unser Essen.
> *Bülent*

Wie ein Märchen ließ Bülent seine Geschichte beginnen. Erlebte man ihn in der Klasse, fiel sein rauher Umgang mit anderen Kindern auf. Viele Konflikte gab es täglich mit ihm. Ausgerechnet er schrieb einen solchen Text, der viel Atmosphärisches mitzuteilen vermag und einen Blick für die kleinen wichtigen Dinge beweist.

5.3 Zur Sprache der Dinge finden: Stilles Schreiben im Religionsunterricht

5.3.1 Die Stille als Schlüssel

Majuaq war eine greise Eskimofrau. Knud Rasmussen, der Forscher, hatte sie gebeten, aus der Geschichte ihres Stammes zu erzählen. Die alte Majuaq schüttelte den Kopf und sagte: »Da muß ich erst nachdenken, denn wir Alten haben einen Brauch, der Quarrtsiluni heißt.«
»Was ist Quarrtsiluni?«
»Das werde ich dir jetzt erzählen, aber mehr bekommst du heute auch nicht zu hören.«
Und Majuaq erzählte mit großen Handbewegungen: »In alten Tagen feierten wir jeden Herbst große Feste zu Ehren der Seele des Wales. Diese Feste mußten stets mit neuen Liedern eröffnet werden; alte Lieder durften nie gesungen werden, wenn Männer und Frauen tanzten, um den großen Fangtieren zu huldigen. Und da hatten wir den Brauch, daß in jener Zeit, in der die Männer ihre Worte zu diesen Hymnen suchten, alle Lampen ausgelöscht werden mußten. Es sollte dunkel und still im Festhaus sein.
Nichts durfte stören, nichts zerstreuen. In tiefem Schweigen saßen sie in der Dunkelheit und dachten nach, alle Männer, sowohl die alten wie die jungen, ja sogar die Knäblein, wenn sie nur eben so groß waren, daß sie sprechen konnten. Diese Stille war es, die wir Quarrtsiluni nannten. Sie bedeutet, daß man auf etwas wartet, das aufbrechen soll.
Denn unsere Vorväter hatten den Glauben, daß die Gesänge in der Stille geboren werden. Dann entstehen sie im Gemüt der Menschen und steigen herauf wie Blasen aus der Tiefe des Meeres, die Luft suchen, um aufzubrechen. So entstehen die heiligen Gesänge.«[6]
Auf etwas warten, das aufbrechen soll – wann haben wir Lehrer schon dazu die nötige Gelassenheit? Ungeduldig und suggestiv locken wir oft aus den Kindern heraus, was sie lernen sollen. Manchmal stülpen wir es ihnen auch einfach über. Mit viel lautem Reden wird Unterricht gemacht, wenig wird in Stille geboren. »Seid still!« sagen wir zu den Kindern – besser würden wir sagen: »Seid ruhig!«, denn Ruhe kann angeordnet werden, Stille muß entstehen – und wollen dann, daß sie uns zuhören oder wortlos ihre Aufgaben bearbeiten. Diese Stille von uns selbst zu fordern, in der Stille, auch in der Stille des Lehrers, ein

didaktisches Prinzip zu sehen, mutet uns fremd an. Zu sehr widerspricht dies unseren Vorstellungen von Unterricht als einem aktiven, zumindest sprechaktiven Tun. Unterrichten kann aber auch heißen, nicht nur über Dinge zu sprechen, sondern sie sprechen zu lassen, nicht nur sie zu begreifen, sondern sich ergreifen zu lassen. Unterrichten bedeutet dann, neben Erzählen, Erklären, Antworten auch Stille auszuhalten. Eine Didaktik der Stille setzt Vertrauen voraus in die Fähigkeit der Kinder, Antennen dafür zu haben, was das Leben sie lehren will. Doch können diese auch verschüttet sein, denn viel Grelles, Lautes, Ungeordnetes stürmt täglich auf die Kinder ein. Ihre Erfahrungen kennzeichnet oft eher Breite als Tiefe. Da bedarf es einer anregenden Atmosphäre und sensibler Impulse, um das an den Tag zu fördern, was im Kind bereits angelegt ist. Der Lehrer kann Erfahrungen innerer Qualität erfahrbar machen. Er kann diffuse Eindrücke der Kinder zu verdichteten Erlebnissen werden lassen. Er vermag einen räumlichen wie sozialen Rahmen zu schaffen, der Kinder ermutigt, ihre inneren Prozesse zu strukturieren und sie nach außen hin weiterzugeben. Indem der Lehrer mit den Kindern den Weg in die Stille sucht, macht er sie offen für ihre eigene innere Wirklichkeit.
Ausgangspunkt meiner unterrichtlichen Erfahrungen mit der Stille war der Religionsunterricht. Zweimal in der Woche versammelten sich die katholischen Kinder aus drei Parallelklassen in meinem Klassenzimmer zum Religionsunterricht. Welch ein Tumult war es jedesmal, bis alle Stühle zurechtgerückt waren und jeder seinen Platz gefunden hatte. Wieviel Zeit nahm es in Anspruch, bis alle innerlich frei waren und wir beginnen konnten. Ich suchte nach einer gemeinsamen Einstimmung, die die Kinder, herausgerissen aus der gewohnten Umgebung ihres Schulalltags, zu innerer Sammlung führen würde. Anregungen dazu fand ich in den Stilleübungen der Halbfas-Lehrerhandbücher, die ich auf meine Klasse hin zu entwickeln und variieren versuchte.

Ich begann mit einer einfachen Übungsform: Ich verdunkelte einen Teil des Raumes und bat die Kinder in den Sitzkreis. Sie sollten sich ohne Anspannung hinsetzen, die Beine auf dem Boden, als seien sie festgewurzelt, und die Arme locker in den Schoß gelegt. Nun wollten wir alle versuchen, die Augen zu schließen, und einmal nur zu hören. Hören, was um uns ist, aber vielleicht auch, was in uns ist. Ob jemand richtig in sich hineinhören konnte? Die Kinder waren nicht weniger gespannt als ich, wie es sein würde, einfach nur still zu sein. Auch ich schloß die Augen, und es wurde tatsächlich für einige

Augenblicke still im Zimmer. Nach kurzer Zeit hörte man hier und da ein Kichern, einige Kinder schienen noch nicht mit der neuen Aufgabe zurecht zu kommen. »So kann ich nicht still sein«, protestierte jemand; »Der stört mich immer«, beklagte sich einer. Es war zu erwarten, daß Kinder, die es sonst kaum schafften, Beine und Arme »einmal nicht arbeiten zu lassen«, sich bei einer solchen Übung verstärkt ihren Schwierigkeiten gegenüber sahen. Doch gerade für sie war diese seltene Erfahrung wichtig und forderte Geduld. Einige Kinder waren aber auch mit entspanntem Gesicht und geschlossenen Augen dagesessen und hatten die Stille sichtlich genossen.
In bewußt verhaltenem Ton fragte ich die Kinder nach ihren Eindrücken. Einige hatten sich sehr wohlgefühlt, Geräusche von draußen vernommen oder die Uhr an der Wand ticken gehört. Manche konzentrierten sich bereits auf ihren Herzschlag oder das Atmen. Kinder, die nicht still sein konnten, ermutigte ich, über ihre Schwierigkeiten zu sprechen. »Der hat mit seinen Beinen Krach gemacht« oder »Vor der Tür lief einer«, meinten sie, aber auch: »Ich kann meine Finger nicht ruhig lassen« oder »Es fällt mir schwer, die Augen zuzumachen.« Trotzdem waren alle dafür, es noch einmal zu versuchen. »Wie lange sollen wir still sein?«, fragten sie. »Jedem von euch geb' ich ein Zeichen, wenn ich spüre, daß er zur Stille gefunden hat.« Alle versuchten wieder, die Augen zu schließen. An mir selbst merkte ich, daß es gar nicht einfach war, sich loszulassen, zumal als Lehrer. Ich mußte mich bewußt auf die Situation einlassen und die Angst ablegen, alles könnte mir entgleiten. Nach ungefähr einer halben Minute (lang genug für den Anfang!) stand ich leise auf. Auf Zehenspitzen ging ich nacheinander zu jedem Kind, das die Augen geschlossen hatte, und strich ihm mit der Hand über den Kopf.
Als alle das Zeichen erhalten hatten, verständigten wir uns leise über das Empfundene. Wohltuend war die stille Berührung für sie gewesen, das bestätigten viele, und auch unruhige Kinder wollten diesmal unbedingt ganz mitmachen. »Meine Ohren konnten ausruhen«, »Es war schön, daß alle leise waren«, sagten die Kinder. Manche beschrieben auch eigene körperliche Erfahrungen: »Meine Arme sind schwer geworden«, »Ich hab' meine Beine nicht mehr gespürt«, »Zuerst hab' ich gezittert, dann bin ich ganz ruhig geworden« oder »Ich bin fast eingeschlafen« – so oder ähnlich versuchten die Kinder auszudrücken, was kaum beschreibbar ist. Zum Schluß mußte ich versprechen, in der nächsten Stunde wieder mit einer Stilleübung zu beginnen.

Von da an begannen wir fast jede Religionsstunde mit einer Stilleübung. Von sich aus setzten sich die Kinder bereits in den Kreis, manche schlossen sogar vorher die Augen, als wollten sie sich darauf einstimmen. Kein Kind sollte gezwungen werden, mitzumachen, und so kam es einige Male vor, daß ein oder zwei Kinder sich während der Stilleübung in die Leseecke setzten mit der Begründung, sie könnten heute nicht mitmachen. Doch ließ mich diese Ausgliederung unbefriedigt, denn gerade für Kinder, die der Stille ausweichen wollen, schien mir die Übung wichtig zu sein. Um diesen Kindern zu zeigen, daß ich ihre Schwierigkeiten ernst nahm, ließ ich sie einen eigenen Platz aussuchen oder versprach ihnen ein besonderes Zeichen am Ende der Übung. So war es nach einiger Zeit möglich, daß alle Kinder sich an der Stilleübung beteiligten und, wie wir sagten, den Weg ins Haus der Stille fanden.

Als die Kinder an die Grundform der Übung gewöhnt waren, bot sich ein unendlicher Reichtum an Variationen und damit an inneren Erfahrungen an: Mal saßen wir auf der Wiese vor dem Klassenzimmer in der Sonne, erspürten mit geschlossenen Augen ihr Licht und ihre Wärme, mal öffneten wir bei Regen die Fenster, um Tropfen für Tropfen in uns aufnehmen zu können. Besonders freuten sich die Kinder, wenn ich ihnen etwas in die Hand legte, das sie blind und ohne zu sprechen betasten, beriechen, befühlen sollten: ein Gänseblümchen, ein Blatt, ein Stück Fell, einen halbierten Apfel, eine Kerze oder ein Stück Brot, Weiches, Warmes, Lebensspendendes, Symbolisches. Oft stand die Stilleübung im Zusammenhang mit dem Thema der Stunde und leitete diese ein.

Waren Bilder zu betrachten oder Texte zu bedenken, sammelten sich die Kinder erst in der Stille, bevor sie Bild oder Text in die Hand gelegt bekamen. Gelegentlich brachte ich auch ein Musikstück mit oder spielte eine Melodie auf der Flöte. Immer ließen die Kinder alles mit geschlossenen Augen auf sich wirken, und immer nahmen wir uns im Anschluß daran Zeit für ein Gespräch.

Es war schön zu erleben, wie die Stilleübung für die Kinder zur lieben Gewohnheit wurde, wie sie sich immer selbstverständlicher auf diesen Unterrichtsbeginn einrichteten und keiner sich mehr ausschließen wollte. Auch bei mir selbst spürte ich eine Veränderung. Ich lernte, Teilnehmer der Stilleübung zu sein. Nach anstrengenden Unterrichtsstunden tat mir die Entspannung gut und machte mich wieder offen für die Kinder.

Naheliegend war nun, die Erfahrungen aus dem Religionsunterricht mit in die anderen Schulstunden hinüberzunehmen. Auch hier war der Wunsch nach Stilleübungen groß, zu meinem Erstaunen oft gerade bei den Kindern, denen sie viel Mühe machten. Ob gerade sie, die Unruhigen, am meisten der Ruhe bedurften? Ob gerade ihnen, den Lauten, die Stille besonders gut tat?

5.3.2 Was die Dinge erzählen

Die Sprache, vor allem die Lehrersprache, nimmt in der Schule viel vorweg und zerstückelt oft, was doch ganz bleiben soll. Dabei teilen die Dinge ihr Wesen unmittelbar mit, wenn der Lehrer den Kindern direkte Begegnungen ermöglicht. Kinder lassen sich noch in natürlicher Weise ansprechen von dem, was um sie ist, und viele haben Sinn für die Mitte der Dinge. Ihr Umgang mit Tieren, Pflanzen und Dingen weist häufig eine Behutsamkeit auf, zu der wir Erwachsene oft nicht mehr fähig sind. Sie tragen den Käfer auf dem Flur vorsichtig ins Freie, weinen bitterlich, wenn ein Goldfisch im Aquarium gestorben ist, bauen für ihre Bohnenpflanze eine Steighilfe, »damit sie's nicht so schwer hat«, oder können ihren Teddybär schöne Geschichten erzählen lassen.
In der Meinung, den Blick der Kinder von außen nach innen lenken zu müssen, leiten wir, die wir analytisch zu denken gewohnt sind, sie dazu an, etwas auseinanderzunehmen, aufzuschneiden oder auf seine Qualität hin zu prüfen. Vor allem der Sach-Unterricht, der lange Zeit alles zur Sache erklärte und nichts in einer Subjektivität akzeptierte, leitete allzuoft zum Kaputtmachen an, wo es gegolten hätte, etwas in seiner Lebendigkeit und Ganzheit zu belassen.
Hier kann der Religionsunterricht, der sich aus seinem Selbstverständnis heraus dem Leben verpflichtet weiß, Modell sein für jeden Unterricht. In ihm muß sich zuerst zeigen, was für alle Fächer Gültigkeit hat: Alles hat seinen Wert in sich, wird nicht erst definiert durch Menschen, erst recht nicht durch den Lehrer, und vermag daher aus sich zu sprechen.
Damit jedes Kind seine Erfahrungen fassen, ausmachen, ordnen konnte, damit sie für das Kind selbst bearbeitet und für andere nicht verloren waren, begannen wir, sie aufzuschreiben. Nicht nach Absprache oder gegenseitigem Austausch, sondern jeder für sich, im Anschluß an eine Stilleübung. Stilles Schreiben nannten wir es, denn das war die Bedingung: Es mußte wirklich ganz still sein, um so schreiben zu können.

Begonnen hatte es damit, daß uns ein sonniger Septembertag ins Freie lockte. Die Religionsstunde war die letzte am Vormittag, und so war es wunderschön warm draußen. Entgegen meinen Planungen entschloß ich mich, mit den Kindern auf die Wiese zu gehen. Draußen stellten wir uns zunächst in den Kreis. An Büschen und Bäumen um uns herum war der Herbst schon gut zu sehen. Ich schlug den Kindern vor, Herbstspuren zu suchen, auf dem Boden,

im Gras, in der Hecke oder in den Büschen. Jeder sollte das, was ihm am liebsten war, in den Kreis mitbringen. Ich bat die Kinder zu versuchen, dabei so leise zu sein wie in einer Stilleübung. Schweigend wollten wir dem Herbst auf die Spur kommen. Nicht alle, aber doch die meisten vermochten umherzugehen, ohne zu sprechen. Intensiv suchten sie, knieten auf dem Boden oder krochen zwischen den Büschen hindurch, ließen Zweige durch die Hände gleiten und rochen an Blättern. Auch ich selbst ließ mich auf die Aufgabe ein und versuchte, Herbstliches zu erspüren. Die Glocke rief uns alle wieder zurück in den Kreis. Jeder hatte etwas mitgebracht, einen Zweig, eine Hagebutte, Blätter und Gräser.
»Jede Herbstspur will ihre Geschichte erzählen. Wenn ihr ganz still seid, könnt ihr sie hören. Versucht, das, was sie euch erzählt, aufzuschreiben, ohne dabei zu sprechen.« Mit dieser Bitte entließ ich die Kinder an ihre Plätze im Klassenzimmer. Dort konnte ich beobachten, wie die Kinder zunächst das Gefundene betrachteten, in die Hand nahmen, abtasteten, ja sogar streichelten und es dann vor sich hinlegten. Kurz darauf begannen die ersten, etwas aufzuschreiben. Nach ungefähr zwanzig Minuten hatten alle einen kleinen Text verfaßt. Jedes Kind zeigte nun seine Herbstspur und las seine Geschichte vor. Es waren einfache Texte entstanden, aus denen jedoch eine innige Beziehung der Kinder zu ihren Dingen sprach.

> Ich war an einem schönen Baum.
> Da kam der Wind.
> Da flog ich runter.
> Aber du hast mich aufgehoben.
> Ich war froh.
> *Tanja*
>
> Die Hagebutte ist sehr schön.
> Ich finde, daß sie so rot ist.
> Sie hat so ein schönes Käppchen auf.
> Es sieht aus, als ob die Hagebutte
> das Rotkäppchen wär.
> *Saskia*

Mittlerweile war es Mitte Oktober geworden. Die Ernte von Obst und Kartoffeln, aber auch der Weg vom Korn zum Brot standen im Mittelpunkt des Unterrichts. Erntesegen und Dankfest waren Themen des Religionsunterrichts. Bevor wir selbstgebackenes Brot miteinander teilen wollten, sollte es um das Korn und seine Kraft gehen.
Zu Beginn der Stunde ließ ich die Kinder Papier und Stift bereitlegen und kündigte eine stille Schreibstunde an. Wie gewohnt fanden wir uns zunächst im Kreis ein. Diesmal bat ich die Kinder, während der Stilleübung die Hände geöffnet in den Schoß zu legen. Als es ganz still war, sagte ich: »Jedem von euch möchte ich jetzt etwas in die Hand legen. Versucht zunächst, nur zu

tasten und zu spüren, was es ist, bevor ihr es anschaut. Es hat seine eigene
Sprache und will sich euch mitteilen. Hört ihm in der Stille zu und schreibt
dann auf, was es euch erzählt.« Ich ging zu jedem Kind hin und legte ihm ein
Weizenkorn in die Hand. Auch ich selbst behielt mir eines zurück.
Bald darauf stand ein Kind nach dem anderen auf und begann am Tisch zu
schreiben...

> *Das Weizenkorn*
> Ich bin klein, aber ich
> bin nützlich, sehr nützlich.
> Ich bin zwar klein, aber ich
> werde sehr groß,
> noch größer als du,
> ja noch größer als du.
> *Markus*
>
> *Das Weizenkorn*
> Eines Tages war ein Bauer da
> und das Korn. Da warf der
> Bauer das Korn weg, einfach so.
> Das Weizenkorn senkte sich ein.
> Es wurde und wurde immer größer.
> *Daniel*
>
> Mein Korn hat mir gesagt, daß
> die Mühle sehr weh tut.
> Seine Freunde haben angefangen zu weinen.
> Sie haben sogar angefangen zu schreien.
> *Bianca*
>
> *Mein Weizenkorn*
> Mein Korn erzählte, daß es an einem großen Halm
> gehangen war. Es war ein schöner Halm. Er lebte
> in der Mitte des Feldes. Er war klug und eines
> Tages sagte der Halm: Es ist nun aus, denn es ist
> ein Mähdrescher in der Nähe. Er wird auch uns
> abmähen und ich werde nicht mehr mit dir spielen.
> Du wirst in eine Mühle kommen... Da unterbrach
> das Korn den Halm und sagte: Was ist eine Mühle?
> Da sagte der Halm: Das ist ein Haus. Es wird sehr
> dunkel, wenn man hereinkommt...
> Da kam der Mähdrescher und mähte den schönen Halm
> ab. Da war das Korn traurig.
> *Melanie*

In dem kleinen Korn scheinen sich die Kinder selbst wiederzufinden. Es wird für sie zum Sinnbild der eigenen Entwicklung, aber auch der Angst vor Trennung und Schmerz. Beeindruckend ist, wie sensibel sich die Kinder in Natürliches und Kreatürliches einfühlen können. Ein Sich-verbunden-wissen mit allem, was leben will, spricht aus den Texten.

Der Advent kam und ließ Licht und Dunkelheit intensiver erleben. Die Dämmerung am Morgen lud zu einer täglichen Adventfeier mit Kerzenlicht geradezu ein. Über Helles und Dunkles sprachen wir da, um uns und in uns, über das helle Licht der Weihnacht und den Stern von Bethlehem, der den Weg zum Heil weist. Wir wollten selbst einen adventlichen Lichtweg gehen.
In einer der folgenden Religionsstunden brachten die Kinder Tannenzweige mit. Wir legten sie in spiralenförmiger Anordnung in der Mitte des Zimmers aus, so daß ein Rundgang blieb, der ins Zentrum führte. Dort stand eine brennende Kerze, der übrige Raum war abgedunkelt. Die Kinder saßen an ihren Tischen und hatten Apfelkerzen vor sich, die wir am Vortag gebastelt hatten. Wir begannen mit der gewohnten Stilleübung. Dann rief ich jedes Kind mit Hilfe des Glockenspiels beim Namen. Einzeln gingen die Kinder mit ihren Apfelkerzen an den Zweigen entlang, bis sie die Mitte erreichten und dort ihre Kerzen am großen Licht entzündeten. Sorgfältig auf das Licht achtend ging jedes Kind auf seinen Platz zurück und versuchte, seine Lichterfahrung aufzuschreiben. Manche Kinder mußten lange warten, bis sie an der Reihe waren, doch es ging alles in großer Ruhe vor sich, und allen gelang es, bis zum Ende der Stunde kein Wort zu sprechen. Im Schreiben konnten Empfindungen ausgesprochen werden.

Mein Herzenslicht
Es hatten außen bloß noch Wände gefehlt
und eine Tür, dann wäre es ein Lichtweg
gewesen. Ich bin an den Tannenzweigen
entlang gegangen. Mit jedem Schritt
wurde es heller, bis ich in die Mitte kam.
Dann wurde es in meinem Herzen hell.
Da bin ich zurückgelaufen und war
sehr froh.
Alexander

Mir hat das Licht gesagt, daß es mich
braucht und liebhat. Mir hat es noch
gesagt: Vielen, vielen Dank, daß du
mich angezündet hast und daß du mich
ganz lieb hast. Ich bin in deinem
Herzen drin!
Giuseppe

Das Licht ist was Schönes.
Es flackert herum.
Wenn man ins Licht guckt,
denkt man manchmal nach.
Und wenn das Licht lange
brennt, wird die Flamme
größer. Mir gefällt's,
wenn's ganz dunkel ist
und ein paar Kerzen leuchten.
Thomas

Die Dunkelheit
Wenn es Nacht ist, habe ich Angst.
Wenn ich ins Bett geh, habe ich
auch Angst. Aber bei Licht habe
ich keine Angst.
Wenn meine Mutti das Licht ausmachen will, sage ich: bitte laß das Licht an!
Daniel

Viel geben Worte her, doch das Letzte steht zwischen den Zeilen und muß erahnt werden. Auch freie Texte können das, was gemeint ist, nur einzukreisen versuchen. Das Besondere an ihnen ist, daß hier nicht Lehrer, sondern Kinder sagen, was der Religionsunterricht meint.
Freier Ausdruck im Religionsunterricht – welche Chancen für die Schule verbergen sich dahinter?
Die Reformpädagogik in der ersten Hälfte unseres Jahrhunderts ging davon aus, daß Unterrichtsprozesse nur dann sinn-voll sind, wenn sie sich an Lebensnähe, Ganzheitlichkeit, Handlungsbezug, Selbsttätigkeit und Kooperation orientieren. Sinnhaft-konkrete Erfahrung sollte eine Kinderschule ermöglichen, in der Verarbeitung dieser Erfahrung ihre Aufgabe sehen. Im freien schöpferischen Ausdruck fand vor allem Freinet diese Forderungen realisiert: Ausgangspunkt bildet die Erfahrungsebene des Kindes. Seine Welt findet eine Form und wird zum Thema des Unterrichts. In Bildern und Texten teilt das Kind mit, was sich an Eindrücken in seinem Inneren verdichtet hat. Sich selbst in selbstgewählter Weise darzustellen, nicht nur Vorgegebenes nachzuempfinden, macht den schöpferischen Prozeß aus.
Der Religionsunterricht will seinem Selbstverständnis nach eine Seh- und Sinnschule sein. Die Innenseite der Welt soll das Kind sehen lernen, einen Sinn für den Sinn entwickeln.
Religionsunterricht und Reformpädagogik verweisen damit aufeinander und können sich gegenseitig Impulse geben. Zum einen muß Sehenlernen und Sinnvermittlung über sinnenhaftes, erfahrungsbezogenes Tun geschehen. Alle Fähigkeiten und Ausdrucksweisen des Menschen müssen angesprochen werden, um dem Grund der Dinge näher zu kommen. Das kann die Reformpädagogik dem Religionsunterricht zeigen.
Zum anderen sind nicht alle Unterrichtsinhalte über handlungsorien-

tierte Formen vermittelbar. Die Gefahr ist gegeben, daß dann »weder das Sein der Dinge, noch der Bereich des Metaphysischen in den Blick kommen. Es ist nicht nur der aktive, sondern auch der vernehmende Mensch zu fordern.« Das lehrt der Religionsunterricht.
Das Wahrnehmen der Wirklichkeit in Stille, Symbol und Bild sind wichtige Ergänzungen reformpädagogischer Praxis. Die Einbeziehung von Herz, Hand und kreativen Ausdruck vermögen die Kopflastigkeit des Religionsunterrichts auszugleichen. Gelingt das, so kann der Religionsunterricht Modell für eine allgemeine Unterrichtskultur werden. Jedem Unterricht ist dann zu wünschen, er möge ein Stück Religionsunterricht sein, der Sprechen und Zuhören kennt, aktives Tun und Nicht-tun zugleich, Handeln und Vernehmen. Ein solcher Unterricht könnte Schlüssel zu einer eigenen schulischen Spiritualität werden, die Kindern angemessen ist, weil sie ihrem Empfinden und ihrem selbstgewählten Ausdruck entspricht.

Anmerkungen

1 Die Ausführungen bilden die leicht gekürzte Fassung des Kapitels ›Schreiben‹, das ich für das Lehrerhandbuch 3 zum ›Religionsunterricht in der Grundschule‹ von Hubertus Halbfas erstellt habe. Sie finden sich dort auf den Seiten 68–84 wieder. (*Hubertus Halbfas:* Religionsunterricht in der Grundschule, Lehrerhandbuch 3. Düsseldorf, Zürich 1985.)
2 *Peter Handke:* Ich bin ein Bewohner des Elfenbeinturms. Frankfurt/Main 1981[7], S. 13–14.
3 Zitiert nach: *Gerhard Sennlaub:* Spaß beim Schreiben oder Aufsatzerziehung? Stuttgart 1980, S. 22.
4 *Fritz Gansberg:* Der freie Aufsatz, seine Grundlagen und seine Möglichkeiten. Ein fröhliches Lehr- und Lesebuch. Leipzig 1914, S. 279.
5 *Célestin Freinet:* La méthode naturelle – L'Apprentissage de la langue. Verviers 1975, S. 181f., zitiert nach *Dietlinde Baillet:* Freinet – praktisch. Beispiele und Berichte aus Grundschule und Sekundarstufe. Weinheim und Basel 1983, S. 46f.
6 Zitiert nach: *Hubertus Halbfas:* Der Sprung in den Brunnen. Eine Gebetsschule. Düsseldorf 1985[6], S. 23f.

6 Sprechen und Mitdenken – Anregungen zur Veränderung des Unterrichtsgesprächs

Vorbemerkung

Die folgenden Ausführungen behandeln *Unterrichtsgespräche*. Unterrichtsgespräche unterscheiden sich von dialogischen Gesprächen zwischen ebenbürtigen Partnern. Gespräche dieser Art sind von offenen Fortsetzungsmöglichkeiten nach jeder Wendung gekennzeichnet. Sie gehören zur Sphäre der freien Zeit und der Muße. Unterrichtsgespräche dagegen gehören zur Sphäre der Arbeit und haben von daher Ernstcharakter. Sie werden vom Lehrenden geleitet, und sie sind auf Ziele und Ergebnisse hin orientiert. Dem gesprächsleitenden Lehrer sind die Ziele durchsichtig: Einer Landkarte vergleichbar übersieht er den Unterrichtsgegenstand. Er strukturiert das – zeitlich begrenzte – Gespräch und hilft durch seine Gesprächsführung den Schülern, die Gesprächsziele zu erreichen.[1]
Betrachtet man die Intensität der Lenkung durch den Lehrer und den Grad der Vorstrukturiertheit des Gesprächs, lassen sich drei Arten von unterrichtlichen Gesprächsverläufen unterscheiden: Im *Lehrgespräch* ist die direkte Lenkung intensiv und das Ausmaß der Vorstrukturiertheit hoch. Das *Schülergespräch* wird weitgehend selbständig von Schülern geleitet und strukturiert. Hierher gehören Partner- und Kleingruppengespräche. Zwischen beiden Ausprägungen ist das *gelenkte Unterrichtsgespräch* angesiedelt: Hier ist der Gesprächsverlauf in Teilen vorstrukturiert, es wird vom Lehrenden ›zurückhaltend‹ geleitet, Schülereinfluß ist möglich.[2] Die folgenden Überlegungen und Vorschläge beziehen sich auf Gespräche dieser Art. Sie betreffen Formen des Miteinander-Sprechens von Lehrenden und Schülern, die insofern ›vorstrukturiert‹ sind, als es in diesen Gesprächen etwas zu entdecken und zu lernen gibt, und die vom Lehrenden unter der Maßgabe geleitet werden, die Schüler Verlauf und Ergebnisse des Gesprächs mitbestimmen zu lassen.
Die folgenden Ausführungen wollen zu vertieften und nachdenklichen Gesprächen zwischen Lehrern und Schülern anregen. Fruchtbare Gespräche zeichnen sich dadurch aus, daß Redebeiträge nicht die wichtigste Aktivität von Lehrer und Schüler darstellen: Ein *Band gemeinsamer Gedanken* trägt die Äußerungen der einzelnen Sprecher und verbindet sie. Nachdenklichkeit als Grundhaltung während eines Gesprächs weist eine Verwandtschaft zum Schweigen und zur Stille auf. Wer mitdenkt, hört auf die Sache, die anderen und seine inneren Gedanken und Empfindungen. Da Gedanken zum Schweigen und zur

Stille im Unterricht auf veränderte Unterrichtsgespräche und eine andere Gesprächsführung verweisen, steht der Beitrag in diesem Band.

6.1 Unterrichtsgespräche zwischen Langeweile und gemeinsamem Nachdenken

Häufig registriere ich im Klassenzimmer an Unterrichtsgesprächen, noch während ich diese leite, daß das Gespräch allen oder vielen Schülern äußerlich bleibt. Obwohl anfänglich durchaus Interesse zu bemerken ist, entsteht aus den aufeinanderfolgenden Beiträgen kein dynamisches, vorwärts drängendes Gespräch. So bedroht rasch Langeweile die Gesprächssituation:

Die Klasse und ich sitzen im Kreis oder in der Leseecke mit optimalem Blickkontakt. Das Thema erscheint – oder erschien – mir spannend, und ich bemühe mich um weittragende Impulse. Dennoch habe ich nicht den Eindruck, daß alle Schüler das Gespräch aufmerksam verfolgen. Wenn ich meine Erfahrungen mit Unterrichtsgesprächen in dieser Klasse überdenke, stelle ich fest, daß fast immer die gleichen Kinder häufig mitsprechen, andere sich mitunter beteiligen, andere vorwiegend schweigen. Ich ertappe mich, wie ich vor allem die Schüler anschaue, die sich üblicherweise am Gespräch beteiligen oder heute bereits beteiligt haben. Bei einem Teil der anderen nehme ich aufmerksame Augen wahr, bei anderen nicht. Wenn die Schüler sich aufrufen, beobachte ich ein gewisses gelangweiltes Weitergeben des Worts. Auch die Schüler beachten die eingefahrenen Redemuster. Zwar rufen sie häufig ihre Freundinnen und Freunde auf, selten jedoch Schüler, die im allgemeinen nicht oder wenig sprechen.

Meine Beiträge und die der Schüler folgen rasch aufeinander. Es dürften kaum Sekunden sein, die zwischen Fragestellung und erster Antwort vergehen. Regina weiß auf vieles eine prompte Antwort. Überlegt sie noch, bevor sie spricht? Ich habe Mühe, die Antworten der Schüler und die von mir eingebrachten Fragen immer so zu koordinieren, daß ich zum nächsten Gesprächsabschnitt übergehen kann. Nach wenigen Minuten bemerke ich, wie Christoph breit über den Stuhl nach unten rutscht, sich wieder aufrichtet und wieder nach unten rutscht. Michael gähnt und schaut dann zum Fenster hinaus. Nach Kräften bestätige ich, während ich dies aus den Augenwinkeln heraus mitverfolge, die Beiträge meiner Schüler, lobe, greife auf und führe weiter, fasse zusammen. Doch ich habe nicht den Eindruck, daß sich über die ersten Minuten hinaus eine thematisch begründete Spannung aufbaut, die alle oder einen großen Teil der Kinder in ein Nachdenken hineinzieht.

Wenn ich ohne unterrichtlichen Zeitdruck Unterrichtsprotokolle verschiedener Lehrerinnen und Lehrer durchgehe, beobachte ich – jetzt in der Perspektive eines außenstehenden Beobachters – ähnliche Phänomene: Das aufgezeichnete und abgeschriebene Gespräch ist in eine Reihe deutlich erkennbarer Unterabschnitte gegliedert, in denen das Thema der Reihe nach besprochen wird. Fast ausschließlich werden die Unterfragen von den Lehrern aufgeworfen. In den Abschnitten dazwischen antworten die Schüler, immer wieder von Lehrerhilfen, -rückfragen, -bestätigungen und manchmal auch Lob begleitet. Ein Teil der Äußerungen sind wörtliche Wiederholungen: Lehrer wiederholen Schüleräußerungen, Schüler Teile der Äußerungen ihrer Vorredner. Sinngemäß wird häufiger das gleiche gesagt. Selten glaube ich wahrzunehmen, daß hier aus echtem Interesse gesprochen wird. So gut wie nie sprechen sich Schüler gegenseitig an. Oft erscheint mir, daß die Beiträge das Gespräch nicht recht voranbringen. Andererseits werden mitunter Schülerbeiträge nicht bemerkt, die dem Gespräch eine wichtige Wendung gegeben hätten. Werden sie nicht registriert, weil sie abseits der Pläne der Lehrenden liegen? Fast nie entdecke ich, daß Gesprächsinitiativen der Schüler über längere Abschnitte hinweg gründlich besprochen werden.

In meinem Unterricht und an den Unterrichtsprotokollen vermisse ich folgende Züge: Im Zentrum des Gesprächs steht die Sache, über die nachgedacht wird. Lehrer und Schüler denken gemeinsam miteinander nach. Sie sind miteinander verbunden in einer Unruhe, in einer Beunruhigung des Denkens, die von der besprochenen Sache ausgeht. Im Gespräch entwickeln sich gemeinsame Schwerpunkte, die nacheinander angeschnitten, überlegt und besprochen werden. Dabei sind die Aspekte des Themas, die zur Sprache kommen, und die Ergebnisse des Gesprächs nicht bis ins letzte vorgedacht und vorweg festgelegt: Denken und Sprechen sind von Offenheit und Überholbarkeit gekennzeichnet. Initiierend und strukturierend bringen die Schüler das Gespräch voran. Die Beiträge spiegeln die Interessen und Zugänge der Kinder. Vor allem der gemeinsame, von der Sache motivierte Denkprozeß, der die Äußerungen begleitet und sich mit ihnen entwickelt, zeichnet die Gespräche aus und verleiht ihnen Dynamik.

Unterrichtsgespräche als geleitete Großgruppengespräche sind davon bedroht, daß diese »stille« Aktivität gemeinsamen Nachdenkens und Mitdenkens nicht zustande kommt. Die Empfindungen von Langeweile (auf seiten der Schüler) oder Streß (auf seiten der Lehrer) werden davon hervorgerufen, daß den Gesprächen der innere Zusammenhalt durch das Band der gemeinsamen Fragen und Gedanken fehlt. Die fehlende gedankliche Produktivität ist häufig mit einer allzu großen Starrheit der besprochenen und bedachten Themenaspekte, und zwar sowohl in der Reihenfolge als auch in den jeweils überlegten

und besprochenen Teilaspekten, verbunden. Viele sprachliche Formen zeigen wie in einem Spiegel die Starrheit des Denkens. Die Starrheit – so die These – kann aufgebrochen werden, wenn
- erstens im Verhältnis zum Sprechen mehr Gewicht auf das Nachdenken gelegt wird;
- zweitens ein *offenes* Nachdenken angestrebt wird, in dem Lehrer und Schüler in gemeinsamer Unruhe der Sache nachgehen;
- drittens der Lehrende es versteht, die Gespräche den Impulsen, Gedanken und Überlegungen der Schüler zu öffnen.

Die sich anschließenden Überlegungen haben folgenden Aufbau: Zunächst sind die gewünschten Gesprächsmerkmale »gemeinsames Nachdenken« und Bevorzugung des Denkens gegenüber dem Sprechen (erstes Moment), »produktive Unruhe« (zweites Moment) und »größerer Schülereinfluß« (drittes Moment) genauer zu betrachten. Dies wird im folgenden *zweiten Abschnitt* versucht. Unterrichtsgespräche sind eingespielte sprachliche Formen und weisen als solche charakteristische Gesprächsstrukturen auf. Da diese Strukturen vor allem in praxisferneren Zweigen der Erziehungswissenschaft untersucht werden, ist anzunehmen, daß sie unter Lehrenden wenig bekannt sind. Die kommunikativen Strukturen des Unterrichtsgesprächs liegen jedoch allen Gesprächen zugrunde. Sie müssen um so mehr berücksichtigt werden, wenn die Gesprächsstrukturen verändert werden sollen. Daher führt der *dritte Abschnitt* in den Aufbau des Unterrichtsgesprächs in diskursanalytischer Sicht ein. (Im Rahmen des diskursanalytischen Forschungsansatzes werden Unterrichtsgespräche als sprachliche Ganzheiten betrachtet und daraufhin untersucht, durch welche Lehrer- und Schülerhandlungen sie in Teilabschnitte gegliedert werden.) Da die Diskursanalysen das Unterrichtsgespräch als ein weitgehend starres und einseitig lehrerdominiertes Gespräch zeigen, ist im *vierten Abschnitt* zu überlegen, wie die aufgewiesenen Gesprächsstrukturen zu verändern sind. Dieser Abschnitt stellt gesprächsdidaktische und gesprächsmethodische Anregungen zusammen, wie »gemeinsames Nachdenken«, »produktive Unruhe« und »größerer Schülereinfluß« in den Gesprächen besser zu verwirklichen sind.

6.2 »Nachdenken«, »produktive Unruhe« und »größerer Schülereinfluß« als Zielperspektiven für Unterrichtsgespräche

Sprachdidaktische, sprachphilosophische und sprachanalytische Untersuchungen geben – freilich recht ideale – Hinweise zum *Nachdenken* und seiner möglichen Bedeutung in den Gesprächen. (Mehr Aufmerksamkeit für das gemeinsame Nachdenken wird zuvor als erstes Moment der Veränderung der Gesprächsstrukturen betont.)
Der Sprachphilosoph und Sprachpsychologe Friedrich Kainz nimmt Heinrich von Kleists Gedanken auf, daß das Sprechen zur Klärung der Gedanken beiträgt.[3] Das Sprechen fördert die Gedankenentwicklung nicht nur bei den Zuhörern, die dadurch neue Erwägungen kennenlernen, sondern vor allem auch bei den Schülern, die zu Wort kommen. Wer spricht, muß seine Gedanken in Worte fassen. Häufig sind im Unterricht und in Unterrichtsprotokollen Vorformen oder Skizzen der Gedanken zu beobachten, die erst während des Sprechens geklärt und präzise formuliert werden. Dabei ist jedoch zu berücksichtigen, daß – vor allem in Großgruppengesprächen – immer nur einzelne Schüler Gelegenheit erhalten, ihre Gedanken im Sprechen zu formulieren. Zudem ist es noch genauer zu untersuchen, ob die zuhörenden Schüler – wie unterstellt wird – durch die Überlegungen der Sprecher bereichert werden. In Unterrichtsprotokollen sind häufig nur geringe Bezüge zwischen den Beiträgen einzelner Schüler zu bemerken. Damit die Hörer von den Sprechern lernen können, scheint zusätzlich eine Anleitung zum Aufeinanderhören und Einanderfortführen nötig zu sein.
Für die Produktivität des Gesprächs ist ausschlaggebend, daß die Gedanken nicht nebeneinander stehenbleiben, sondern sich befruchten. In produktiven Gesprächen kommen die Schüler in »geistiger Gemeinschaftsarbeit« zu gemeinsamen Problemlösungen, die Gesprächsstränge der einzelnen Sprecher verschmelzen in einem gemeinsamen Gedankengang.[4] Die Beiträge der Schüler können dabei aneinander anknüpfen und Ideen aufgreifen und weiterführen, oder aber es entsteht ein zielstrebiger und sachgerichteter Gesprächszusammenhang, der die Einzeläußerungen einem Monolog vergleichbar miteinander verbindet.[5]
Über das Gesprächsniveau entscheidet, ob in dem Gespräch die Zentralfragen des Themas geklärt werden oder ob es sich in Nebenfra-

gen erschöpft. Die Schüler gewinnen ein klares Verständnis des Gegenstands, indem sie gründlich nachdenken und dabei auf hohem Reflexionsniveau bleiben. Ob gründlich nachgedacht wird, kann z. B. daran deutlich werden, daß vorliegende Informationen, etwa in Form eines Textes, präzise beachtet und alle Hinweise ausgeschöpft werden. Trotzdem lösen sich die Schüler vom konkreten Detail und kommen zu verallgemeinernden Aussagen.[6]

Der Gesprächsverlauf ist durch Voranschreiten und dynamischen Gesprächsfortschritt gekennzeichnet. Der Reihe nach werden die Zentralfragen des Gesprächs geklärt. Die vorantreibende Rolle kommt dabei den Schülern zu. Sie werfen die Fragen auf, die das Gespräch voranbringen. Die Schüler schweifen dabei nicht ab, sondern bleiben nach Möglichkeit aus einem inneren Zusammenhang heraus beim Thema. Sie beachten bereits Gesagtes, sind um einen Überblick über das Gespräch bemüht und behalten das Gesprächsziel im Auge. So entsteht im Für und Wider der Beiträge ein konsistenter Gesprächsablauf.[7]

Diese Gesichtspunkte zum gemeinsamen Nachdenken werden ergänzt durch eine Sicht des *Verhältnisses von Sprechen und Schweigen*. In seiner vorwiegend historischen Untersuchung zum Schweigen und zur Stille in der Erziehung macht Hermann Oblinger darauf aufmerksam, daß Reden, Schweigen/Hören und Stillewerden Stufen jeweils geringer werdender äußerlich-aktiver Zuwendung zur Außenwelt darstellen.[8]

Schweigen und Stille sind keine Synonyme, obwohl sie häufig synonym gebraucht werden. Schweigen ist »... der Gegenpol zum Reden...« und bezieht sich auf die »... Unterlassung des gesprochenen Wortes...«. Das »Organ des Schweigens« ist der Mund, »Sinnbild« der auf den Mund gelegte Finger. Stille ist demgegenüber der Gegenpol des Hörens. Sie bezieht sich auf die Abwesenheit aller Geräusche, ihr »Organ« ist das Ohr. »Sinnbild der Stille ist der leere Raum, das All – Stille ist etwas Überpersonales.«[10]

Reden, Schweigen und Stille verweisen als Stufen geringer werdender aktiver Zuwendung nach außen aufeinander. Im Schweigen wird z. B. die Aktivität des Redens aufgegeben, während die des Hörens noch besteht. Schweigen und Hören werden daher zugeordnet, sie sind »Geschwister«.[11] Mit der Stille erfolgt dann noch einmal ein Rückzug von der äußeren Welt.

Im Hinblick auf Unterrichtsgespräche läßt sich daraus folgern, daß das aktive Nachdenken in Unterrichtsgesprächen begünstigt wird, wenn die Gewichte vom Sprechen weg in Richtung auf das »schweigende Hören« verlagert werden. (Allerdings ist der Zusammenhang nicht zwingend.) Die Schüler sind weniger zum Sprechen als zum Zuhören, Mit- und Nachdenken anzuregen. Ihnen ist beständig deutlich zu machen, daß das Mitsprechen auf dem kontinuierlichen Mitdenken aufruhen muß, einer begleitenden »zweiten Ebene der Aktivität«, die jeder für sich kontinuierlich verfolgt und entfaltet. Oblinger ist jedoch insofern kritisch aufzunehmen, als sich zwar die nach außen gerichtete Aktivität, nicht aber die nach außen gewandte Aufmerksamkeit reduzieren muß: Mitdenken und Nachdenken verlangen im Gegenteil geschärfte Aufmerksamkeit für die Beiträge der Mitschüler. Gegenüber dem Fortschritt, der in dem gemeinsamen Gespräch erreicht wird, tritt die Bedeutung des Einzelbeitrags zurück.

Gegen diesen Vorschlag, Gespräche stärker unter dem Gesichtspunkt des Zuhörens und Mitdenkens zu betrachten, könnte eingewandt werden, daß dadurch die Spontaneität der Schüler, ihre Zuwendung nach außen und ihre kindliche Art, sich aktiv einzubringen, unverhältnismäßig stark eingeschränkt würden. Im Unterricht sind die Äußerungsfreude und die Äußerungsfähigkeit der Kinder, die heute die Grundschulen besuchen, täglich erfahrbar. Aktives Auftreten und Einbringen der eigenen Sichtweisen, Erfahrungen und Interessen sind Stärken, über die viele von ihnen verfügen und mit denen sie den Unterricht bereichern. Unterrichtsgespräche, die Gewicht auf Zuhören und Nachdenken legen, sollen diese Kinder nicht verstummen lassen. Sie können sie jedoch auf das Recht der Mitschüler, gehört zu werden, hinweisen, und sie lassen sie erfahren, daß es in den Gesprächen ein gemeinsames Gerüst der Gedanken gibt, an dessen Aufbau und Entfaltung alle miteinander, stumm und sprechend, mitwirken und mitarbeiten.

Gemeinsames Nachdenken und Schweigen sind durch eine Lehrer und Schüler verbindende gemeinsame »*produktive Unruhe*« als Grundzug des Gesprächs zu ergänzen. (Die »Beunruhigung des Den-

kens« wird zuvor als zweites Moment genannt.) Was damit gemeint ist, kann nur in didaktischer Sicht deutlich werden. In der Unterrichtsvorbereitung setzt der Lehrende das Unterrichtsthema in seiner Bildungsbedeutung und Struktur und die Möglichkeiten und Zugänge der Kinder in Verbindung zueinander. Der daraus hervorgehende Struktur- und Ablaufplan liegt dem Unterrichtsgespräch zugrunde. Die »Teilschritte« des Plans umreißen, unter welchen Gesichtspunkten und mit welchen Zielen einzelne Aspekte des Themas zur Sprache gebracht werden. Die Reihenfolge der Teilschritte gibt den Ablauf an. In der didaktischen Literatur wird immer wieder hervorgehoben, daß Pläne nach Möglichkeit Alternativen einschließen und als offene Entwürfe dem Unterricht zugrunde liegen sollten. Pläne sind nicht »umzusetzen«, sondern sie sollen zu flexiblem Handeln befähigen.
Für die Starrheit bzw. die Offenheit des Unterrichtsgesprächs scheint es nun entscheidend, wie der Lehrende zwischen Plan und Prozeß vermittelt und welche Haltung er selbst im Unterricht einnimmt. Die einzelnen Themenaspekte können jeweils als »gedankliche Zusammenhänge« angesehen werden, die Teilabschnitte des Unterrichtsgesprächs bestimmen. Man kann nun danach fragen, ob es dem Lehrenden gelingt, diesen einzelnen Fragen ihre Offenheit wiederzugeben, die Selbstverständlichkeit aufzulösen und zusammen mit seinen Schülern im Gespräch in eine produktive Unruhe hineinzufinden. Gelingt es, auf der Grundlage der Vorbereitungen und auch in einem gewissen Widerspruch dazu die Festlegungen aufzulösen und zu überschreiten? Auf der Ebene des Gesprächs stellt sich das gemeinsame Gespräch dabei durchaus noch als Abfolge von Fragen und Antworten dar. Entscheidend ist eine bestimmte Qualität der Äußerungen: der Charakter des Abgehens von Festlegungen, der Überschreitung, des produktiven Miteinander-Nachdenkens.
Unter dem Begriff der *Disponibilität* des Lehrers entwickelt Walter Popp die Grundzüge einer bildenden Lehre, die der produktiven Unruhe des gemeinsamen Suchens und der sensiblen Offenheit für das Kind und die Sache verpflichtet ist.[12] Seine Ausführungen können hier nur sehr verkürzt wiedergegeben werden. Die Disponibilität des Lehrers stellt sich in erster Linie dar im *pädagogischen Takt*, in der *pädagogischen Erfahrung* und in der *pädagogischen Ironie*.
Der *pädagogische Takt* wird als eine durch Theorie aufgeklärte Haltung der Verfügbarkeit und Offenheit für die Individualität und Originalität der Kinder gekennzeichnet. Mehrere Momente sind zentral:

- die Unmittelbarkeit des Kontakts und die gesteigerte Wahrnehmungs-, Verständnis- und Handlungsbereitschaft des Erziehers gegenüber dem Kind;
- ein »Sich-Offen-Halten« für die Situation, das die Möglichkeit der Distanzierung von den eigenen Plänen einschließt;
- ein zurückhaltendes Handeln.

Die *pädagogische Erfahrung* wird als ein Prozeß charakterisiert, in dem Erfahrung und Können offen für neue Erfahrungen, Überholungen und Selbstrevisionen gehalten werden: »Die pädagogische Bedeutung der Erfahrung des Lehrers liegt gerade in ihrer Verletzbarkeit und in dem ihr eigenen Mut zur Vorläufigkeit, – darin, daß sie zurückgenommen werden kann in eine neue Unbefangenheit und Offenheit.«[13] Der pädagogische Takt ist dabei die Voraussetzung dieser Erfahrung: Die Situationsoffenheit ist die Voraussetzung, daß Erfahrungen möglich sind.

Der dritte Anteil, die *pädagogische Ironie,* steht erneut in engerem Bezug zum Unterrichtsgespräch. (Die hier beschriebene Haltung des Lehrers ist in der sokratischen Mäeutik begründet und wird u. a. von Martin Wagenschein mit dem Begriff des sokratischen Lehrens beschrieben. Auf diese Tradition kann jedoch hier nicht eingegangen werden.) Der Lehrer hält sein Wissen und seine Übersicht zurück. Er läßt seine Schüler der Sache nachforschen, ja, er wird selbst erneut zu einem Suchenden, der sich zusammen mit seinen Schülern auf den Weg zur Sache begibt. Der Lehrer gewinnt dadurch »... die Freiheit und die Fülle der Möglichkeiten des Anfangs...«[14] zurück. Er nimmt die Schüler mit hinein in die Unruhe des Suchens, die die Erstarrung auflöst. Die Unterrichtssituation wird von Popp als ein fragiles Gleichgewicht gekennzeichnet: Der Lehrer als Wissender begibt sich gleichwohl voll und ernsthaft in die Rolle des Unwissenden. Er überblickt die »Landkarte« und entdeckt sie gleichzeitig zusammen mit den Schülern neu.

Möglicherweise ist diese Doppelhaltung einer der Schlüssel, wie die Erstarrung des reinen Auffindens von etwas Vorgedachtem in eine produktive Unruhe des Suchens übergehen kann: Das bloße Auffinden eines bereits Vorgedachten lohnt kaum die Mühe, es herauszufinden und auszusprechen. Um die Schüler zum Denken anzuleiten und sie in die Unruhe des Denkens zu versetzen, muß die Selbstverständlichkeit der zu entdeckenden Aspekte aufgebrochen werden. Ein Schlüssel zu anderen Unterrichtsgesprächen läge also dann für die Lehrenden darin, die beschriebene Haltung der Überholbarkeit der

eigenen Wahrnehmungen, Gedanken und Ansichten bei sich lebendig zu halten und sie die Schüler immer wieder erfahren zu lassen.
Nachdenken und Zuhören werden hier nicht hervorgehoben, um die Schüler auf die Strukturierung der Lehrenden zu verpflichten. Dies würde im Gegenteil dem angestrebten Ziel entgegenarbeiten. *»Größerer Schülereinfluß«* wird als drittes Moment bei der Veränderung der Gesprächsstrukturen genannt. Unterrichtsgespräche sind häufig hochgradig von den Strukturierungen der Lehrenden bestimmt. Die weitgehende Verfügung der Lehrenden über die besprochenen Themen trägt ebenfalls zu Langeweile und Äußerlichkeit des Gesprächs bei. Wenn Gespräche fast vollständig nach den Plänen der Lehrenden verlaufen, fordert dies von den Schülern, sich immer wieder auf vorgegebene Impulse und Lenkungen einzulassen. Wer Gespräche strukturiert, bringt seine Zugänge, Fragen und Interessen zur Geltung. Zuhören, Mitdenken und Beim-Thema-bleiben fallen leichter, wenn eigene Themen zur Debatte stehen oder mitbetroffen sind. Daher ist auch nach Wegen zu suchen, wie der gesprächsstrukturierende Einfluß der Schüler zu verstärken ist.
Im zweiten Abschnitt, so ist *zusammenfassend* festzuhalten, werden drei Momente erläutert, von denen eine verändernde Wirkung auf das Unterrichtsgespräch erhofft wird:
1. Wenn mehr Gewicht auf »gemeinsames Nachdenken« gelegt wird, kann das Gespräch zu einer »geistigen Gemeinschaftsarbeit« der Klasse werden. Dies wird erleichtert, wenn die Schüler weniger auf eigene Redebeiträge als auf eine gespannte Aufmerksamkeit für die Beiträge der anderen hin orientiert sind.
2. Das Nachdenken wird begünstigt, wenn es dem Lehrenden im Sinn des »disponiblen Lehrens« gelingt, die Festgelegtheiten aufzubrechen und mit den Schülern in eine produktive Unruhe des Denkens hineinzufinden.
3. Schülerbeteiligung an der Festlegung der Gesprächsthemen trägt dazu bei, daß die Schüler beschäftigende Aspekte besprochen werden. Dadurch werden ihnen Mitdenken und Mitsprechen erleichtert.
Mit diesen drei Momenten werden Gesichtspunkte hervorgehoben, die in den Gesprächen zum Zuge kommen sollen. Sie sind in den hier geübten eingespielten Formen des Miteinandersprechens und Einanderzuhörens zu verwirklichen. Das Gespräch bildet gleichsam die Vorgabe, die Form und das Medium des gemeinsamen Denkens. Damit das gemeinsame Denken besser gelingen kann, sind nun die *Strukturen des Unterrichtsgesprächs* darzustellen.

6.3 Die Strukturen des Unterrichtsgesprächs

In den vorausgegangenen Abschnitten wird das gemeinsame produktive Nachdenken als wünschenswertes Kerngeschehen der Unterrichtsgespräche postuliert. Damit wird ein *gesprächsdidaktisches Ziel* aufgestellt. *Nachdenken* ist eine Aktivität, die jeder für sich vollzieht. Es ist weder von außen vollständig kontrollier- und steuerbar, noch direkt beobachtbar. Die Gedanken entwickeln sich jedoch in Beziehung zum gemeinsamen Gespräch: Im Wechselspiel von Sprechen und Denken geben die Äußerungen immer wieder Einblick in die jeweils bedachten Aspekte, und die Gedanken werden von den besprochenen Aspekten beeinflußt. Unterrichts*gespräche* lassen sich aufzeichnen. Unterrichtsdokumente z. B. in Form von Verbalprotokollen stellen empirisches Material dar, das unter zahlreichen Aspekten und im Rahmen verschiedener Theorien analysiert wird. Auch wenn das Nachdenken in den Mittelpunkt gerückt wird, darf an den Ergebnissen dieser Forschung nicht vorbeigegangen werden: Sie gewähren keine Auskunft über die Strukturen des gemeinsamen Nachdenkens, aber sie geben Aufschluß, in welchen Strukturen miteinander gesprochen wird.

Gesprächsdidaktische Überlegungen müssen die Ergebnisse der empirischen Erforschung des Unterrichtsgesprächs berücksichtigen. Dies ist notwendig, um sich grundsätzlich über die Eigenart dieser Gespräche zu vergewissern und um falsche Annahmen und Irrtümer zu vermeiden. Empirische Forschungen begünstigen einen größeren Detailreichtum der Aussagen, weil sie in der Auseinandersetzung mit dem Gegenstand gewonnen werden, und sie können zu neuen und unerwarteten Erkenntnissen führen. Nur unter Bezug auf empirische Forschung kann schließlich der Anspruch auf verallgemeinernde Aussagen erhoben werden.

In der Geschichte der Erforschung der Unterrichtssprache und des Unterrichtsgesprächs werden verschiedenste Modelle entwickelt, die die Sprache und das Gespräch jeweils unter anderen Gesichtspunkten strukturieren. In der Unterrichtsforschung besteht keine Einigkeit, welche Modellbildung zu bevorzugen ist.[15] Mit der *diskursanalytischen* Forschungsrichtung, die im folgenden vor allem herangezogen wird, liegt jedoch ein recht integrierter Forschungszusammenhang vor. Das Interesse dieser Forschung richtet sich auf das Gespräch als Ganzes. Ausgehend vom Unterrichtsgespräch insgesamt wird nach den einzelnen Untereinheiten gefragt, aus denen sich das Gespräch aufbaut. Dabei interessiert nicht die grammatische Eigenart der einzelnen Gesprächsbeiträge, sondern ihre *Funktion* im Ablauf des Unterrichtsgesprächs: Es wird danach gefragt, was mit den jeweiligen Äußerungen von Lehrer oder Schüler *getan* wird, was damit im Unterrichtsablauf *bewirkt* wird. Als Material werden weitgehend Tonbandabschriften von Unterrichtsstunden verwendet.

Die Mehrzahl der in Diskursanalysen untersuchten Unterrichtsstunden sind eindeutig lehrergelenkte Gespräche. Gründe für dieses Übergewicht der direktiven Abläufe könnten zum einen darin liegen, daß in der Unterrichtswirklichkeit die lehrergelenkten Gespräche bis hin zum Typ des Lehrgesprächs vorherrschen. Eindeutig und durchgängig lehrergelenkte Gespräche weisen zum anderen einfachere Strukturen auf als Gespräche, in deren Lenkung Schüler und Lehrer zu kooperieren versuchen. Das Interesse der Diskursanalysen, das vorwiegend auf den Aufweis von Gesprächsstrukturen gerichtet ist, könnte dazu führen, daß lehrergelenkte Gespräche bevorzugt bzw. bevorzugt als Beispiele herangezogen werden. Die in diesem Abschnitt dargestellten Gespräche sind also keinesfalls als die wünschenswerten Gesprächsverläufe anzusehen. An diesen Gesprächen wird lediglich aufgezeigt, welchen Mustern lehrergelenkte Unterrichtsgespräche folgen. Die folgende Darstellung stützt sich vor allem auf die Diskursanalyse Sinclair/Coulthards[16].

6.3.1 *Die Gliederung des Gesprächs in Phasen*

Ein Ergebnis der Diskursanalysen liegt im Aufweis, daß Unterrichtsgespräche sprachlich in größere Abschnitte gegliedert werden. In Unterrichtsgesprächen und an Protokollen läßt sich beobachten, daß sich einige wenige kurze, an sich unauffällige Wörter in den Lehrerbeiträgen häufiger wiederholen. Immer wieder sind »gut«, »nun«, »so«, »also«, »danke« und ähnliche Partikel zu hören bzw. zu lesen. Mitunter werden diese kurzen unauffälligen Wörter von ausführlicheren Bemerkungen begleitet, die feststellen, daß im Gespräch bereits etwas geschehen ist oder etwas geschehen wird.[17] Beide Arten von Beiträgen kommen im folgenden Protokollauszug aus einer Unterrichtsstunde vor. Der Auszug gibt Anfangsteile einer Unterrichtsstunde wieder, in der das Gedicht »Grau und rot« von Zbigniew Lengren besprochen wird:

12-L: Danke. – Bevor wir anfangen, über das Gedicht zu sprechen: Wer hat ein Wort in diesem Text nicht verstanden? ...

»12-L« gibt an, daß es sich um die zwölfte Äußerung in der Stunde handelt und der Lehrer spricht. Zuvor wird das Gedicht mehrfach vorgelesen. Nach der Besprechung der Fragen und nach mehreren Versuchen, das Gedicht sprachgestaltend vorzulesen, fährt der Lehrer fort:

49-L: Gut. – Also der Esel, der brüllt vor Vergnügen und der prustet – des Prusten habt ihr vorgemacht – der quiekt vor Vergnügen, und er kichert, und dann sagt er: So was sah ich nie.
50-mehrere Kinder quieken und lachen.
51-L: Ha – I – a – so machte der Esel, wie ist das komisch, rote Haare hat das Vieh.
52-Daniel: Grau und rot.
53-L: Darf ich die Kinder wieder bitten. – Was meinst du zu dem Verhalten des Esels, was meinst du zu dem Esel? ...

Nachdem dies besprochen ist, setzt sich das Gespräch so fort:
61-L: Die Kinder haben verstanden, was der Esel für ein Kerl ist. Dann möchte mr aber wissen ...
62-Martin: Dummer Kerl, doofer Kerl.
63-L: Dann möchte mr aber wissen: Was denkt denn des Eichhörnchen?[18]

»Danke« (in der Äußerung 12-L) und »gut« (in 49-L) sind Beispiele für die erwähnten häufig wiederkehrenden, kurzen, unauffälligen Wörter. Teile der Äußerungen 12, 61 und 63 orientieren durch Rückschau und Vorausschau über bereits abgelaufene und über kommende Teile des Unterrichtsgesprächs. Beide Arten von Äußerungen *teilen das Gespräch in Abschnitte.* Die kurzen Wörter »markieren« die Abschnitte, die Äußerungen informieren darüber, begründen und erläutern. Die größeren Abschnitte, in die das Gespräch dadurch gegliedert wird, können als »Phasen« bezeichnet werden.

Beide Arten von Lehreräußerungen lassen sich als Reaktion darauf interpretieren, daß im lehrergelenkten Unterrichtsgespräch die geplanten Schritte zunächst nur dem Lehrenden bekannt sind. Gespräche setzen jedoch das *Zusammenwirken* von allen Teilnehmern voraus. Ohne diese Bemerkungen würde das Gespräch den über die Planungen nicht informierten Teilnehmern als eine ungegliederte Folge von Beiträgen erscheinen. Sie könnten sich nicht orientieren, welche Fragen gerade besprochen werden, ob damit bereits alle Fragen behandelt sind, zu welchem Zeitpunkt eine neue Phase beginnt und weiteres mehr. Deutliche Phasenübergänge orientieren die Schüler über den geplanten Ablauf des Gesprächs. Sie verhindern dadurch Mißverständnisse und sichern einen einverständigen und zügigen Gesprächsfortschritt. Die festen Formen deuten darauf hin, daß hier eingespielte Gewohnheiten und routinehafte Abläufe mit am Werk sind.

Äußerungen dieser Art sind in Unterrichtsstunden weit verbreitet. Werden mehrere Stunden einer Lehrerin oder eines Lehrers ausgewertet, kann sogar festgestellt werden, ob die kürzere oder die ausführlichere Art der Phasengliederung bevorzugt wird bzw. welche Kombinationen vorkommen. Die folgenden Beispiele zeigen verschiedene Arten phasenabschließender und -einleitender Äußerungen, die in zehn Unterrichtsstunden einer Lehrerin (L1) und eines Lehrers (L2) zu finden sind. Beide Lehrer verwenden vornehmlich die ausführliche Form. In den Beispielen ist darüber hinaus zu beobachten, wie diese wichtigen Gesprächssteuerungen »getarnt« werden. L2 verwendet z. B. häufig das »Lehrer-wir«, d. h. er bezieht sich selbst als Adressat der Steuerungen in das Gespräch ein. L1 spricht nicht selten bei diesen weichenstellenden Gesprächssteuerungen auffallend leiser.

L1: Gut. (Markierung) Ein, zwei, drei Fragen. (Pause) ... (Vorausschauende Feststellung)
L1: Jetzt haben wir drei Sachen von der Post. (Rückschauende Feststellung) Euch fehlen aber noch zwei, die die Post auch machen kann. ... (Vorausschauende Feststellung)
L1: So. Also, (zwei Markierungen) psst, eure Frage war, ... (Rückschauende Feststellung)
L2: Danke. (Markierung) Wir brechen ab. (Rückschauende Feststellung) Frage an die Kinder: ... (Vorausschauende Feststellung)
L2: Für die Diskussion Vorschlag von mir: ... (Vorausschauende Feststellung)[19]

Strukturierende Äußerungen dieser Art werden auch in anderen sprachanalytischen Untersuchungen beschrieben. Sie sind seltene, jedoch weichenstellende Gesprächsanteile.[20]

Da die Schüler im lehrergelenkten Unterricht das Gespräch in seiner Gesamtheit – vor allem in den noch geplanten Teilen – nicht überblicken, sind strukturierende Gesprächsbeiträge in dieser Art von ihnen nicht zu erwarten. Es überrascht daher nicht, daß verschiedene Untersuchungen darin übereinstimmen, daß gesprächsabschnittgliedernde Äußerungen von Schülern selten sind.[21] Zusätzlich liegen Anhaltspunkte vor, daß von den Schülern eingebrachte Themenaspekte, bevor sie Abschnitte des Gesprächs bestimmen, zuerst von den Lehrenden als wichtige Fragen explizit anerkannt und damit zur Beantwortung gleichsam »freigegeben« werden müssen.

In einer Deutschstunde zum Thema »Die Großen und die Kleinen«/E. Janovsky führt die Schülerin Monika für die Lehrerin unerwartet den Aspekt ein, daß Jugendliche mit 18 Jahren volljährig werden und damit dann über sich selbst bestimmen können.
Mo.: Ei, des is ja so, die (Pause) Großen. Die haben Bestimmen. Unter achtzehn können die Kinder n/ net machen, was sie wollen. . . .
(Andere Äußerungen)
Mo.: Ab achtz/
(Andere Äußerungen)
Mo.: Unter achtzehn können die Kinder net einfach, denn die Eltern können dann bestimmen, wann sie wieder heimkommen müssen. Nämlich we/ (Pause) eh, ab achtzehn, ab, (Pause) da dürfen die Kinder machen, was sie wollen.
L: Müssen wir uns mal kurz darüber unterhalten.«
Durch diese Erläuterung macht die Lehrerin deutlich, daß jetzt – kurz! – über Monikas Einwurf zu sprechen ist.[22]

Eine Reihe von Autoren weist darauf hin, daß die strukturierenden Anteile des Gesprächs sprachlich die *thematischen* Unterabschnitte des Gesamtgesprächs anzeigen.[23] Unter didaktischen und thematischen Gesichtspunkten ist das Unterrichtsgespräch im ganzen als »Themenkonstitution« anzusehen, also als geordnetes Zusammenwirken von Lehrer und Schülern, die im gemeinsamen Miteinandersprechen das Unterrichtsthema in seiner realisierten Form entstehen lassen. Die strukturierenden Äußerungen sind jeweils die Weichenstellungen, die den nächsten zu besprechenden Aspekt des Themas ins Gespräch bringen. Die Folge der Aspekte baut insgesamt die Themenkonstitution auf. Wenn die realisierte Unterrichtsführung mit der Gesprächsvorbereitung verglichen werden kann, wird deutlich, daß *im lehrergelenkten Gespräch* diese thematischen Unterabschnitte häufig den in der Unterrichtsvorbereitung vorweggenommenen geplanten Phasen entsprechen. Die strukturierenden Äußerungsfolgen sind demnach die sprachlichen Mittel, mit deren Hilfe die einzelnen Unterabschnitte im Gespräch angezeigt, auf den Weg gebracht und abgeschlossen werden. Sie stehen letztlich im Dienst der von den Lehrenden vorweg geleisteten inhaltlichen Strukturierungen des Unterrichtsthemas: Sie sind der sprachliche Ausdruck des »überlegenen« Lehrers, der die Sache überschaut und die Schüler zu einem adäqua-

ten Verständnis der Sache anleiten will und sich dabei eng an seinen Plan hält. Die gliedernden Bemerkungen sind auch von unterrichtenden Lehrerinnen und Lehrern während des Gesprächs sehr deutlich zu bemerken. Hier ist bereits ein gewisser Widerspruch zur didaktischen Sicht und Anforderung zu bemerken, daß Pläne als offene Ausgangslagen das Unterrichtsgespräch freisetzen sollen.
Solange die Schüler nur sehr selten Phasen einleiten, sind die Phaseneinleitungen Mittel enger Kontrolle durch die Lehrenden. Die Phasenübergänge sind die »Plattformen«, an denen bestimmt wird, worüber gesprochen werden soll. Daß hier ausschließlich oder fast ausschließlich die Lehrenden die Weichen stellen, widerspricht den in den vorhergehenden Abschnitten formulierten Zielen.

6.3.2 Aufforderung – Antwort – Feedback als Grundmuster

Welche Gliederung weisen nun die Abschnitte innerhalb der Phasen auf? Auf Diskursanalysen aufbauend, läßt sich hierzu auf die drei Schritte Eröffnung, Antwort und Feedback als *Grundmuster* des Unterrichtsgesprächs hinweisen, das freilich häufig in abgewandelter Form auftritt. Auch hier setzt die Beobachtung an einem auffälligen Detail an. In Äußerungen sind »Grenzen« wahrnehmbar, wie in folgendem Beispiel:

Lehrer: kannst du mir sagen, warum man alle diese Nahrungsmittel zu sich nimmt?
Schüler: Ja. Um stark zu bleiben.
Lehrer: Um stark zu bleiben. Ja. Um stark zu bleiben. Warum will man stark bleiben?[24]

In der Mitte der zweiten Lehreräußerung ist deutlich ein Übergang zu bemerken. Davor stellt der Lehrer dieses Beispiels eine Frage, die vom Schüler beantwortet wird. Der Lehrer wiederholt die Antwort, bestätigt sie und wiederholt sie noch einmal. Damit ist eine Folge von drei einzelnen »Schritten«, die nacheinander Lehrer, Schüler und erneut den Lehrer zu Wort kommen läßt, abgeschlossen. Im zweiten Teil der letzten Lehreräußerung beginnt die nächste Äußerungsfolge: Erneut wird eine Frage gestellt. Der Durchgang kann sich wiederholen.
Die folgende Äußerungsfolge ist dem zuvor zitierten Beispiel ähnlich.

L2: Genau. Er ist ein verirrter Esel. Wissen alle Kinder, was verirrt ist?
Marcus bitte.
Marcus: Ah, wenn a Mensch in Wald geht und findet d'Weg nimmer.
L2: Genau. Hänsel und Gretel verirrten sich im Wald.[25]

Die Grenze liegt hier in der ersten Lehreräußerung, in der zunächst die vorhergehende Äußerungsfolge abgeschlossen wird. Dann beginnt mit einer Frage die nächste Folge, Marcus antwortet, die Antwort wird positiv bestätigt.

In beiden Beispielen leiten die Lehrenden die Äußerungsfolgen mit einer Frage ein. Dies ist nicht notwendig, da an gleicher Stelle auch aufgefordert werden könnte, etwas zu bedenken, zu beantworten, zu tun: Entscheidend ist der *auffordernde* Charakter des ersten Schritts. Der zweite Schritt antwortet auf den ersten Schritt. In den beiden Beispielen wird die Frage beantwortet, es könnte auch nachgedacht, aufforderungsbezogen gesprochen oder gehandelt werden. Auffordernde Schritte werden häufig von Lehrern gesprochen, beantwortende häufig von Schülern. Erster und zweiter Schritt passen nicht nur zueinander wie Schlüssel und Schloß, sondern der erste verlangt den zweiten Schritt, ruft ihn gleichsam hervor.[26]

An konstruierten Beispielen wird deutlich, daß der dritte Schritt ein *Feedback* gibt. Dieser dritte rückmeldende, auswertende oder bewertende Schritt ist für Unterrichtsgespräche kennzeichnend. Die Frage-Antwort-Folgen der Alltagsgespräche sind üblicherweise »zweischrittig«:

Gesprächspartner A: Hast du den Film mit Marilyn Monroe gesehen?
Gesprächspartner B: Nein, ich hatte leider keine Zeit.

In der Alltagskommunikation treten zwar ebenfalls dreischrittige Folgen auf, jedoch fehlt hier der bewertende oder auswertende Charakter des dritten Schritts:

Übliche Gesprächssituationen, z. B. in der Familie:
A: Wie spät ist es, Susan?
B: Drei Uhr.
A: Danke.

Unterrichtsgespräch:
A: Wie spät ist es, Susan?
B: Drei Uhr.
A: Gut, mein Kind.[27]

Unter welchen Bedingungen dieser dritte Schritt aufgeschoben oder

auch entfallen kann, wird verschieden beantwortet. Jedoch besteht Einigkeit, daß im Verlauf von Phasen regelmäßig ein Feedback gegeben bzw. ausgewertet oder bewertet wird. Nur selten werden Schülerantworten ablehnend aufgenommen. Es überwiegen bestätigende oder zumindest akzeptierende Feedbacks.[28]
Inwieweit in diesen Folgen von Aufforderung – Antwort – Feedback ein oder das Grundmuster des Unterrichtsgesprächs gesehen werden darf und welcher Anteil der Gespräche exakt nach diesem Muster verläuft, wird von verschiedenen Autoren unterschiedlich beantwortet. Vermutlich spiegelt sich darin wohl auch die Verschiedenheit des untersuchten Unterrichts. Denkbar ist weiterhin, daß sich die bevorzugten Formen des Unterrichtsgesprächs im Laufe der Jahre verändern. Sich wiederholende Folgen dieser Art machen den Unterricht stereotyp. Lehrerdominanz und Lehreraktivität steigen bei zunehmender Schülerpassivität an. In den bereits erwähnten zehn Unterrichtsstunden der beiden Lehrenden L1 und L2 sind Folgen dieser Art selten, sie treten jedoch z. B. dann auf, wenn in »turbulenten« Äußerungsfolgen oder Phasen oder bei Zeitdruck eine enge Kontrolle des Gesprächs durch den Lehrenden erwünscht scheint.[29]
In diesen Unterrichtsstunden werden Aufforderung, Antwort und Feedback häufig freier kombiniert.[30] So kann auf eine Fragestellung des Lehrenden von mehreren Schülern nacheinander geantwortet werden. »Zwischen« den Antworten bestätigt der Lehrer und ruft auf, er ruft nur auf, oder er läßt die Schüler sich gegenseitig aufrufen. Aber auch Äußerungsfolgen dieser Art werden häufig von einem dann auf mehrere Antworten bezogenen Feedback abgeschlossen. Daran wird deutlich, daß sie eine Variation des zuvor beschriebenen Musters darstellen. In anderen Variationen erfolgen auf eine unvollständige Schülerantwort Hilfen und Nachfragen, oder die Aufforderung wird an andere Schüler gerichtet, bis auch hier die Aufforderung erledigt ist.
Die enge Zusammengehörigkeit von Lehrerfrage und Schülerantwort und die Kontrolle der Frage über die Antwort wird auch durch Forschungen Konrad Ehlichs und Jochen Rehbeins belegt. Ehlich/Rehbein betrachten die Schule als eine Institution der ökonomischen Wissensübermittlung. An zahlreichen Mustern der schulischen Kommunikation belegen sie, wie hier die Lehrenden, z. T. mit kaum durchschaubaren »Tricks«, in die »mentalen Prozesse« der Schüler eingreifen und diese kontrollieren. In diesem Kontroll- und Belehrungsverhältnis drückt sich nach Ehlich/Rehbein der institutionelle

Charakter und der gesellschaftliche Auftrag der Schule aus.[31] In einer neueren Studie schreiben sie einen Unterrichtsdialog zu einem »Vortrag mit verteilten Rollen« um:

Auszug aus dem Unterrichtsprotokoll:
Frage (L): »... welche Personen begegnen uns hier?«
Antwort (S): »Der Vater, der Heino und die Mutter, und dann Rolf, Achim und Gerd.«[32]
Frage (L): »Jetzt habt ihr gestern schon in den Arbeitsanweisungen gelesen, da wird behauptet, daß diese Geschichte eigentlich aus *zwei* Geschichten besteht.«
Antwort (S): »Einmal aus dem Drachenflug, ... und einmal von dem Schulweg, ... wie die sich da streiten.«[33]

Umgeschriebene Form:

Lehrer...	Schüler...
A Hier begegnen uns (18/4)	der Vater, der Heino und die Mutter, und dann Rolf, Achim und Gerd. (18/5–6)
B Diese Geschichte besteht eigentlich aus *zwei* Geschichten, (18/12–13)	einmal aus dem Drachenflug, und einmal von dem Schulweg, wie die sich da streiten. (19/1–3)[34]

Es gelingt den Autoren, das gesamte Unterrichtsprotokoll in die zweite Form zu übertragen. Sie sehen in diesem »Muster« des Unterrichtsgesprächs die Folge eines institutionsbedingten Maximenkonflikts, den der Lehrer zu lösen hat:
Maxime 1: Setze den Stoff möglichst zeitökonomisch um!
Maxime 2: Laß die Schüler aktiv und selbständig Wissen erwerben!
Vorträge sind ökonomische Formen der Wissensvermittlung, unter schulischen Bedingungen jedoch riskant: Die Schüler könnten, weil nicht notwendig freiwillig interessiert, nicht ausreichend eingebunden werden. Der Lehrende kann die beiden erwähnten Maximen nur balancieren. Überwiegt Maxime 1, wird der Unterricht »zu kleinschrittig«, die Schüler werden »zu eng geführt« und »ihnen bleibt der Gesamtzusammenhang eher verborgen«. Überwiegt Maxime 2, wird der geplante Zusammenhang nicht realisiert. Nur die Kooperation von selbstbestimmten Interessen der Schüler und Lehrerplan könnte den Maximenkonflikt aufheben.[35]
Die dargestellten Ergebnisse lassen das Unterrichtsgespräch als eine sprachbetonte Unterrichtsform hervortreten, die vom Lehrenden na-

hezu vollständig strukturiert und eng kontrolliert wird. In dieser Form sind die Unterrichtsgespräche vornehmlich auf äußerlichen Gesprächsfortschritt angelegt. Wenn das gemeinsame Nachdenken zur Richtschnur der Gesprächsführung wird, können Strukturen dieser Art in keiner Weise befriedigen. Die direktive Steuerung und die Engführung der Schüler widersprechen nicht nur den Zielen, die Schüler selbständig mitdenken zu lassen und ihren themenbestimmenden Einfluß im Unterrichtsgespräch zu erweitern. Es ist auch daran zu denken, daß dieses lenkende und kontrollierende Gesprächsgerüst von Phasengliederungen, Eröffnungen und Feedbacks zur Langeweile im Unterricht beiträgt: Die phasengliedernden Äußerungen ebnen immer wieder die Einstiege ins Gespräch, so daß das Mitdenken über längere Zeiträume nicht notwendig ist; die akzeptierenden Feedbacks halten das Risiko gering, daß ein Gesprächsbeitrag zurückgewiesen wird. So hält statt der gemeinsamen Fragen vor allem das Instrumentarium der Gesprächsführung die Beiträge zusammen. Da jedoch verschiedene Studien darin übereinstimmen, daß mit den beschriebenen Abläufen die typischen Muster der Gespräche erfaßt werden, ist an diesen Strukturen anzusetzen. Im *vierten Abschnitt* ist daher zu fragen: Wie sind die Strukturen aufzunehmen und zu verändern, wenn die Unterrichtsgespräche produktives gemeinsames Nachdenken ermöglichen sollen?

6.4 Förderung des gemeinsamen Nachdenkens im Unterrichtsgespräch – Gesprächsdidaktische Vorschläge

Aus den bisherigen Überlegungen sind nun Folgerungen zu ziehen, wie das gemeinsame produktive Nachdenken als Kerngeschehen der Unterrichtsgespräche zu fördern ist. Dazu werden *neun Vorschläge* unterbreitet.

1. Öffnung der Gespräche für Schülerinitiativen

Bessere Bedingungen für ein gemeinsames Nachdenken werden dann geschaffen, wenn den Schülern die Chance eingeräumt wird, die Gesprächsthemen wenigstens in Teilen mitzubestimmen. Wer über Themen entscheidet, bringt seine Fragestellungen und Gedanken ein und ist häufig mehr an den Gesprächen interessiert. Unterrichtsgespräche gewinnen dadurch außerdem mehr »Nähe« zu den Wahrnehmungen, Auffassungen und Interessen der Schüler.

In Unterrichtsgesprächen ist täglich zu erfahren, daß Schüler von sich aus Fragen und Gedanken äußern. Selbst unter den rigiden Strukturen eng lehrergelenkter Gespräche, wie sie der zweite Abschnitt dargestellt, bringen Schüler neue Problemstellungen ein: Sie werden in Gesprächen regelmäßig mit Schüler-»Eröffnungen« initiativ. Häufig stellen sie Fragen, die einfach und direkt auf zentrale Gesichtspunkte des Unterrichtsthemas zielen. Viele dieser Fragen sind für die Lehrenden Aha-Erlebnisse: Sie weisen auf wichtige thematische Aspekte hin, die die Lehrenden übersahen oder die sie zu spät anschneiden wollten. Schülerfragen sind daher eine Bereicherung für das Gespräch. Lehrer und Schüler können im Gespräch in der Initiierung von Teilthemen wichtige Partner sein.

Unterrichtsprotokolle zeigen jedoch, daß diese Fragen und Anregungen im allgemeinen nur durch einen Beitrag bzw. einige wenige Beiträge beantwortet werden. In der Regel leiten diese Initiativen keine Phasen ein, d. h. sie führen nicht zu schülerbestimmten thematischen Teilabschnitten des Gesprächs. Schülerinitiativen werden demnach zwar aufgenommen, jedoch nicht ausdiskutiert. Wer den Einfluß der Schüler auf das Gespräch erweitern will, muß darum dafür sorgen, daß die Gesprächsinitiativen der Schüler gründlich besprochen werden. Er muß die vorhandenen Schülereröffnungen zu Schülerphaseneinleitungen werden lassen.

Mit Schülerinitiativen ist bevorzugt am Anfang des Gesprächs und jeweils gegen Ende von lehrereingeleiteten Phasen zu rechnen. Häufig werden zu Beginn bereits in den ersten Äußerungen bedrängende Fragen angesprochen, die nicht selten zentrale Themenaspekte anschneiden. Schülerfragen dieser Art sind im Kern Aufforderungen, die geplanten Gesprächsabläufe zurückzustellen oder aufzugeben. Leider ist jedoch häufig zu beobachten, daß diese Fragen auf später vertröstet oder kurz abgetan werden. Zu selten wird versucht, sich daraufhin von geplanten Abläufen frei zu machen. Auch am Ende von lehrereingeleiteten Phasen kann Schülerinitiativen bewußt Raum gegeben werden. In diesen Gesprächsabschnitten eröffnet sich dadurch, daß der besprochene thematische Aspekt überwiegend zum Abschluß gekommen ist, die Möglichkeit zu neuen Fragen. Wenn hier Zeit gegeben und nicht vorschnell von seiten des Lehrenden die nächste Frage eingebracht wird, erhöht sich die Chance für Schülerinitiativen.

Schüler verfügen nicht über die erwähnten formalen Mittel, ihre Fragen als Phaseneinleitungen zu verdeutlichen. Daher müssen die

Lehrenden ihre Fragen im Gesprächsablauf »bestätigen« und dadurch herausheben. Die einfachere Struktur der Schülerinitiativen kann aber auch zum Anlaß werden, die formalen Mittel der Gesprächsstrukturierung insgesamt zu überprüfen. Schülerinitiativen fordern so dazu auf, aus den erstarrten sprachlichen Formen herauszutreten und die Gespräche formal einfacher zu machen.

2. Sich-Offenhalten für die Fragen und Gedanken der Schüler

Eine grundsätzliche interessierte Offenheit des Lehrenden gegenüber den Sichtweisen, Interessen und Gedanken der Schüler ist Voraussetzung, daß die Schülergesprächsinitiativen überhaupt bemerkt werden. Offenheit für die Gedanken und Interessen aller Kinder der Klasse gehört zum Berufsethos der Grundschullehrerinnen und -lehrer. Die gespannte Aufmerksamkeit für das, was die Klasse zum Thema beiträgt und bewegt, erinnert an den »pädagogischen Takt«, der im Zusammenhang mit dem »disponiblen Lehren« beschrieben wird. Die Lehrenden sollen sensibel sein für die Kinder und für das, was sie an Themen bewegt und beschäftigt.

Sensibilität gegenüber den Beiträgen der Kinder bedingt, daß der entwicklungsbedingte Abstand zwischen Lehrern und Schülern bewußt wahrgenommen wird. Grundschulkinder sind – unter anderem! – in ihrem Denken an konkrete Erfahrungen gebunden; es bereitet ihnen Schwierigkeiten, andere Personen in ihrem Innenleben wahrzunehmen; sie beziehen sich in ihren sozialen Erfahrungen in erster Linie auf den Umkreis ihrer Familie; vor allem in den ersten Grundschuljahren verfügt ein Teil der Kinder noch nicht über die operationale Vorstellung der Zeit. Die Gedanken und Erfahrungen der Kinder, wie vertraut und bekannt sie im einzelnen erscheinen mögen, sind darum immer auch eine fremde Welt, deren Verstehen entwicklungspsychologisches Wissen, Aufmerksamkeit und Verständnisbemühungen erfordert. Die Lehrenden müssen sich in die Sichtweisen und Wahrnehmungen der Kinder *hineindenken*.

Zu diesem entwicklungsbedingten Abstand kommt als weitere Schwierigkeit die Verschiedenheit der Schülergedanken und -interessen hinzu. Als Persönlichkeiten mit unterschiedlichen Erfahrungen und Sichtweisen bringen die Schüler einer Klasse verschiedene Gesichtspunkte und Interessen in die Gespräche ein. Auch diese Verschiedenheiten sind in den Gesprächen zu erwarten und aufzunehmen. Sensible Offenheit, die die Gedanken und Interessen der Kinder nicht vorschnell vereinheitlicht, zeigt unter diesen Bedingungen dem

einzelnen Kind, daß es als individuelle Person in den Gesprächen seiner Klasse zählt.
Vor der Gefahr, Gesprächsinitiativen der Schüler, wenn sie geäußert werden, rasch zu übergehen, schützt nur genaues Hinhören und ein vorsichtiger und zurückhaltender Umgang mit diesen Beiträgen. Wenn Lehrende sich über die Bedeutung von Beiträgen unklar sind, könnten sie z. B. zurückfragen und um Erläuterungen bitten. Dadurch wird der Fortgang des Gesprächs verzögert. Alle Zuhörer müssen sich auf das einzelne Kind einlassen, ihm zuhören und geduldig den Fortgang abwarten. Im Interesse des Nachdenkens sind diese Übungen der Geduld und des Zuhörens jedoch erwünscht.

3. Konzentration der Lehrergesprächsführung auf zentrale Aspekte

Im vorhergehenden Abschnitt, der sich mit den Strukturen des Unterrichtsgesprächs beschäftigt, wird dargestellt, daß die Phasen des Unterrichtsgesprächs enge Bezüge zu den thematischen Schritten der Unterrichtsplanung aufweisen. Entgegen den Postulaten der didaktischen Theorie scheint die Planung häufig weniger zu flexiblem Handeln freizusetzen, als den Ablauf des Unterrichts zu präformieren. Möglicherweise wird das Verhältnis von Plan und Gespräch in der didaktischen Theorie allzu ideal bestimmt. Man könnte sogar vermuten, daß vielschrittige Pläne hinter den beobachteten starren sprachlichen Formen stehen. Wenn zahlreiche Aspekte nacheinander einzubringen sind, macht diese ausgedehnte Folge ein entwickeltes Repertoire von Vor- und Zurückverweisen notwendig. Nur durch taktisch geschickte Phaseneinleitungen, die immer wieder die Folge der Gesprächsaspekte überblicken lassen, kann die Aufmerksamkeit der Schüler jeweils auf die neuen Aspekte gelenkt und über die Gesamtdauer des Gesprächs gesichert werden.

Durch diese Beobachtungen wird die Zielperspektive einer freisetzenden Unterrichtsplanung, die zu einer flexiblen und schüleroffenen Gesprächsführung befähigt, nicht aufgehoben. Diese Perspektive soll jedoch hier ergänzt werden durch den Vorschlag, die Lehrerstrukturierung des Unterrichtsgesprächs auf zentrale Aspekte zu konzentrieren. Statt einer Vielzahl von miteinander verbundenen thematischen Teilaspekten sollten die Lehrenden wenige zentrale Gesichtspunkte des Unterrichtsthemas anschneiden. Statt Detailreichtum und Vielschrittigkeit sollten Konzentration und Zurücknahme die Lehrergesprächsführung bestimmen. Weniger Aspekte und der Verzicht auf ein falsches Vollständigkeitsideal öffnen die Gespräche für unerwar-

tete, im Gespräch auftauchende Fragen. Sie schaffen den Spielraum, um die Schülerinitiativen gründlich zu besprechen. Statt der Hast von Aspekt zu Aspekt steht dann auch genügend Zeit zur Verfügung, um das Vorgesehene mit mehr Gelassenheit durchzusprechen.[36]
Konzentration und Zurücknahme als Prinzipien der Lehrergesprächsführung lassen sich mit Argumenten, die die veränderte Rolle der Schule heute einbeziehen, bekräftigen. Kinder heute nutzen eine Vielzahl von Quellen zur Information über Themen, die sie interessieren. Der Unterricht kann mit diesen Quellen nicht konkurrieren, was die Vollständigkeit der Informationen und der diskutierten Aspekte angeht. Statt in der Vollständigkeit liegt die pädagogische Aufgabe in der Orientierung, die der Unterricht in der Vielfalt der Anregungen und Aspekte ermöglichen soll. Gegenüber einem falschverstandenen »Enzyklopädismus« ist vom Unterricht stärker die Konzentration auf diese Orientierungsaufgabe gefordert.[37] Unterrichtsgespräche sollten daher bescheidener angelegt werden: Statt eine Reihe von Themenaspekten zu besprechen, erscheint es fruchtbarer, von Lehrerseite aus den Zentralgedanken zur Geltung zu bringen und dazu anzuleiten, sich mit diesem auseinanderzusetzen.

4. Gelassener Gesprächsfortschritt

Ein kurzer Beitrag Willy Potthoffs regt zu weiteren Überlegungen an.[38] Potthoff beschreibt, daß mitunter ein Schülerbeitrag noch einmal die Lösung einer Frage formuliert, die bereits in früheren Gesprächsabschnitten von anderen Schülern geklärt wurde. Der Autor beurteilt dieses anscheinende »Zurückfallen« nicht negativ. Es wird ihm zum Anzeiger der Denkprozesse der Schüler. Der »verspätete« Schüler hat offensichtlich länger für diesen Lernschritt gebraucht als manche seiner Mitschüler. Der Beitrag des Schülers erinnert daran, daß in Gesprächen nur die Denkschritte zugänglich sind, die die Sprecher veröffentlichen. Es ist aber damit zu rechnen, daß nicht alle Denkprozesse aller Schüler mit diesem offenliegenden Ablauf synchron verlaufen. Die einzelnen Teilnehmer finden zu verschiedenen Zeitpunkten in die – wie Potthoff sie bezeichnet – »introvertierten aktiven Phasen«.
Die Ungleichzeitigkeit der Denkstränge, die das Gespräch begleiten, macht auf die Bedeutung eines gelassenen Gesprächsfortschritts aufmerksam. Vor allem ein vom Lehrenden mit raschen Phaseneinleitungen forcierter Gesprächsfortgang wird dem immer wieder auch verzögerten Nachdenken der Schüler nicht gerecht. Ein gelassenes Ge-

spräch bezieht »Schleifen« ein, d. h. es läßt zu oder forciert geradezu, daß bereits besprochene Aspekte noch einmal aufgenommen werden. Dadurch wird mehr Schülern ermöglicht, im Gespräch mitzudenken. Mehr Zeit zum Durchsprechen der Aspekte macht die Gespräche nicht weniger dynamisch, sondern verbessert mit der steigenden Anzahl der besprochenen Einwände und Überlegungen die Gründlichkeit des Gesprächs.

Beispiele für diese »Schleifen« sind in mehreren Gesprächen zu finden, die Gertrud Ritz-Fröhlich in ihrem nach wie vor aktuellen Buch zur Gesprächserziehung in der Grundschule wiedergibt.[39] In diesen Gesprächen einer zweiten Klasse zu Astrid Lindgrens »Karlsson vom Dach« ist zu beobachten, daß die Fragen, die die Schüler intensiv interessieren (wie hier das Problem, ob es Karlsson wirklich gibt), sie wiederholt anziehen und von ihnen in mehreren Anläufen mit immer wieder neuen Überlegungen, Widerlegungen, Einwänden und neuen Argumenten besprochen werden. Die Einsichten müssen in mehreren »Anläufen«, z. T. auch nach Überwindung von erneut entstehenden Unsicherheiten, errungen werden. Da hier die Lehrerin die Einsichten nicht forciert, müssen sich die Lösungen im Gespräch gleichsam erst durchsetzen. Die vier Gespräche sind faszinierende Belege, wie Kinder miteinander Fragen klären. Sie zeigen aber auch, wieviel Ruhe und Geduld von seiten der Lehrenden dazu gebraucht werden.

Gespräche dieser Art sind nur möglich, wenn der Lehrer selbst ruhig ist und warten kann, bis die Schüler Denkschritte vollziehen, und wenn er diese Ruhe im Gespräch ausstrahlt. Auch bei den Schülern wird dazu Gelassenheit und Geduld vorausgesetzt. Auf diese Haltungen ist daher in den Gesprächen zu achten, und sie sind gemeinsam zu üben.

5. Kommunikation durch Blickkontakt

Die Förderung des gemeinsamen Nachdenkens im Gespräch wird dadurch erleichtert, daß das Nachdenken kein rein innerlicher Vorgang ist. Die Körperhaltung, die aktuellen Züge des Gesichts und vor allem der Ausdruck der Augen offenbaren Langeweile, Interesse und aktives Nachdenken sehr deutlich. Betroffenheit wird darin spürbar, Nachdenken zeichnet sich in den Gesichtern und Augen ab, spontane Gedanken ›leuchten‹ hier förmlich ›auf‹. Die Möglichkeit der Kommunikation mit allen Kindern der Klasse, die hierin begründet ist, wird von den Lehrenden häufig nicht benutzt. Viele wenden sich vor allem oder ausschließlich den Sprechern zu, statt allen Kindern immer wieder ins Gesicht und in die Augen zu schauen. Diese Lehrerblicke kontrollieren, aber sie nehmen auch Kontakt auf und ermutigen die Kinder, dazuzugehören, mitzudenken und am Gespräch und an den Beiträgen der anderen Anteil zu nehmen. Durch Blicke und durch unterstützende Gesten kann kontinuierlich Kontakt mit vielen Kindern der Klasse aufgenommen und gehalten werden. Blicke und Gesten sind in diesen Möglichkeiten Worten überlegen.

In diesen wortlosen, nicht-sprachlichen Formen kann sich gesprächsbegleitend eine zweite Ebene der Kommunikation entwickeln und entfalten, die sprechende und nicht-sprechende Schüler einbezieht. Diese Art des Kontakts und der Kommunikation steht in einer besonderen Nähe zum Denken. Auch wenn wenig geäußert wird, prägt auf diese Weise intensive Spannung das Gespräch.

6. Gespräche als Lernsituation der Lehrenden

Unterrichtsgespräche, die offen für Kinderüberlegungen sind und deren Pläne nur noch Zentralaspekte festhalten, werden gegenüber stärker lehrergelenkten Gesprächen unvorhersehbarer. Sie lassen Überraschungen zu: Was Kinder interessiert, welche Auffassungen sie im einzelnen einbringen und wie die Gespräche davon beeinflußt werden, entwickelt sich erst in der Situation. Die zunehmende Handlungsunsicherheit, die daraus für die Lehrenden entsteht, ist nur dadurch positiv zu wenden, daß die Gesprächssituation selbst in mehrfacher Hinsicht als Lernsituation der Lehrenden angesehen wird.

Lehrern, die ihren Schülern zuhören, gibt das Gespräch Auskunft darüber, welche Aspekte der Sache diese Kinder beschäftigen und welche Denkschritte für sie schwierig sind. Durch die Offenheit der Gespräche können die Lehrenden also die Schüler besser kennenlernen.[40] Gedanken der Kinder können für die Lehrenden zu Fragen werden, die sie selbst persönlich betreffen und deren Beantwortung sie bereichert.[41] Zudem kann das Gespräch selbst als Lernsituation in Gesprächsleitung betrachtet werden.

Die hohen Ansprüche, die diese Ziele an die Flexibilität und die thematische Beweglichkeit des Lehrers stellen, sind nicht zu umgehen. Das Leiten von Gesprächen, zumal in einer größeren Kindergruppe, stellt auch für die Lehrenden Übungssituationen in Merkfähigkeit (weil mehrere Gesprächsfäden gleichzeitig im Auge zu behalten sind), gedanklicher Präzision (weil häufig der Lehrende die Verbindungen zwischen den Schülerbeiträgen zumindest für sich herausstellen muß) und Entscheidungsfähigkeit dar (weil häufig schnell mitzubedenken ist, mit welchen Beiträgen das Gespräch fortgesetzt werden soll).

7. Größere methodische Variabilität

Nachdenken ist auch dadurch zu fördern, daß die Gespräche methodisch variabler angelegt werden. In die Klassengespräche können z. B. Phasen aktiven Nachdenkens und Phasen, in denen die Schüler miteinander ihre Gedanken besprechen, eingeschoben werden. Aktives Nachdenken könnte ein bedeutender Bestandteil von Unterrichtsgesprächen werden, wenn etwa mitunter bewußt und mit Ankündigung Denkpausen eingelegt werden, in denen die Schüler versuchen, eine Frage zu klären. Wenn zwei oder mehr Kinder flüsternd miteinander das Problem besprächen, käme zusätzlich der Stimulus ins Spiel, den die Gedanken durch die Formulierung und den Austausch gewinnen. »Wenn der Versuch aufgegeben wird, dem Lernen starre Unterrichtsformen überzustülpen, könnten die Teilnehmer an Unterrichtsgesprächen jeweils an den Stellen, die gründliches Vertiefen und individuellen Zugang erfordern, aus dem Zwang des gemeinsamen Fortschreitens freigegeben werden zur Meditation oder zum Gespräch im kleinsten Kreis, in dem die stimulierenden Wirkungen des Miteinander-Sprechens wirksam werden können.«[42] Die Ergebnisse dieser Teildiskussion werden rückgebunden, indem einige Partner zu Beginn der Gesprächsfortsetzung im Klassenverband kurz berichten. Möglich sind auch Kombinationen von Gespräch und Einzelarbeit und der Einsatz von Ergebnisblättern. Die Möglichkeiten methodischer Variationen werden noch zu wenig genutzt und erprobt.

8. Bewußte Gestaltung und Veränderung von Gesprächsroutinen als Ziel

Angesichts dieser Vorschläge ist zu berücksichtigen, daß Unterrichtsgespräche – wie alle Unterrichtsformen – auf eingespielten Verhaltensweisen beruhen. Die Routinen, die bisher schon in den Gesprächen von Lehrer und Schülern entwickelt worden sind, tragen das aktuelle Gespräch, aber sie wirken sich auch als Vorgaben aus, die subtil die jeweiligen Abläufe bestimmen. Die Veränderung von Gesprächshaltungen ist daher eine längerfristige Arbeit. Sorgfältig ist darauf zu achten, mit welchen Routinen Lehrer und Schüler in ihren ersten Gesprächen beginnen.

9. Fragwürdigkeit der Sache – Lebendigkeit des Lehrers

Bei allem ist grundsätzlich zu bedenken, daß Gespräche in dem entwickelten Sinn nur zustande kommen, wenn das Thema das Spiel der Fragen und Aspekte anstößt und sich daran das Interesse von Schülern und Lehrern entzündet. Einlinige und langweilige Themen lohnen kein Gespräch. Entscheidendes hängt auch von der Haltung des Lehrers ab, für die die Lebendigkeit des eigenen Fragens und Nachforschens zur lebenslangen Aufgabe wird. Es geht darum, »... immer wieder von neuem ein Suchender zu werden und andere in die produktive Unruhe dieses Suchens mit hineinzunehmen«.[43] Wie jedoch diese lebendige Haltung angesichts der zunehmend schwierigeren Aufgaben, der steigenden Belastungen und der geringen öffentlichen Anerkennung für die Arbeit der Lehrerinnen und Lehrer zu erhalten oder wiederzugewinnen ist, erscheint als offene Frage.

Anmerkungen

1 Vgl. *Otto Friedrich Bollnow:* Sprache und Erziehung. Stuttgart, Berlin, Köln, Mainz 1979³, S. 33 ff. und S. 61 ff.
2 Vgl. *Hartmut Thiele:* Lehren und Lernen im Gespräch: Gesprächsführung im Unterricht. Bad Heilbrunn 1981, insb. S. 13 ff.
3 Vgl. *Friedrich Kainz:* Sprachpsychologische Bemerkungen zum Thema »Schülergespräch«. In: *Dieter Spanhel (Hrsg.):* Schülersprache und Lernprozesse. Düsseldorf: Schwann 1973, S. 341 ff., insb. S. 342.
4 Vgl. *Kainz,* a.a.O., S. 348 f.
5 Vgl. *Bollnow,* a.a.O., S. 63.
6 Diese Überlegungen stützen sich auf Ausführungen von *Gertrud Ritz-Fröhlich:* Das Gespräch im Unterricht. Anleitung, Phasen, Verlaufsformen. Bad Heilbrunn: Klinkhardt 1977, insb. S. 48, und von *Peter Martin Roeder/Gundel Schümer:* Unterricht als Sprachlernsituation. Eine empirische Untersuchung über die Zusammenhänge der Interaktionsstrukturen mit der Schülersprache im Unterricht. Düsseldorf: Schwann 1977, insb. S. 172, 280 und 292.
Die Aussagen von *Roeder/Schümer* werden in der qualitativen Interpretation mehrerer themengleicher Unterrichtsstunden entwickelt. Sie sind auf einzelne Stunden bezogen, weisen aber dennoch darüber hinaus auf allgemeinere Phänomene in Unterrichtsstunden.
7 Vgl. hierzu *Roeder/Schümer* 1976, a.a.O., S. 171, *Ritz-Fröhlich* 1977, a.a.O., S. 47, 49, 55 f. und 95 f., sowie *Willy Potthoff:* Das Unterrichtsgespräch als Lernform. In: *Spanhel* 1973, a.a.O., S. 354.
8 Vgl. *Hermann Oblinger:* Schweigen und Stille in der Erziehung. Schriften der Pädagogischen Hochschulen Bayerns, hrsg. von *Marian Heitger* und *Hans Schiefele.* München: Ehrenwirth 1968, S. 16 ff. Oblingers Buch ist eine der wenigen Arbeiten, die sich zentral mit Schweigen und Stille befassen.
9 *Oblinger,* a.a.O., S. 18.
10 *Oblinger,* a.a.O., S. 16 f.
11 *Oblinger,* a.a.O., S. 18.
12 Vgl. *Walter Popp:* Die Disponibilität des Lehrers. In: *Günther Dohmen/Friedemann Maurer (Hrsg.):* Unterricht. Aufbau und Kritik. München: Piper 1968, S. 152 ff.
13 *Popp,* a.a.O., S. 161.
14 Vgl. *Popp,* a.a.O., S. 162.
15 Zu den verschiedenen Modellen älterer Art vgl. *Hubert Feger/Egmund von Trotsenburg:* Paradigmen für die Unterrichtsforschung. In: *Karlheinz Ingenkamp/Evelore Parey (Hrsg.):* Handbuch der Unterrichtsforschung. Weinheim, Berlin, Basel: Beltz 1970, S. 269 ff., und *Matti Koskenniemi:* Elemente der Unterrichtstheorie. München: Ehrenwirth 1971. Zu neueren deutschsprachigen Ansätzen, an denen die Verschiedenheit des Fragens

und die unterbrochenen Traditionslinien deutlich werden, vgl. u. a. *Dieter Spanhel:* Die Sprache des Lehrers. Grundformen didaktischen Sprechens. Düsseldorf: Schwann 1977[3]; *Gerhard Priesemann:* Zur Theorie der Unterrichtssprache. Düsseldorf: Schwann 1974[2]: *Gerhard Gotthilf Hiller:* Konstruktive Didaktik. Düsseldorf: Schwann 1973; *Rainer Kokemohr/Reinhard Uhle:* Themenkonstitution und reflexive Legitimation in Lehr-Lern-Prozessen. In: ZfP 22 (1976) 6, S. 857–879; *Rainer Kokemohr/W. Marotzki (Hrsg.):* Interaktionsanalysen in pädagogischer Absicht. Frankfurt u. a.: Lang 1985; *Peter Menck:* Unterrichtsinhalt oder Ein Versuch über die Konstruktion der Wirklichkeit im Unterricht. Frankfurt u. a.: Lang 1986. Hinzu kommen u. a. noch ethnographische Ansätze und die linguistischen Arbeiten von *Ehlich/Rehbein* (vgl. Anm. 23 und 31).
16 Vgl. *John McH. Sinclair/Malcolm Coulthard:* Analyse der Unterrichtssprache. Ansätze zu einer Diskursanalyse, dargestellt am Sprachverhalten englischer Lehrer und Schüler; übersetzt, bearbeitet und herausgegeben von *Hans-Jürgen Krumm.* Heidelberg: Quelle & Meyer 1977.
17 Vgl. *Sinclair/Coulthard,* a.a.O., S. 51 f.
18 Die Äußerungen stammen aus dem Transkript einer Unterrichtsstunde (D 7), die als eine von zehn Unterrichtsstunden im empirischen Teil einer Arbeit untersucht wird. Vgl. *Gabriele Faust-Siehl:* Themenkonstitution als Problem von Didaktik und Unterrichtsforschung. Weinheim: Deutscher Studienverlag 1987, S. 153 ff., insb. S. 182.
19 Vgl. *Faust-Siehl,* a.a.O., S. 207.
20 Vgl. *Arno A. Bellack u. a.:* Die Sprache im Klassenzimmer. Düsseldorf: Schwann 1974, S. 143 ff.; vgl. *Roeder/Schümer,* a.a.O., S. 94 ff., und *Faust-Siehl,* a.a.O., S. 57 ff.
21 Vgl. *Bellack* u. a., a.a.O., S. 162 ff., *Roeder/Schümer,* a.a.O., S. 117, und *Faust-Siehl,* a.a.O., S. 58.
22 Vgl. *Faust-Siehl,* a.a.O., S. 291 f.
23 Vgl. u. a. *Karin Martens:* Zur Analyse von Sprechhandlungsstrategien im Zusammenhang mit der lenkenden Tätigkeit des Lehrers im Unterricht. In: *Herma C. Goeppert (Hrsg.):* Sprachverhalten im Unterricht. Zur Kommunikation von Lehrer und Schüler in der Unterrichtssituation. München: Fink 1977, S. 224–268; *Hans Ramge:* Unterrichtspläne als komplexe Handlungsformen im Deutschunterricht. In: *Konrad Ehlich/Jochen Rehbein (Hrsg.):* Kommunikation in Schule und Hochschule. Linguistische und ethnomethodologische Analysen. Tübingen: Narr 1983, S. 157–176; *Sabine Börsch:* Unterrichtsstrukturen in Sprachlehrveranstaltungen der Hochschule. In: *Ehlich/Rehbein* 1983, a.a.O., S. 427–440, insb. S. 432 ff.; *Peter Menck:* Ein Unterrichtsthema wird interpretiert. In: *Ehlich/Rehbein* 1983, a.a.O., S. 177–185; *Faust-Siehl* 1987, a.a.O., S. 203. Hinweise finden sich auch bei *Roeder/Schümer* 1976, a.a.O., S. 286.
24 *Sinclair/Coulthard,* a.a.O., S. 50.
25 Vgl. *Faust-Siehl,* a.a.O., S. 213 ff.

26 Erläuterungen dazu bei *Faust-Siehl* 1987, S. 53 ff. und S. 59 ff.
27 Vgl. *Sinclair/Coulthard* 1977, a.a.O., S. 66, und *Faust-Siehl* 1987, a.a.O., S. 54.
28 Vgl. *Faust-Siehl* 1987, a.a.O., S. 59 ff. und die dort aufgeführten Literaturhinweise.
29 Vgl. *Faust-Siehl* 1987, a.a.O., S. 214 ff.
30 Vgl. *Faust-Siehl* 1987, a.a.O., S. 223 ff.
31 Vgl. vor allem *Konrad Ehlich/Jochen Rehbein:* Wissen, Kommunikatives Handeln und die Schule. In: *Goeppert* 1977, a.a.O., S. 36–114, und *Konrad Ehlich/Jochen Rehbein:* Muster und Institution. Untersuchungen zur schulischen Kommunikation. Tübingen: Narr 1986.
32 *Ehlich/Rehbein* 1986, a.a.O., S. 74.
33 *Ehlich/Rehbein* 1986, a.a.O., S. 71 f.
34 *Ehlich/Rehbein* 1986, a.a.O., S. 77.
35 Vgl. *Ehlich/Rehbein* 1986, a.a.O., S. 87.
36 *Popp* spricht von einer Verringerung der »Planungsdichte«. Vgl. *Walter Popp:* Wie gehen wir mit den Fragen der Kinder um? Erziehung zur Fraglosigkeit als ungewollte Nebenwirkung? In: Grundschule 21 (1989) 3, S. 32. Eine variable Verlaufsplanung ist zu finden bei *Gerhard Gotthilf Hiller:* Johanna Heins ›Anna‹ – Zur Wechselwirkung zwischen Bildsymbolik und Schülererfahrung. In: *Wolfgang Langer:* Zwischen Biographie und Kultur, Anstiftung zu einem persönlichen Umgang mit Bildern und Texten im Unterricht. Langenau-Ulm: Vaas 1988, S. 113 ff., insb. S. 123 ff. Mehrere Arten der hier aufgeführten Lehrerrückfragen und Lehreraufforderungen sind Beispiele einer (selten beschriebenen) Lehrergesprächsstrategie, die Widerspruch und Konfrontation einschließt und dadurch das Denken der Schüler stimuliert. U. a. werden genannt »Denkanstöße verdichten«, »Nachdenken stimulieren«, »Widerspruch wecken/Verbindungen stiften«, »Zweifel säen«, »Distanz zum Gesprächsverlauf herstellen, Urteilsfähigkeit ermöglichen, Selbstkritik fördern«. Vgl. a.a.O., S. 124 f.
37 Vgl. *Hartmut von Hentig:* Das allmähliche Verschwinden der Wirklichkeit. Ein Pädagoge ermutigt zum Nachdenken über die Neuen Medien. München, Wien: 1987^3, S. 110 ff.
38 Vgl. *Potthoff* 1973, a.a.O., S. 354 ff.
39 Vgl. *Ritz-Fröhlich* 1977, a.a.O., S. 145 ff.
40 Vgl. *Friedrich Schweitzer:* Lebensgeschichte und religiöse Entwicklung als Horizont der Unterrichtsplanung. In: Evangelischer Erzieher 40 (1988) 6, S. 532 ff.
41 Vgl. *Popp* 1989, a.a.O., S. 32.
42 *Potthoff* 1973, a.a.O., S. 357. Vgl. ähnliche Vorschläge bei *Thiele* 1981, a.a.O., S. 22 ff.
43 *Popp* 1968, a.a.O., S. 162.

7 Zu Konzentration und Stille erziehen – eine Herausforderung für die Elternarbeit

7.1 »Aus der Schule geplaudert...«

7.1.1 *Drei Kinder – ein bedrängendes Problem*

In der Klasse ist es mucksmäuschenstill geworden. Die Kinder bearbeiten die an die Tafel geschriebenen Multiplikationsaufgaben. Plötzlich unterbricht der Lärm eines umfallenden Stuhles die Stille. Alle Schüler lachen laut.

Zum dritten Mal ist Karl heute vom Stuhl gefallen. Karl ist immer in Bewegung. Entweder wippt er auf seinem Stuhl, wühlt in seiner Schultasche, spielt mit dem angebrochenen und abgenagten Lineal, kaut an seinem deformierten Füller oder rutscht mit seinen auf dem Tisch aufgelegten Armen unruhig hin und her. Bei längeren Stillarbeitsphasen muß Karl regelmäßig zur Toilette.

Karl ist sehr hilfsbereit. Schon bei der leisen Ahnung einer Bitte, etwas zu besorgen oder herholen zu können, springt er auf und stürmt unbedacht los. Dabei reißt er ungewollt die Schreibutensilien seines Nebensitzers vom Tisch, rempelt andere Schüler an oder stößt gar Stühle und Tische um.

Wenn Karl übereifrig und bereitwillig zupackt, geht allzu häufig etwas zu Bruch. Karls Mutter ist ganz verzweifelt. Immer wieder hört sie von seiten anderer Eltern Klagen über Karls auffälliges, störendes und manchmal auch gefährdendes Verhalten.

Für den Lehrer sind *hyperaktive* Kinder wie Karl sehr anstrengend und für die Schulklasse meist belastend. Auch umfangreiche und strenge Disziplinarmaßnahmen bringen keine anhaltende und wesentliche Besserung.

Sigrid ist ein ganz ruhiges, unscheinbares Mädchen. So eine richtige Wohltat für einen gestreßten Lehrer! Wenn sie nicht vom Lehrer direkt angesprochen wird, hört man den ganzen Vormittag nichts von ihr. Wird Sigrid aufgerufen, erschrickt sie zuerst und hat dann meist den Zusammenhang der Fragestellung nicht mitbekommen. Man hat den Eindruck, Sigrid war mit ihren Gedanken weit weg.

Sigrid hält sich auch im Kreis ihrer Mitschüler sehr zurück. Sie lacht wenig. Ihre Gesichtszüge verraten bei genauerem Hinsehen depressive Züge. Das scheinbar ruhige und ausgeglichene Mädchen ist zutiefst entmutigt und motivationslos. Sigrid ist viel mehr mit sich selbst, mit ihren Gedanken und Träumen beschäftigt als mit der Sache des Unterrichts. Eine tragische Kette von Mißerfolgserlebnissen, von

Rügen und evtl. elterlichen Maßregelungen haben Sigrid im Blick auf Schule und Lernen entmutigt.
Trotz intensiver Übung und gezielter Vorarbeit ändert sich z. B. an den auffällig schlechten Rechtschreibleistungen wenig. Die vorhandenen Begabungen sind verstellt und lahmgelegt durch ein folgenschweres Selbstbild: »Ich kann es ja doch nicht!«
Das *entmutigte, motivationsarme* Kind leidet an sich, seiner mangelnden Konzentration und der immer wieder neu entmutigenden Erfahrung des Mißerfolgs und des sich Festgelegt-Sehens. Wie durchbrechen wir diesen Teufelskreis des Mißerfolgs?

Es ist Donnerstagnachmittag kurz nach 16 Uhr. Frau N. hat sich zum Elterngespräch angemeldet. Bezeichnenderweise und wie so häufig ist es die Mutter, die den Mut faßt und das Gespräch sucht. Sie hat das Diktatheft mit dem letzten schwachen Diktat ihres Sohnes dabei. Aufgebracht und verzweifelt weist sie auf die vielen Flüchtigkeits- und Leichtsinnsfehler hin. »Mein Martin ist so unkonzentriert und fahrig. Alles gute Zureden und Ermahnen fruchtet nichts! Was soll ich nur tun?« stellt sie ohnmächtig fest.
Martin N. ist ein aufgeweckter, intelligenter Junge. Er hat eine gute Auffassungsgabe, ist sehr interessiert und hat ein erstaunliches Allgemeinwissen. Trotzdem kann er sein Wissen nicht in gute »schulische Leistungen« umsetzen. Auffällig ist auch seine *emotionale Labilität*.
Martin hat einen impulsiven, unerschrockenen, oft draufgängerischen Umgang mit seinen Mitschülern und den Lehrern. Dabei kann es aber geschehen, daß er unverhofft in Tränen ausbricht.

7.1.2 Die Schuldfrage oder auf der Suche nach einem gemeinsamen Weg

»Holzwege«

Wer kennt als Lehrer oder als Elternteil diese Situationen bei Elterngesprächen nicht! Und wer hat sie nicht tagtäglich im Unterricht vor Augen, die vielen unkonzentrierten, scheinbar abwesenden, unmotivierten und oft motorisch sehr unruhigen Kinder!
Die Symptome einer Konzentrationsschwäche werden von Eltern meist erst in der Schule registriert. Da teilt ihnen der Lehrer oder die Lehrerin mit, daß ihr Kind sich schnell ablenken läßt, seine Arbeit häufig unterbricht, motorisch sehr unruhig ist und ein hyperaktives

Verhalten zeigt (schaukelt, rutscht, mit Gegenständen spielt...).
Hausaufgaben werden zum täglichen Drama für Kinder und Eltern.
Die Schularbeit, die sich in einer halben Stunde erledigen ließe, zieht sich über Stunden hin.
Das Klagen und Jammern der Lehrer und Lehrerinnen in den kleinen und großen Pausen würde Bände füllen, und so mancher resignierte Gang vom Schulgelände spricht für sich. Doch wir alle wissen, das Beklagen der Situation verändert sie noch nicht. Ganz sicher brauchen wir immer wieder das spontane Ventil des Jammerns zur eigenen Entlastung, zur Psychohygiene. Die Kinder aber brauchen mehr!
Wie gehen die Eltern mit solchen Problemen um? Wissen wir davon? Wir haben doch Elternsprechstunden, übrigens häufig dann, wenn es *uns* in den Stundenplan paßt. Können wir abschätzen, was dies für die vielen berufstätigen Eltern bedeutet, wenn wir sie um ein Gespräch bitten? Zu einem Gespräch in die Schule gebeten zu werden, ruft bei Eltern meist ein Gefühl der Beklemmung, der Unsicherheit oder gar des Ärgers hervor. »Was hat er denn jetzt schon wieder ausgefressen!« »Was muß ich mir wohl über sie wieder anhören?«
Manchmal kommen Eltern auch mit hoher Erwartungshaltung zu uns in die Schule: Dem Lehrer muß es doch gelingen, diesem offensichtlichen Fehlverhalten des Kindes zu begegnen! Er hat durch seine Ausbildung und jahrelange Erfahrung im Umgang mit Kindern die notwendige Kompetenz!
Allzuoft treten Eltern nach Elterngesprächen schuldbeladen, aber nach wie vor gleich hilflos, mit ihren Problemen alleingelassen, den Heimweg an. Oft ist es meine eigene Ohnmächtigkeit als Lehrer, wenn ich nur den ausgedehnten Fernsehkonsum und die mangelnde familiäre Ordnung zu beklagen weiß.
Häufig bleibt aber auch ein mit Vorwürfen überschütteter und der mangelnden pädagogischen Kompetenz bezichtigter Lehrer zurück. Auch wenn dies von Elternseite aus nicht immer so deutlich in Worte gefaßt wird – empfinden kann man es sehr wohl. Die Betroffenheit auf seiten des Lehrers oder der Lehrerin ist oft genauso tiefgreifend und identitätsbedrohend.

»Auswege«

Gegenseitige Anschuldigungen und Schuldzuweisungen von Eltern- und Lehrerseite sind kein Ausweg, sondern führen in eine zwischenmenschliche und pädagogische Sackgasse. Schuldzuweisungen legen fest. Wir sollten versuchen, festgefahrene Strukturen aufzubrechen.

Eine solche festgefahrene Struktur findet sich häufig schon in unserem Sprachgebrauch. Wir reden von *Elternseite* und *Lehrerseite* und manifestieren damit unbewußt zwei Fronten, zwei Parteien, die sich gegenüberstehen.
Die schulischen Probleme von Kindern können nie isoliert in der Schule oder im Elternhaus angegangen werden. Zu sehr sind beide Bereiche ineinander und miteinander verwoben.
Gerade wenn es z. B. um Fragen der Konzentrationserziehung geht, sind wir als Lehrer, Eltern und Erzieher zu gemeinsamem Handeln herausgefordert.
Wenn Lehrerinnen und Lehrer zu besserer Konzentration ihrer Schüler beitragen wollen, können sie dies nur erfolgversprechend tun, wenn das Elternhaus dieses Erziehungsziel kennt, versteht und, wenn möglich, aktiv zu unterstützen bereit ist. Dies ist um so dringlicher, wenn man davon ausgeht, daß konzentriertes, ruhiges und gelassenes Lernen nicht eine beliebig trainierbare Haltung oder Tugend ist, sondern ein zu entwickelnder Persönlichkeitsstil, der vielfältig mit dem der Eltern und dem Lebensstil der Familie verwoben ist. Deshalb müssen wir nach einem gemeinsamen Weg suchen. Ein Weg, der alle Beteiligten aus lähmender Isolation führt!
Es ist ein Trugschluß zu meinen, die Konzentrationsprobleme träten erst mit dem Schulalter auf. Die Unfähigkeit zur Konzentration zeigt sich schon viel früher. Ein gestörtes Spielverhalten[1] im Kinderzimmer oder in der Spielecke des Kindergartens ist ein unübersehbares Warnsignal. Deshalb gilt es sehr frühzeitig, alle am Erziehungsprozeß Beteiligten für diese Fragen zu sensibilisieren.
Zu dem allgemeinen Bildungs- und Erziehungsauftrag hinzu ist der Schule heute mehr denn je eine zusätzliche erzieherische Aufgabe gestellt. Um die vorgegebenen Ziele der Wissensvermittlung überhaupt erreichen zu können, müssen häufig erst Versäumnisse der Primärsozialisation aufgearbeitet werden.
Deshalb sind notwendig:
1. Eine *frühzeitige Zusammenarbeit* zwischen Eltern, Erzieherinnen und Lehrer/innen: Voraussetzung dafür sind gegenseitiges Verständnis, Offenheit und die Bereitschaft, Zeit zu investieren.
2. Eine *längerfristige Perspektive* für die Zusammenarbeit und Problemlösung: Was man über Jahre in bewußten und unbewußten Lernprozessen vermittelt bekam und sich angeeignet hat, kann man nicht mit einem Mal abschütteln. Ein einziger Elternabend wird keine wesentlichen Veränderungen bringen.

3. Eine *realistische Einschätzung* der eigenen *Möglichkeiten* und *Grenzen:* Auch eine intensive Elternarbeit mit vielen ansprechenden Elternabenden ist kein Allheilmittel. Gerade als Lehrer und Erzieherin sollten wir die kompetente Hilfe von Ärzten oder Therapeuten im Blick haben und Eltern gegebenenfalls auf solche Angebote und Einrichtungen hinweisen. Seine Möglichkeiten und Grenzen richtig einzuschätzen, zeugt nicht von Unfähigkeit oder Schwäche, sondern von Souveränität.

4. *Hilfe zur Selbsthilfe*
a) für Eltern, Erzieher, Lehrer
Bei allen Problemen muß die Bereitschaft zur eigenen, aktiven Problemlösung geweckt werden. Das heißt in erster Linie aber auch Wahrnehmung und Reflexion meiner eigenen Haltungen, Einstellungen und Gewohnheiten. Nicht nur mein Kind, mein Schüler, sondern ich als Elternteil, als Erzieherin oder Lehrer/in bin gemeint, denn ich muß feststellen, nicht nur »was ich will« kommt in Erziehungsprozessen zum Tragen, sondern im besonderen das »was ich bin«.

Wenn es um Fragen der Konzentrationserziehung geht, dann muß ich auch meine eigenen Gewohnheiten, meinen Lebensstil unter die Lupe nehmen. Ich bin der Meinung, daß gerade solche Fragen nicht Randprobleme sind, die an der Peripherie unserer Lebensgewohnheiten einzuordnen wären, sondern zentrale Fragen unseres Lebenskonzeptes.

Welchen Stellenwert haben Stille, Ruhe, Konzentration in meinem von Hektik und Schnellebigkeit bestimmten Alltag? Wo nehme ich mir die Zeit für ein Buch und begnüge mich nicht nur mit dem flüchtigen Durchblättern einiger Zeitschriftenseiten? Wann höre ich mir wirklich konzentriert eine Musik an und lasse mich nicht nur nebenher von ihr berieseln? Wie oft nehme ich mir wirklich Zeit für meinen Partner, meine Kinder, meine Kollegen, meine Schüler und ihre Anliegen und bin nicht mit meinen Gedanken bei einer ganz anderen Sache?

Kinder sind wie ein Spiegel – auch in Sachen Konzentration!
b) für Kinder und Jugendliche
Kinder lernen in hohem Maß durch Nachahmung. Das heißt, sie brauchen unser Vorbild: Menschen, die sich Zeit nehmen und Zeit haben, die staunen und verweilen können, die auch bei schwierigen Aufgabenstellungen Ausdauer und Beharrlichkeit zeigen und die die Ruhe finden, sich einer Sache ganz zu widmen.

7.2 Planung und Durchführung von Elternarbeit

Im folgenden Abschnitt möchte ich die Planung und Durchführung zweier Elternabende zum Thema *»Können wir unsere Kinder zur Konzentration erziehen?«* beschreiben.
Der eine Abend fand im Kindergarten mit Kindergarteneltern statt. Die Elternschaft einer zweiten Grundschulklasse war die Zielgruppe eines anderen Elternabends zum selben Thema (Verlaufsplanung siehe Materialteil M 1).
In der Formulierung des Themas sollte durch das »wir« bereits deutlich werden, daß sich Erzieher/innen, Lehrer/innen und Eltern gemeinsam der Frage und Aufgabe stellen.

7.2.1 Vorüberlegungen

Berücksichtigung gruppenspezifischer und situativer Voraussetzungen
Im Gespräch mit den Erzieherinnen der Kindergartengruppe und mit der Klassenlehrerin haben wir uns die Situation in der Kindergartengruppe/Klasse und die Situation der einzelnen Kinder vor Augen gestellt. Besondere Auffälligkeiten und Schwierigkeiten wurden angesprochen.
Vor dem Hintergrund bisheriger Elternabende wurden die Erfahrungen in der Zusammenarbeit mit Eltern gesammelt. Bedürfnisse der Eltern[2] und Erzieherinnen oder der Lehrerin galt es zu bedenken.
Für den Verlauf eines Elternabends kann es von entscheidender Bedeutung sein, inwieweit Reaktionen auf bestimmte Darstellungs- oder Arbeitsformen berücksichtigt werden.
Auch gruppendynamische Prozesse, die von einzelnen Personen, z. B. durch zu vieles Reden, aggressive und vorwurfsvolle Äußerungen oder besserwisserisches Auftreten, ausgelöst werden können, dürfen bei der Planung eines Elternabends nicht unbeachtet bleiben.

Intentionen des Elternabends
Ganz wesentlich für die Planung und Gestaltung eines Elternabends ist eine klare Zielformulierung: Was soll am Ende eines Abends gesagt sein? Welche Erwartungen bringen Eltern mit? Welche Einsichten möchte ich vermitteln, wo und in welchem Maß geschieht dies auch gerade auf non-verbaler Ebene? Was heißt das für mich persön-

lich als »Veranstalter« des Abends? Zu welchen eigenen Erfahrungen sollen alle Beteiligten an einem solchen Abend kommen können? Mit welchen Empfindungen entlasse ich die Eltern? Ist nach einem Elternabend alles gesagt, oder wird durch Denkanstöße und persönliche Offenheit eine Tür zu weiteren, begleitenden Gesprächen geöffnet?
Das Ziel unserer beiden Elternabende war es, den Eltern das weitreichende und auffällige Problem der mangelnden Konzentrationsfähigkeit von Kindern und Erwachsenen bewußt zu machen. Dabei sollten alle Beteiligten für die Bedingungen der Konzentration, der Ruhe und Gelassenheit in Schule und Familie sensibilisiert und für Veränderungsprozesse geöffnet werden.
Dies konnte und sollte nicht nur durch Vermittlung von Information, in Form eines Referates, geschehen. Vielmehr wollten wir den Teilnehmern dieses Abends die Möglichkeit zur eigenen Erfahrung und Betroffenheit geben. Einfache Stilleübungen, wie sie auch mit Schülern möglich sind und in diesem Buch beschrieben werden, schienen uns hier geeignet. Ich halte es für wichtig, daß Eltern einen unmittelbaren Einblick in unsere Arbeitsweise und unser Erziehungskonzept bekommen.

7.2.2 Verlaufsplanung

Aufwärmphase und Begrüßung

Der Beginn des Elternabends ist wie sonst üblich auf 20 Uhr festgesetzt. Da erfahrungsgemäß immer einige Eltern[3] später kommen, planen wir einen kurzen, ungezwungenen »Ständerling«[4] zu Beginn der Veranstaltung ein. Wenn man wollte, könnte man auf einem Tisch einige Getränke zur Selbstbedienung bereitstellen. Als Erzieherin oder Lehrer/in hat man die Zeit und Möglichkeit, die Eltern zu begrüßen und willkommen zu heißen.
Plakate mit Karikaturen, Zitaten oder strukturierenden Begriffen, vor Beginn des Abends aufgehängt, können einen ersten Gesprächsanlaß bieten.
Mit dieser ersten Phase wollen wir zwei Dinge erreichen. Erstens ist es eine gute und wichtige »Aufwärmphase«, die sich auf die Atmosphäre des Abends, die Offenheit positiv auswirkt. Zweitens wird die nach der offiziellen Begrüßung durch die Erzieherin/Lehrerin eingeplante Stilleübung nicht durch zuspätkommende Teilnehmer gestört.

Stilleübung

Nach der Begrüßung bitten wir die Eltern, sich aufrecht und entspannt auf ihre Stühle zu setzen und die Hände bequem auf die Knie zu legen. Wenn es im Raum ruhig geworden ist, sollen alle in dieser entspannten Haltung auf die Geräusche achten, die bei geöffnetem Fenster in den Raum dringen. Nach einer Minute werden die Geräusche aufgeschrieben oder benannt, die zu hören waren.
Zur eigenen Erfahrung der Ruhe und Stille verhelfen, das ist die Absicht dieser Stilleübung zu Beginn des Abends.

Kurze Gesprächsphase

Die Teilnehmer nennen die gehörten Geräusche. Wir können sie auch ermutigen, Empfindungen oder Probleme mit der Stilleübung zu artikulieren.[5] Abschließend klären wir noch die Fragen nach dem Zusammenhang zwischen dieser Übung und dem gestellten Thema.

Zwei »Fallbeispiele«

An zwei Verhaltensbeschreibungen eines unkonzentrierten, motorisch unruhigen Kindes[6] und eines überaus konzentrierten, ins Spiel vertieften Kindes[7] wollen wir die Spannung, die in der Thematik liegt, verdeutlichen. Die Frage nach den Voraussetzungen für ein solch konzentriertes Spielverhalten soll eine motivierende Überleitung zu einem Informationsteil in Form eines Referates bilden.

Referat[8]

Es ist sicher nicht ergiebig, den Eltern in einer wissenschaftlichen und distanzierten Form eine kleine »Vorlesung« über die Problematik der Konzentrationsschwächen und ihrer Ursachen in unserer heutigen Zeit zu halten. Überhaupt sollten wir uns in acht nehmen, Informationen so zu präsentieren, daß sie von oben herab, bedrängend wirken. Einsicht und Zustimmung erreichen wir, wenn wir als Mitbetroffene und Mitfühlende unsere Überlegungen und Vorschläge vortragen.
Wir können Eltern in sachlicher und anschaulicher Weise deutlich machen, welche Faktoren des alltäglichen Lebens die Vorgänge um die Konzentration beeinflussen. Dabei kann jeder seine eigene häusliche oder schulische Situation neu überdenken.
Ohne einige konkrete Hilfestellungen und Anregungen zur Konzentrationsförderung würden wir den Eltern aber etwas schuldig bleiben.

a) *Was können wir tun?*
Es ist empfehlenswert, einige ausgewählte Spiele, Materialien, Übungsformen mitzubringen, den Eltern vorzustellen und über Erfahrungen zu berichten.

b) *Was können wir lassen?*
Auf keinen Fall sollte der warnende Hinweis auf die medikamentöse Behandlung der Konzentrationsprobleme fehlen. Geringe Wirksamkeit, unbekannte Nebenwirkungen und die Aneignung fataler Verhaltensmuster (»Mit Pillen kann ich meine Probleme lösen!«) sprechen eine deutliche Sprache.

c) *Zu was könnten wir finden?*
Neben all dem Machbaren ist mir persönlich die Frage nach dem eigenen Lebensstil wichtig. Wie kann ich zu einem Lebensstil finden, bei dem Ruhe und Stille wieder eine größere Bedeutung bekommen? Denn Konzentration wird aus der Stille geboren.
Während des Abends, am Beispiel der Veranstaltung selbst, können immer wieder die darzulegenden Bedingungen an der gerade aktuellen Situation der Eltern (Raumatmosphäre, Temperatur, Sitzordnung, Ermüdungsphasen zu vorgerückter Stunde, optische Reize durch Folieneinsatz/Dias...) verdeutlicht werden. Die Struktur des Referates und seine wesentlichen Begriffe (Ankerbegriffe) werden durch Folien und Plakate visualisiert.

Mögliche Gliederung:
- Definition des Begriffs »Konzentration«
  Unterscheidung zwischen Konzentrationsschwäche und Konzentrationsstörung
- Bedeutung der Konzentrationsfähigkeit für das Lernen und die schulischen Leistungen
- Bedingungsfeld der Konzentrationsförderung
- Ursachen für Konzentrationsprobleme
- Hilfestellungen
  – Was kann ich tun?
    (Hinweis auf konzentrationsfördernde Materialien, Spiele)
  – Was kann ich lassen?
    Hinweis auf Medikamente
  – Zu was kann ich finden?

Rückfragen zum Referat
Vor einem Austausch in Kleingruppen ist es sinnvoll, Verständnisfragen zum Referat abzuklären.

Austausch in Kleingruppen
An Hand von Fragen oder der im Referat dargelegten Bedingungsfelder kann den Gesprächen in Kleingruppen Hilfen und Struktur gegeben werden. Gesprächsanstöße können auch im Raum aufgehängte Plakate sein.

Sammlung und Zusammenfassung der Gruppengespräche
Im Plenum können noch offene Fragen abgeklärt und ergänzende Hinweise gegeben werden.

Meditative Bildbetrachtung mit Musik
Es ist gut, wenn wir nicht nur über Dinge reden, sondern sie praktizieren.
Deshalb soll eine Phase der Sammlung, des Zur-Ruhe-Kommens, den Abschluß des Abends bilden. Nicht der erregte Wortwechsel, die hitzige Diskussion sollen das letzte Wort haben, sondern die wohltuende Ruhe und Besinnlichkeit. Eine positive, sinnliche und genußvolle Erfahrung der Konzentration und Stille soll alle Beteiligten des Abends begleiten.
Bildmeditationen mit einem oder nur wenigen Bildern, mit ruhiger meditativer Musik untermalt, evtl. mit einigen kurzen Sätzen, eignen sich dafür besonders gut.

7.3 Auswertung – Erfahrungen und Rückmeldungen

7.3.1 Allgemeine Überlegungen

Die Auswertung eines Elternabends ist für den Lehrer wichtig. Das Gelingen eines weiteren Elternabends hängt entscheidend vom Verlauf, der Atmosphäre und den Ergebnissen des durchgeführten Abends ab. Deshalb fragen wir uns:
– Wie setzte sich die Elternschaft am Elternabend zusammen? Wie viele Mütter, Väter oder Ehepaare waren anwesend?
– Ist es uns gelungen, die Sache des Themas im besten Sinn des Wortes »fragwürdig« zu machen?

- Ist es uns gelungen, eine Atmosphäre zu schaffen, die von Offenheit und Ehrlichkeit geprägt war? Konnten Ängste abgebaut werden?
- Ist es uns gelungen, die Eltern zum Sprechen zu ermuntern? Kam es im Verlauf des Elternabends zu einem offenen und ehrlichen Gespräch untereinander und miteinander?
- Ist es uns gelungen, Denkanstöße zu geben, die mehr bewirken als nur ein zustimmendes Kopfnicken?
- Ist es uns durch die methodische Gestaltung des Abends gelungen, den Teilnehmern eigene, unmittelbare Erfahrungen zu vermitteln?
- Welche Rückfragen oder weitergehenden Wünsche wurden von seiten der Eltern formuliert?

7.3.2   Erfahrungen aus zwei Elternabenden

Offensichtlich sind es vor allem die Mütter, die mit dem Problem konfrontiert sind, sich konfrontieren lassen oder die überwiegende Last der Erziehung tragen.
Bei dem Elternabend im Kindergarten war ich als Referent und Vater der einzige Mann im Kreis der zahlreich erschienenen Mütter und der Erzieherinnen. Gerade im Kindergarten sind es fast ausschließlich die Mütter, die solche Veranstaltungen besuchen. Der Abend in der Schule zeigte ein ausgewogeneres Bild. Meist nahmen Väter und Mütter am Elternabend teil. Das Thema fand großes Interesse und weckte hohe Erwartungen. Manche hätten gern leicht anwendbare und schnell wirksame Rezepte vermittelt bekommen.
Obwohl die Eltern in einer Haltung der konsumierenden Erwartung ihre Plätze einnahmen, war es um so überraschender, wie selbstverständlich und bereitwillig sie sich auf die einführende Stilleübung einließen. Es fand sich niemand, der sich spürbar gegen ein solches »Spielchen« wehrte oder eine Durchführung unmöglich machte. Außer einem anfänglich unsicheren Blick nach links und rechts war eine große Offenheit und Bereitschaft zu beobachten. Übrigens sind es meist wieder die Frauen, die hier und in Gesprächen mutig einen ersten Schritt wagen.
An beiden Elternabenden hat es sich gezeigt, daß Stilleübungen für viele Eltern eine neue und beeindruckende Erfahrung waren. Die Betroffenheit aus der eigenen Erfahrung und den dargestellten Zusammenhängen heraus zeigte sich in den Gesprächen sehr deutlich. Entlastung bot das gemeinsame, offene Gespräch in den Gruppen.

Persönliche Schilderungen aus dem Familienalltag, die Erfahrung, nicht allein zu sein mit einem Problem (Fernsehverhalten, Musik während der Hausaufgaben, wenig Zeit für Kinder haben, selbst von der Hektik des Alltags bestimmt zu sein, ...), die Reflexion verschiedener Problemsituationen, die Schilderung von gelungenen und mißlungenen Lösungsversuchen ermutigten die Eltern. Ein neuer, umfassenderer und sensiblerer Blick für das Problem und eine innere Bereitschaft zum Handeln wurden deutlich zum Ausdruck gebracht.

7.4 Elternarbeit nüchtern betrachtet – Chancen und Schwierigkeiten

Die eben geschilderten Erfahrungen bei Elternabenden sind allerdings nur die eine Seite der Medaille.
Nach meinem Referat vor Grundschuleltern stand ein Vater auf und fuhr mich erregt an: »Das, was Sie uns hier vorgetragen haben, ist ja recht und gut. Ich verbitte es mir aber auf das Entschiedenste, daß Sie unsere Kinder als ›Fälle‹ bezeichnen!« Danach setzte er sich und sprach den ganzen Abend kein Wort mehr.[9]
Wer eine offene und persönlich engagierte Elternarbeit betreibt, setzt sich evtl. auch persönlichen Angriffen aus. Das, was ich als Lehrer oder Lehrerin von Eltern erwarte, Offenheit, Ehrlichkeit, selbstkritische Haltung, Kritikfähigkeit, muß ich selbst bereit sein, einzubringen. Außer der eigenen Offenheit und der Sensibilität für Beziehungsfragen braucht es Stehvermögen, Überzeugungskraft und die Bereitschaft, Kritik anzunehmen. In einem persönlichen Gespräch habe ich schnell jemanden verletzt oder bin ihm zu nahe getreten. Konflikte müssen angesprochen und ausgeräumt werden.
Wer das Gespräch und den Umgang mit Eltern nur auf einer formalistischen, dienstlichen Ebene pflegt und sich dabei vielleicht noch hinter dem Lehrertisch mit aufgestapelten Büchern versteckt, erhöht die Hemmschwelle für emotionale und persönlich gemeinte Äußerungen. Dann allerdings kann ich bei meinem Gegenüber nur eine ähnlich zugeknöpfte und distanzierte Haltung erwarten.
Der gemeinsame Weg von Schule und Elternhaus fordert von uns den schwierigeren, aber besseren Weg des Miteinanders.

7.5 Ermutigung

Die Förderung und Entwicklung der Konzentrationsfähigkeit ist vorrangig eine Aufgabe der Erziehung.
Das »Geschäft der Erziehung« ist in erster Linie eine Frage der Beziehung. Wer sich dem Erziehungsauftrag der Schule stellen will, braucht nicht nur den guten pädagogischen Bezug zwischen Lehrer und Schüler, sondern auch eine gute Beziehung zwischen Elternhaus und Schule.
Deshalb ist Elternarbeit ein wichtiger und unerläßlicher Beitrag zur erzieherischen Aufgabe der Schule.
Wir Lehrer investieren viel Phantasie und Mühe in die didaktische Aufbereitung von Unterrichtsthemen und ihre kindgemäße unterrichtliche Umsetzung. Warum nicht auch einmal Einfallsreichtum und pädagogisches Geschick in die Vorbereitung von Elternabenden und die Zusammenarbeit mit Eltern einbringen!
Auch wenn wir mit unserer Arbeit keine Berge versetzen, die kleinen Schritte und die beobachtbaren Veränderungen bei Kindern und Erwachsenen zeigen, daß sich die Mühe lohnt.

M 1

Verlaufsplanung für Elternabende der Klasse 2

Beginn 20 Uhr mit kleinem »Ständerling« und ungezwungenen Gesprächen.
Begrüßung der Eltern durch die Klassenlehrerin.
Stilleübung zur Hinführung und Sensibilisierung für das Thema:
»Wahrnehmung von Geräuschen, die von draußen in den Raum dringen«
Die Eltern werden mit der Aufgabenstellung und der Dauer (1 Minute) der Übung vertraut gemacht. Wir hören auf die Geräusche von draußen bei geöffneten Fenstern.
Was haben wir gehört? Was hat das mit dem Thema zu tun?
Kurze Gesprächsphase in Kleingruppen:
Eltern tauschen sich über die gemachten Wahrnehmungen aus.
Sammlung im Plenum, anschließend Schilderung von zwei »Fallbeispielen«:
a) Verhaltensbeschreibung eines hyperaktiven Kindes.
b) Bericht von M. Montessori über das konzentrierte Spiel eines Kindergartenkindes.
Überleitung zum Informationsteil/Referat mit der Fragestellung:
Was braucht's, daß ein Kind so konzentriert arbeiten/spielen kann?
Referat
- Vorbemerkungen,
- Definition des Begriffs,
- Bedeutung der Konzentrationsfähigkeit für das Lernen/Schulleistungen,
- Das Bedingungsfeld für die Ausbildung von Konzentration,
- Ursachen für Konzentrationsmangel,
- Hilfestellungen/Anregungen:
  – Was kann ich tun?
  – Was kann ich lassen?
  – Zu was kann ich finden?

Rückfragen an den Referenten
Gespräch in Kleingruppen: Gruppenbildung durch Farbmarkierungen; Arbeitsblätter als Hilfen zum Gruppengespräch.
Kurzberichte aus den Gruppen im Plenum, Klärung weiterer Fragen.
Abschließende Phase der Sammlung durch eine **meditative Bildbetrachtung mit Musik:**
»Wachsen wie ein Baum oder die Frage nach dem tragenden Zentrum!«

Anmerkungen

1 Unter gestörtem Spielverhalten versteht man z. B., wenn ein Kind nicht ausdauernd an und mit einer Sache spielen oder sich nie alleine beschäftigen kann.
2 Das Instrument der Elternbefragung mit Hilfe eines Fragebogens kann interessante Informationen geben über
   – die Einstellung der Eltern zur Schule,
   – ihre Erwartungshaltung an Lehrer und Schule,
   – ihre Bereitschaft zur Mitwirkung und Mitbestimmung,
   – ihre Ängste im Umgang mit Lehrern/Schulleitung,
   – ihre Fragen zu Problemen in der Erziehung,
   – ihre Fragen und Sorgen zum Thema Leistung und Leistungsmessung.
   – ...
3 Häufig müssen die Mütter die kleineren Geschwister noch ins Bett bringen.
4 »Ständerling« ist eine ungezwungene Gesprächsrunde im Stehen vor oder nach einer Veranstaltung.
5 Wer sich für dieses Gespräch viel Zeit nehmen will und wem es wichtig erscheint, der kann mit Hilfe einer Bildkartei diesen Austausch in Kleingruppen vertiefen.
   Im Raum liegen aussagekräftige und interpretationsfähige Bilder aus. Die Teilnehmer wählen sich nach der Stilleübung ein Bild aus, das ihrem Befinden und ihrer Situation entspricht. In Kleingruppen kommt es dann mit Hilfe der Bilder meist zu sehr intensiven Gesprächen.
6 S. o.: Verhaltensbeschreibung des Schülers Karl.
7 Schilderung nach Maria Montessori.
8 Literaturhinweise zur Vorbereitung:
   O. F. Bollnow: Vom Geist des Übens. Freiburg 1987.
   O. P. Spandl: Konzentrationstraining mit Schulkindern. Freiburg 1980.
   E. Knehr, K. Krüger: Konzentrationsstörungen bei Kindern. Stuttgart 1976.
   W. Eichlseder: Unkonzentriert? Hilfe für hyperaktive Kinder und ihre Eltern. München 1987.
9 Seine Äußerung bezog sich auf die einleitenden Fallbeschreibungen. Dabei hatte ich zwar den Begriff Fallbeschreibung verwendet, aber bewußt darauf geachtet, das beschriebene Kind nicht als Fall zu bezeichnen.